AF259455

HISTOIRE MILITAIRE ET POLITIQUE

DE

L'Annam et du Tonkin

DEPUIS 1799

Par le Capitaine ROUYER

AVEC 18 CARTES OU GRAVURES DANS LE TEXTE

PARIS

Henri CHARLES-LAVAUZELLE

Éditeur militaire

10, Rue Danton, Boulevard Saint-Germain, 118

(MÊME MAISON A LIMOGES)

HISTOIRE MILITAIRE ET POLITIQUE

DE

L'ANNAM & DU TONKIN

HISTOIRE MILITAIRE ET POLITIQUE

DE

L'Annam et du Tonkin

DEPUIS 1799

Par le Capitaine ROUYER

PARIS

Henri CHARLES-LAVAUZELLE

Éditeur militaire

10, Rue Danton, Boulevard Saint-Germain, 118

(MÊME MAISON A LIMOGES)

PRÉFACE

Lorsqu'on revient du Tonkin, on est surpris de constater combien ce pays est peu connu, combien il est surtout mal connu et injustement décrié en France.

A quoi cela tient-il? Tout simplement aux circonstances critiques dans lesquelles il est venu au monde, aux passions politiques que son occupation a déchaînées contre lui, et qui ont eu pour résultat de lui faire retirer beaucoup trop tôt l'appui de la métropole, indispensable pourtant, pendant les premières années de son existence, à toute colonie naissante ; de lui faire tout refuser, même les moyens indispensables pour vivre.

A peine né, on aurait voulu qu'il marchât tout seul ; et tout le monde se rappelle encore ces discussions passionnées à la Chambre, l'évacuation presque votée, l'acharnement contre l'homme qui nous avait donné ce beau pays, alors qu'à côté de cela on faisait un si large crédit à nos colonies du Centre Africain.

Les moindres incidents de la conquête, les plus petits insuccès militaires, grossis, exagérés à plaisir, entretinrent et propagèrent l'aversion contre ce malheureux pays, qui eut bientôt dans l'opinion publique la réputation d'une contrée malsaine, au climat meurtrier, où l'Européen ne pouvait ni coloniser ni vivre.

C'est ce pays si mal connu, si calomnié, que je vais essayer de décrire, tel qu'il se présente à un observateur impartial.

On a pourtant beaucoup écrit sur notre nouvelle colonie; mais les ouvrages qui ont été publiés n'envisagent chacun qu'un côté de la question.

Les uns, écrits par des militaires, ont raconté la conquête de 1883 à 1885; les autres, faits par des fonctionnaires, ont décrit l'organisation politique et sociale du pays, ses richesses, le parti qu'on pouvait en tirer. Quant à la période de pacification de 1886 à 1896, très difficile à suivre et à résumer, elle n'a été racontée en entier par personne et, par suite, est restée à peu près inconnue.

Il nous a semblé qu'il y avait là une lacune à combler, et, ayant eu la rare bonne fortune de passer dix ans dans ce pays et de le parcourir en tout sens, nous avons cherché à rassembler en un seul ouvrage ce qui était épars en beaucoup d'autres, et à écrire l'histoire générale de nos interventions successives dans le royaume d'Annam depuis 1789, de la conquête et de la pacification jusqu'à nos jours, suivie d'un exposé de la situation actuelle de notre jeune colonie et des progrès réalisés dans ces dernières années.

C'est ce travail que nous présentons au lecteur.

Dans la première partie de cet ouvrage, nous résumerons l'histoire du pays, celle de l'intervention et de la conquête jusqu'en 1885.

Dans la seconde, nous suivrons nos troupes pendant la période moins connue, mais non moins glorieuse, de la pacification, de 1886 à 1896.

Dans la troisième, nous étudierons le pays lui-même avec son climat, sa population, sa religion, son organisation politique et sociale, enfin les produits et richesse de son sol.

HISTOIRE MILITAIRE ET POLITIQUE

DE

L'ANNAM & DU TONKIN

PREMIÈRE PARTIE

HISTOIRE DU ROYAUME D'ANNAM, DE L'INTERVENTION FRANÇAISE ET DE LA CONQUÊTE JUSQU'AU TRAITÉ DE 1885

CHAPITRE PREMIER

L'Annam avant l'intervention française. — Les Lé et les Ngüyen.

Lorsque, poussé par le désir de connaître plus à fond et de pénétrer les origines de ce peuple annamite si intéressant à étudier, on cherche à faire causer — ce qui n'est pas toujours facile — les mandarins, lettrés ou interprètes, trois noms reviennent sans cesse dans leurs récits.

Ce sont ceux des *Lé,* des *Ngüyen* et des *Mac.*

Il est donc indispensable de jeter un coup d'œil sur le passé de ce peuple et de commencer cette étude par un résumé historique sur le royaume d'Annam depuis sa fondation.

Venus de Chine bien avant notre ère, sous le nom de *Giao-Chi*, les Annamites conquirent d'abord sur les « Thos » toute la région qui forme aujourd'hui le Tonkin proprement dit.

Mais, après une longue période d'indépendance, le pays d'Annam devint et resta, depuis l'an III avant notre ère jusqu'au xve siècle, une province vassale de l'empire chinois. Ce fut à cette époque que le peuple annamite se souleva, massacra les autorités chinoises et proclama un certain *Lé-Loï* gouverneur du royaume nouvellement fondé.

Ce fut le fondateur de la dynastie des Lé (1427).

La Chine n'abandonna pas facilement ce territoire. Des armées furent envoyées dans les provinces révoltées, et, après plusieurs années de luttes indécises, les deux peuples furent heureux de conclure la paix.

L'Annam conservait en réalité son indépendance, mais reconnaissait cependant la suzeraineté de la Chine, à laquelle il devait payer un tribut triennal, et tout nouveau souverain qui montait sur le trône était obligé de faire reconnaître ses droits par la cour de Pékin.

Peu à peu, les descendants de Lé-Loï augmentèrent leur territoire, et, au xvie siècle, conquirent les provinces du royaume malais de Ciampa, qui s'étendait au sud et comprenait l'Annam actuel. Une formidable insurrection, qui pendant des années bouleversa le royaume, éclata peu après, et, en 1527, les Lé furent détrônés par les Mac, qui régnèrent jusqu'en 1593.

A cette date, la famille Lé fut rétablie sur le trône, et les Mac furent relégués au nord du royaume dans le petit fief de Cao-Bang, d'où ils disparurent complètement vers 1700.

Quand l'ordre fut rétabli, le souverain, reconnaissant,

accorda pour prix de ses services au général vainqueur Ngüyen-Dzo le titre de Chua, ou vice-roi héréditaire du pays. A sa mort, son fils aîné lui succéda, et son fils cadet fut nommé gouverneur des provinces de Ciampa, nouvellement conquises. Les gouverneurs de Ciampa cherchèrent dès lors à se rendre indépendants, et, quoiqu'ils reconnussent la supériorité de la dynastie des Lé, ils refusèrent de se soumettre au Chua.

Pendant tout le xviie siècle et une partie du xviiie, les provinces septentrionales et méridionales de l'Annam formèrent donc virtuellement deux royaumes distincts : l'un gouverné par les descendants des Lé, dont la capitale était Hanoï; l'autre, par les descendants des Ngüyen, qui résidaient à Hué et avaient pris le titre de roi.

Cela dura ainsi jusque vers 1775. A cette époque, une nouvelle insurrection éclata dans les provinces septentrionales du Tonkin, qui fut favorisée par les montagnards du sud de la Chine connus sous le nom de Taipings. Tchien-Tong, dernier descendant des Lé, dut s'enfuir en Chine, demandant en vain secours et assistance à l'empereur, et le chef de l'insurrection devint roi tout-puissant dans le nord de l'Annam.

Il ne tarda pas alors à tourner son attention vers les riches provinces du Sud, et grâce aux Taïpings, auxquels il devait déjà son royaume, il réussit à faire la conquête de ce pays important.

Gia-Long fut chassé de son trône et, n'ayant réussi qu'à sauver sa vie, se réfugia à la cour de Siam.

L'empereur de Siam n'était nullement disposé à courir le risque d'avoir maille à partir avec le puissant usurpateur de l'Annam; il voulut bien offrir l'hospitalité à Gia-Long, mais refusa de l'aider à recouvrer son royaume.

Or Bangkok était, à cette époque, le siège d'une im-

portante station de missionnaires français, établis là
depuis la fameuse ambassade siamoise envoyée à Louis
XIV et qui, se considérant comme des agents politiques
aussi bien que des agents religieux, virent dans cette
circonstance une occasion favorable d'augmenter l'influence française en Orient.

Ils décidèrent donc Gia-Long à envoyer son fils aîné
Canh-Dzué en France avec l'évêque chef de la mission
pour demander au roi Louis XVI aide et protection.
C'est ainsi qu'en 1787 un roi exilé demanda pour la
première fois le secours de la France afin de régler les
affaires de l'Annam. « Il ne se doutait pas — pour nous
servir des paroles mêmes de Francis Garnier — qu'il in-
troduisait un loup dans la bergerie » (1).

---

(1) C.-B. Norman : *Le Tonkin et la France en Extrême-Orient*
(chez Hinrischen).

CHAPITRE II

Premières interventions françaises en Annam. — Prise de Saïgon. — Dupuis.

Sur les instances et d'après les conseils de Mgr Pigneau de Behaine, évêque d'Adran, un traité fut donc conclu en vertu duquel la France devenait virtuellement la protectrice de l'Annam, qui, en échange, lui cédait le port et le territoire de Tourane.

Malheureusement, la France était fort troublée à cette époque, et le roi était obligé avant tout de songer à se maintenir au pouvoir. On ne put donc envoyer en Orient le secours promis, et tout ce qu'on put faire fut d'autoriser Mgr Pigneau à engager un certain nombre de soldats et d'officiers de fortune.

Il ne manquait pas de fonds; il put, grâce au comte de Montmorin, acheter des armes et fréter des vaisseaux, et, en 1789, il débarquait en Cochinchine avec une petite armée bien disciplinée.

Les hordes de rebelles furent anéanties, et, à la mort de Pigneau de Béhaine (1799), Gia-Long avait déjà recouvré son royaume et fondé la dynastie royale des Ngüyen, qui règne encore aujourd'hui. Puis, en 1804, il prenait aussi les provinces du Nord et rétablissait ainsi à son profit l'unité du royaume, en se substituant complètement aux Lé.

Par suite de la restauration de Gia-Long, il se produisait donc ceci, que le peuple tonkinois, quoique étant le peuple origine de toute la race, devenait, par l'avènement des Ngüyen, une simple annexe de l'Annam, tandis que le peuple annamite proprement dit (**Annam et Cochinchine**), quoique n'étant qu'une colonie (ancien royaume malais de Ciampa) engendrée par le peuple tonkinois, devenait, par ce revirement des choses, le peuple principal. Et Hué remplaçait Hanoï comme capitale du royaume et de la dynastie des Ngüyen.

Gia-Long ne fut pas ingrat envers les officiers français, auxquels il devait son trône et dont le plus connu était le colonel Ollivier. Il les combla de présents, leur confia la réorganisation de son armée et la construction de forteresses destinées à tenir le pays sous le joug et à empêcher toute nouvelle rébellion.

« Les premiers pionniers de la civilisation française en Annam se doutaient peu que les forteresses qu'ils construisaient serviraient, avant la fin du siècle, à repousser leurs compatriotes, et que le sang français coulerait pour reprendre ces citadelles aux successeurs de Gia-Long » (1).

Mais, en 1820, Gia-Long mourut, laissant la couronne à son plus jeune fils, Minh-Mang, à l'exclusion des enfants de son fils aîné, le prince Canh-Dzué, qui, en 1787, avait été son ambassadeur en France. Les amis et les partisans de Canh-Dzué se révoltèrent alors dans tout l'Annam; Minh-Mang n'en vint à bout qu'avec beaucoup de peine et en rejeta la faute sur les Français amis de Canh-Dzué, qu'il commença à traiter avec rigueur, ainsi que les missionnaires.

En 1833, le roi leur manifesta ouvertement sa haine : il leur interdit le séjour dans le pays et fit exécuter ceux qui refusaient de se retirer.

Ce fut le commencement des persécutions contre les missionnaires.

---

(1) H. Gautier : *Les Français au Tonkin* (chez Challamel).

Minh-Mang mourut en 1840 ; son fils aîné, Thieù-Tri, lui succéda et fut aussi cruel que son père. Mais ces mauvais traitements contre les missionnaires arrivèrent aux oreilles d'un officier français qui commandait un navire de guerre dans les mers orientales, et, en 1843, une frégate jeta l'ancre devant Tourane.

Les persécutions n'en continuèrent pas moins, malgré une nouvelle intervention de l'amiral Lapierre en 1847, jusqu'à la mort de Thieù-Tri. Son plus jeune fils, Tu-Duc, qui lui succéda au détriment de son fils aîné, Nu-Phong, eut à repousser, pendant trois ans, les tentatives que fit ce dernier pour lui arracher le royaume ; puis, lorsqu'en 1851 tout fut rentré dans le calme, commença, à son tour, une guerre d'extermination contre les chrétiens.

Le gouvernement français apprit ce qui se passait ; mais, malgré l'envoi à Tourane du *Catinat* (1856) et de la *Capricieuse* (1857), Tu-Duc, voyant qu'il ne risquait rien en agissant à sa guise, recommença ses persécutions malgré les promesses qu'il avait faites.

La France pouvait bien couler à fond une jonque ou deux, ou bombarder un fort, il était tranquille dans l'intérieur de son royaume et pouvait se venger sur tous les chrétiens. Aussi, de 1851 à 1858, dix missionnaires français et un grand nombre de leurs prosélytes furent encore mis à mort.

Enfin, le 31 août 1858, une expédition franco-espagnole arriva devant Tourane pour réclamer la liberté religieuse dans tout l'Annam.

On envoya à Hué un ultimatum, qui resta sans réponse ; on tira sur les forts, qui ne ripostèrent pas, et, quand on entra dans la ville, on la trouva déserte. Sans moyens de transport pour marcher sur Hué, la petite armée demeurait à Tourane, décimée par la maladie et la fatigue. L'amiral Rigault de Genouilly, sentant que cette inactivité prolongée lui était funeste, résolut alors d'aller attaquer Saïgon.

Le 9 février 1859, il doublait le cap Saint-Jacques, remontait le fleuve en réduisant les forts au silence, et, le 17, cinq vaisseaux se trouvaient devant Saïgon, qui capitula après un bombardement de quelques heures.

Nos pertes s'élevaient à 200 morts ou blessés.

Ce fut un coup terrible pour Tu-Duc, qui sembla tout d'abord disposé à traiter.

Mais les conditions imposées par l'amiral, savoir : liberté religieuse dans tout le royaume, ouverture de tous les ports au commerce européen, cession de Saïgon à la France et reconnaissance de ses anciens droits sur Tourane, furent jugées inacceptables, et les troupes du roi commencèrent à nous harceler dans notre nouvelle conquête. Un premier assaut nous coûta 24 morts et 70 blessés, et, la chaleur et les pluies rendant toute opération active impossible, on dut se contenter de se fortifier à Saïgon. « L'expédition de Chine, qui survint en 1860, amena une réduction de nos forces, dont une partie alla renforcer le corps anglo-français, et, pendant toute sa durée, la petite garnison fut exposée à de fréquentes attaques et forcée de se tenir sur la défensive » (1).

Mais, après la signature du traité de Pékin, l'amiral Charner arriva avec des renforts, chassa, en 1861, les Annamites de leurs retranchements de Kihoa, puis s'empara des provinces de My-Tho et de Bien-Hoa.

Tu-Duc, sentant que toute résistance était inutile, ayant d'autre part à se défendre contre un prétendant au trône qui avait tout à coup surgi au Tonkin se donnant comme dernier représentant de la dynastie des Lé, envoya des ambassadeurs à Saïgon, et, le 5 juin 1862,

---

(1) H. Gautier : ouvr. cité.

un second traité fut signé entre la France et l'Espagne d'une part et l'Annam de l'autre. Outre les clauses relatives à l'ouverture de certains ports au commerce, à la liberté religieuse, etc., il nous cédait en toute souveraineté les trois provinces de Gia-Dinck, Bien-Hoa, My-Tho, l'île de Poulo-Condor, et nous payait une indemnité de 4 millions de piastres.

En 1865, après la répression de la révolte et la mort de Lé-Phung — qui avait d'abord voulu s'appuyer sur nous, mais que nous ne pûmes secourir à temps — Tu-Duc redevint arrogant et, malgré les traités, n'eut pas beaucoup plus de considération pour les chrétiens. Aussi, des troubles ayant éclaté dans les provinces du Sud, on l'accusa d'avoir soulevé celles-ci contre nous, et, en 1867, l'amiral de La Grandière occupa les provinces de Vinh-Long, Chau-Doc et Ha-Tinh.

Cette mesure exaspéra Tu-Duc, qui demanda alors à la Chine secours et assistance pour chasser les barbares au delà de la mer.

Mais la Chine, occupée à réprimer dans ses propres Etats une révolte des Taïpings — ces mêmes montagnards que nous avons vus en 1775 prendre part à l'insurrection des provinces septentrionales de l'Annam — ne put lui envoyer aucun aide, et il fut obligé d'accepter cette nouvelle perte de territoire.

Dans le même moment, Tu-Duc se trouvait, du reste, aux prises avec de nouvelles complications. De forts détachements de Taïpings, sous le commandement du grand chef Oua-Tsoug, chassés de Chine, se réfugièrent dans les régions montagneuses du nord du Tonkin et ravagèrent tout le pays, chassant les troupes annamites, s'établissant dans toute la région qui s'étend entre Lang-Son et Son-Tay et menaçant même Hanoï. Impuissant devant ces nouveaux ennemis, Tu-Duc s'adressa encore au Céleste-Empire, qui, cette fois, lui envoya des troupes.

Ce furent d'abord des irréguliers qui firent cause commune avec les Taïpings. Puis des troupes régulières, qui descendirent jusqu'à Bac-Ninh, refoulèrent les irréguliers vers les hautes vallées de la rivière Claire et du fleuve Rouge et prirent leur place dans les provinces du delta, où, tout compte fait, il n'y eut pas grand chose de changé et où nous les avons retrouvées.

A ce moment, Oua-Tsong disparut, et les Taïpings se divisèrent en deux clans : les Pavillons Noirs, qui s'installèrent à Lao-Kay sous les ordres de Luu-Vinh-Phuoc; les Pavillons Jaunes, qui s'établirent vers Ha-Giang. Ils devaient exploiter et mettre en commun les revenus douaniers des deux voies fluviales, fleuve Rouge et rivière Claire.

Ce fut l'origine de la piraterie chinoise au Tonkin.

Dans la suite, les Pavillons Noirs s'allièrent avec Hoang-Ké-Vien, qui commandait l'armée annamite de Son-Tay et d'Hung-Hoa, et Luu-Vinh-Phuoc s'étendit jusque-là. C'est ainsi que nous nous trouvâmes en face de ses hommes à Thu-Lé (21 décembre 1873, mort de Garnier et de Balny), au Cau-Giay (19 mai 1883, mort de Rivière) et à Son-Tay (19 novembre 1883).

Les persécutions exercées contre les missionnaires avaient été la cause de notre nouvelle intervention dans l'Annam; ce fut la piraterie qui permit d'introduire une petite armée dans les provinces septentrionales de Tu-Duc au Tonkin. Dès 1868, l'amiral de La Grandière avait montré la nécessité d'une expédition franco-annamite pour réprimer la piraterie, et, comme ses offres de services avaient été refusées, il menaça d'agir sans l'aide de Tu-Duc. La guerre de 1870 empêcha qu'on ne donnât suite à ce projet; mais, dès 1872, l'amiral Dupré,

gouverneur de la Cochinchine, reçut des ordres pour
agir contre les pirates du Tonkin.

« En janvier 1872, le capitaine de frégate Senez, commandant le *Bourayne*, fut envoyé à Tourane porteur
d'une lettre pour Tu-Duc. Il visita la côte et les ports
du Nord et il explora les embouchures du fleuve Rouge.
De retour à Saïgon, il fit part de ses projets pour réprimer les bandes et les flottilles armées qui ravageaient
le golfe du Tonkin. L'approche des chaleurs en empêcha l'exécution. Mais, en octobre, il débarqua une seconde fois à Tourane avec une lettre annonçant qu'il
avait l'intention de visiter l'intérieur du Tonkin et demandant que deux officiers de la cour l'aidassent à délivrer le pays des pirates » (1).

Arrivé devant la Cac-Ba, à l'embouchure du Cua-
Cam, il trouva un envoyé chinois qui avait visité le
Tonkin dans les mêmes intentions que lui, la Chine
s'étant en effet, sur la demande de Tu-Duc, arrogé une
sorte de protectorat sur toute la côte orientale.

Senez refusa de négocier avec le mandarin chinois et
remonta le fleuve jusqu'à Haï-Phong. Puis, y laissant
le *Bourayne*, il partit avec sa chaloupe pour Hanoï, où
il arriva le 6. Là comme à Haï-Phong, il fut reçu froi-
dement par les mandarins annamites, qui s'étonnèrent
de la présence du pavillon français dans le fleuve Rouge, objectant au capitaine que son voyage ne leur avait
été nullement annoncé, qu'il se trouvait en dehors des
conditions du traité, et que ses canots n'avaient pas le
droit de pénétrer dans le fleuve. Senez répondit en menaçant d'attaquer la citadelle avec les quinze hommes
qui composaient son équipage. Mais le gouverneur tint
bon, et il fut obligé de quitter la ville sans avoir obtenu
l'entrevue qu'il demandait.

---

(1) C.-B. Norman : ouvr. cité.

En revenant à Haï-Phong, Senez passa par Bac-Ninh, qu'occupaient les troupes chinoises Celles-ci, très irritées à la vue des marins français, allaient leur faire un mauvais parti, malgré les efforts des officiers chinois et des mandarins annamites pour les calmer, lorsque le gouverneur apprit qu'une flottille française était arrivée à l'embouchure du Thaï-Binh. Craignant que ce ne fût un secours envoyé à Senez, les autorités de Bac-Ninh facilitèrent son départ. « Or cette flottille n'était autre que celle de Dupuis, et ainsi Senez dut sa délivrance a des navires marchands qu'on avait pris pour des vaisseaux de guerre » (1).

Qu'était ce Dupuis? Parmi les nombreux étrangers qui furent attirés à Shanghaï pendant l'expédition anglo-française de 1860, se trouvait M. Dupuis. Il passa les premières années de sa résidence à apprendre la langue; puis, voulant commercer entre Hong-Kong et le Yunnan par le fleuve Rouge, il résolut de s'assurer lui-même de la navigabilité de cette voie fluviale.

A cet effet, il se rendit au Yunnan, atteignit le fleuve à Mang-Hao et le descendit jusqu'à Ba-Hoa, à environ 100 kilomètres en territoire tonkinois. Certains dès lors de pouvoir passer, il revint sur ses pas, entra en pourparlers avec le gouverneur du Yunnan au sujet d'une livraison d'armes qui devait faciliter son premier voyage, et, muni de lettres pour les autorités chinoises de Hankow et de Canton, il revint à Shanghaï. » Mais il chercha inutilement à obtenir l'appui du gouvernement français et fut avisé par le gouverneur de la Cochinchine de se recommander simplement des autorités de Canton et d'avoir à naviguer sous le pavillon chinois » (1).

Cela ne l'arrêta pas, et il commença à organiser son

____

(1) C.-B. Norman : ouvr. cité.

expédition. Prévoyant qu'on lui opposerait de la résistance, il recruta avec soin un personnel de 200 hommes de toutes les nations, bien exercés et armés de chassepots et de revolvers. Le fleuve Rouge était ouvert au commerce chinois, et depuis longtemps déjà les principales villes riveraines étaient occupées par des troupes de cette nation. Dupuis savait, par conséquent, que, tant qu'il naviguerait à l'abri du pavillon jaune et qu'il se conformerait aux instructions du gouverneur de Canton, il n'avait pas grand chose à craindre des autorités annamites. Aussi, encouragé en dessous par les autorités coloniales de Saïgon, il se présentait, le 16 novembre 1872, à l'entrée du Cua-Nam-Trieu avec sa flottille, comprenant trois petits vapeurs et des jonques, juste à temps pour tirer le commandant Senez du mauvais pas où il se trouvait.

Redescendu en toute hâte de Bac-Ninh, le commandant remonta sur le *Bourayne*, l'amena devant Quang-Yen, et Dupuis mit sa petite flottille sous la protection des canons de la frégate française.

Le gouverneur de la province refusa alors de laisser l'explorateur poursuivre sa route sans une autorisation du roi lui-même, et un mois se passa en pourparlers et échanges de lettres sans rien obtenir. Mais Dupuis tenait bon et était prêt, s'il le fallait, à s'ouvrir de force un passage, fort de ses passeports chinois, sachant bien que les Annamites n'oseraient pas tirer sur le pavillon jaune, et que les garnisons chinoises le protégeraient. « De sorte que cette expédition commerciale revêtait en quelque sorte les allures d'une expédition de pirates ou de flibustiers » (1).

Sur ces entrefaites, le gouvernement français, inquiet du sort réservé à l'expédition, redoutant les complica-

____

(1) C.-B. Norman : ouvr. cité.

tions qui pouvaient en résulter, n'osant pas l'arrêter mais voulant encore moins paraître la patronner, enjoignit au *Bourayne* de rentrer à Saïgon, persuadé que c'était le seul moyen d'arrêter Dupuis, qui, après ce départ, n'oserait certainement pas pousser plus loin avec ses seuls moyens, et retournerait à Hong-Kong.

Senez abandonna alors, bien à contre-cœur, son compatriote, après lui avoir fait entendre qu'il serait imprudent de poursuivre sa route sans autorisation et l'avoir vivement engagé à renoncer à son projet.

« C'était tout ce que voulait Dupuis. Les mâts du *Bourayne* n'eurent pas plus tôt disparu à l'horizon que, montant à son bord, il mettait sa flottille en route et arrivait le 22 décembre devant Hanoï » (1). Malgré l'hostilité des autorités annamites, ce premier voyage se fit sans trop de difficultés, grâce à l'intervention du colonel Tsaï, commandant des troupes chinoises à Bac-Ninh.

Laissant ses vapeurs devant Hanoï, Dupuis partit le 18 janvier 1873 et arriva le 4 mars à Mang-Hao. Le gouverneur du Yunnan le reçut très cordialement, s'irrita fort de l'opposition qu'il avait rencontrée de la part des autorités annamites, lui remit de nouveaux passeports et lui donna, pour augmenter sa sécurité, 150 soldats chinois commandés par un mandarin.

Le 30 avril, après avoir chargé ses jonques de cuivre et d'étain provenant des mines du pays, Dupuis redescendit le fleuve et en une semaine était à Hanoï. Il y rencontra plus d'hostilité que jamais. « Pendant son absence, les marchands qui avaient fourni des provisions à ses bâtiments avaient été jetés en prison. Dupuis réclama leur liberté, le gouverneur refusa; sur quoi l'explorateur opéra un débarquement avec sa petite armée,

----

(1) H. Gautier : ouvr. cité.

forte de 350 hommes et de 2 pièces de montagne, et
s'avança contre la citadelle, pendant que ses vapeurs
prenaient position pour ouvrir le feu. Cette attitude
résolue effraya le gouverneur annamite, qui délivra les
prisonniers » (1).

Pendant quelques semaines tout fut calme, et Dupuis
cherchait comment il pourrait entreprendre un nouveau
voyage.

Comme tous les pays d'Orient, l'Annam trouve dans
l'impôt sur le sel une grande partie de son revenu. A
cette époque, on réclamait aux villes frontières de chaque province des droits de transit énormes, ce qui d'ailleurs n'empêchait pas les marchands de sel de réaliser
de gros bénéfices.

Dupuis, fort de son premier succès, résolut de conduire à Mang-Hao une flottille de jonques chargées de
sel sans payer aucuns droits. Mais, cette fois, devant ce
défi porté à leurs droits commerciaux, les mandarins se
fachèrent tout à fait, et, au moment où ses jonques
quittaient Hanoï, un feu nourri les obligeait à rétro-
grader. Dupuis, furieux, menaça de bombarder la ville
et de détruire toutes les jonques qui se trouveraient à
portée de ses canons. Et l'on vit ce fait curieux : un
commerçant n'ayant même pas l'appui de son gouvernement tenant tête aux représentants du roi d'Annam
et leur déclarant la guerre.

Cependant, le gouverneur d'Hanoï ne voulait pas
agir à la légère, car Dupuis était protégé par le pavillon
chinois et possédait des lettres de recommandation des
vice-rois du Yunnàn et de Canton. Tu-Duc en référa
même à Pékin, et les agissements de Dupuis furent
blâmés. Car, si la Chine voulait bien permettre à un
étranger de transporter des armes pour ses soldats, elle

---

(1) H. Gaulier : ouvr. cité.

n'était nullement disposée à ouvrir l'intérieur du Tonkin au commerce européen. « Le gouvernement annamite envoya alors à Hanoï un mandarin qui s'était autrefois battu contre nous en Cochinchine, avec ordre de chasser Dupuis du territoire. Désavoué par la Chine, attaqué par l'Annam, la situation de l'explorateur devenait critique. Il paya alors d'audace, réclama sa qualité de Français, arbora le pavillon tricolore et demanda protection à Saïgon » (1).

Le nouveau gouverneur d'Hanoï connaissait la puissance de ce pavillon; il craignit des représailles s'il se livrait à des hostilités et entama des négociations. Le roi lui-même, craignant des complications avec le gouvernement français, recommanda de rester sur la défensive et envoya aussi à Saïgon pour demander à l'amiral Dupré d'éloigner Dupuis, dont la présence sur le fleuve Rouge était une infraction formelle aux conventions des traités.

L'amiral Dupré, sollicité des deux côtés, était perplexe. Les termes du traité de 1862 limitaient, en effet, le commerce européen aux trois ports de Tourane, Balat et Quang-An : les réclamations de Tu-Duc étaient donc fondées.

Mais, d'autre part, l'amiral, partisan de l'occupation du Tonkin, était très disposé à aider Dupuis en dépit des instructions du ministère.

« Or il fallait se hâter. Déjà la cour de Hué avait adressé des plaintes à sir Kennedy, gouverneur de Hong-Kong, qui avait l'ordre d'intervenir sous le plus futile prétexte. Le Tonkin allait devenir anglais, ou tout au moins chinois; l'influence anglaise faisait ouvrir le port de Hanoï et y plaçait un commissaire de douanes anglais » (2). Et, comme les autorités annamites mena-

---

(1) H. Gautier : ouvr. cité.
(2) C.-B. Norman : ouvr. cité.

çaient de chasser le négociant par la force si le gouvernement français n'intervenait pas, l'amiral Dupré, prétextant que Dupuis avait résisté à son invitation, obtint de Tu-Duc l'autorisation d'envoyer à Hanoï un officier français avec quelques forces pour obtenir au besoin par la violence le départ de la flottille.

Le ministère, croyant qu'il ne s'agissait de rien de plus que de se débarrasser de Dupuis, donna son consentement, et ce fut Francis Garnier qui fut chargé de cette mission.

Parti le 10 octobre 1873 de Saïgon avec deux petites canonnières, l'*Arc* et l'*Espingole*, remorquées par le *D'Estrées* et le *Décrès*, 80 marins, 60 hommes d'infanterie de marine et 20 canonniers pour servir une pièce de 5 et 4 pièces de 1 1/2, il arriva le 5 novembre devant Hanoï, où il retrouva Dupuis.

« Mais sa mission était bien moins de faire entendre raison au négociant, ou de l'expulser de force, que de chasser les Chinois de la vallée du fleuve Rouge, ouvrir ce fleuve au commerce et annexer le Tonkin aux possessions françaises » (1). Le sort en était jeté, une fois débarqués au Tonkin, nous ne devions plus en sortir; pris dans l'engrenage, nous devions y passer tout entiers, et le gouvernement ainsi engagé presque sans le savoir allait bientôt être mis par les événements dans la nécessité d'aller jusqu'au bout.

Telle est l'histoire de notre intervention au Tonkin; nous y avons un peu insisté, car elle est intéressante et instructive. « Quant à Dupuis, quelle que soit l'opinion que l'on ait de lui, il est impossible de ne pas admirer son courage, qui ne faillit jamais, son esprit d'entreprise et son sens commercial » (1).

---

(1) C.-B. Norman : ouvr. cité.

CHAPITRE III

Expédition de Francis Garnier.

Garnier était parti avec pleins pouvoirs. Arrivé à Hanoï le 5 novembre, son premier acte fut de déclarer qu'il était venu pour poser les bases d'un traité à conclure entre la France et l'Annam, afin d'ouvrir au commerce les fleuves du Tonkin. De plus, il demandait, pour débarquer et installer ses troupes, un endroit où elles fussent à l'abri d'une surprise. Grand fut l'étonnement des mandarins d'Hanoï d'entendre un pareil langage de la part d'un officier qui, croyaient-ils, était venu uniquement pour faire déguerpir Dupuis. Le gouvernement se déclara incompétent pour négocier la question commerciale, mais mit à la disposition de Garnier un petit camp retranché situé sur le bord du fleuve, à 500 mètres au sud de la ville, et dont il prit possession le soir même. Ce fut l'origine de la concession française d'Hanoï. .

Garnier lança ensuite des proclamations dans lesquelles il était uniquement question de répression de la piraterie, de traités de commerce; il engageait les populations à lui prêter leur concours. Un pareil langage n'était pas fait pour plaire au gouverneur, et celui-ci, vieux et fier mandarin, refusa de traiter toute question avant d'avoir reçu des instructions de Hué.

Les ambassadeurs de Tu-Duc arrivèrent enfin; mais, d'accord avec le gouverneur, ils niaient tout pouvoir de discuter l'ouverture du fleuve Rouge, et Garnier, de son côté, ne voulait pas qu'on soulevât la question Dupuis avant d'avoir signé un traité de commerce.

Les relations se tendaient donc de plus en plus, et, le 9 novembre, le gouverneur faisait afficher en ville l'avis suivant :

« Nous défendons à tout marchand d'entrer en relations avec M. Garnier, dont la mission se borne à juger et à chasser le marchand français Dupuis, sans qu'il ait à s'immiscer dans les affaires du pays. Si quelqu'un croit avoir le droit de formuler des réclamations, c'est à moi, gouverneur, qu'elles doivent uniquement être adressées » (1).

Garnier se rendit à la citadelle et demanda l'enlèvement des affiches. Le gouverneur refusa net. Il lui adressa alors, le 15 novembre, un ultimatum accompagné d'un projet de traité. Le mandarin déclara de nouveau qu'il n'avait pas qualité pour discuter autre chose que l'affaire Dupuis. Les ambassadeurs firent de même.

Le 19, Garnier envoya un dernier ultimatum annonçant qu'il bombarderait la citadelle et qu'il placerait le delta du fleuve Rouge sous l'administration française si les clauses du traité n'étaient pas acceptées avant la nuit.

Le 20, au point du jour, la petite colonne, forte de 180 hommes et soutenue par 90 Chinois de l'escorte de Dupuis, marcha contre la citadelle en s'abritant le long du mur qui contourne la ville. A 6 heures du matin, le *Scorpion* et l'*Espingole* ouvraient le feu contre le bastion Est et y pratiquaient une brèche. A 7 heures et demie, l'assaut était donné. Terrifiés par l'éclatement et les terribles effets des obus, qu'ils voyaient pour la première fois, impressionnés par l'attitude audacieuse de leurs adversaires, les 7.000 Annamites qui défendaient la citadelle prirent la fuite. A 8 heures le pavillon français était hissé sur la citadelle. Nous n'avions pas perdu

---

(1) H. Gautier : ouvr. cité.

un seul homme. C'était, en réalité, un brillant fait d'armes.

Hanoï pris, il fallait sans tarder achever la conquête du delta du fleuve Rouge.

Le 23 novembre, l'*Espingole*, avec un petit renfort de fusiliers sous le commandement de Balny, se présenta devant Hung-Yen, dont le gouverneur se soumit dès qu'il eut connu la prise de la capitale.

Le 26, il prenait Phu-Ly dans les mêmes conditions.

Le 4 décembre, après une escarmouche de quelques heures, il enlevait Haï-Dzuong, la plus grande forteresse après Hanoï.

Pendant ce temps, Ninh-Binh était pris par d'Hautefeuille avec 10 hommes et un canon de 1 1/2.

Enfin, le 11, Garnier attaquait lui-même Nam-Dinh, avec le *Scorpion*, et s'en emparait après une courte résistance, pendant laquelle nous subîmes nos premières pertes.

« Cinq semaines ne s'étaient pas écoulées depuis l'arrivée de Garnier à Hanoï que tout le delta était conquis par une série des plus brillants exploits qui aient illustré notre marine, et qui rappellent les aventures des corsaires du XVIᵉ siècle » (1).

Mais il était plus facile de s'emparer du delta que de le garder. Les garnisons qu'il fallait laisser dans les forteresses diminuaient celle, à peine suffisante, d'Hanoï, où des troubles avaient éclaté pendant l'absence de Garnier, à l'instigation des mandarins, résolus à tout faire pour nous chasser. Des forces considérables se montraient devant Son-Tay, où elles avaient l'appui de la garnison chinoise, et Hanoï était si menacé que Garnier dut y revenir en toute hâte.

Cependant, Tu-Duc, craignant de perdre entièrement

----

(1) C.-B. Norman : ouvr. cité.

sa province, avait envoyé de nouvelles instructions à ses ambassadeurs pour conclure le traité de commerce. Mais, avant qu'on eût pu arriver à une entente, l'orage éclata. Le 21 décembre 1873, des essaims de Pavillons Noirs, de Chinois et d'Annamites attaquèrent la citadelle ; mais le feu de la garnison les empêcha d'avancer. Malheureusement, Garnier voulut compléter son succès par une sortie. L'attaque réussit d'abord, et les Chinois se retirèrent pas à pas devant nos faibles forces, puis se réfugièrent derrière les murs des villages avoisinants. Ce fut en essayant de les déloger que Garnier, toujours le premier au feu, reçut une blessure mortelle. Balny, qui s'était avancé à un demi-kilomètre plus au nord, tomba presque en même temps. Nos troupes, privées de leurs chefs, et poursuivies de près par les Chinois, se retirèrent en désordre sur la citadelle, dont le feu obligea l'adversaire à reculer. Les Chinois étaient du reste suffisamment satisfaits de retourner à Son-Tay en triomphe, portant comme trophées les têtes de nos officiers.

A la suite de cet échec, M. Esmez, le second de Garnier, suspendit les négociations et garda les ambassadeurs à la citadelle comme otages. Mais l'amiral Dupré, en apprenant la prise d'Hanoï et des autres places du delta, avait craint que Garnier ne s'engageât trop loin et lui avait envoyé un officier porteur d'instructions spéciales, lui ordonnant de s'abstenir de tout nouvel acte agressif et de conclure le traité. C'était M. Philastre, également officier de marine, qui, en arrivant à l'embouchure du fleuve Rouge, y apprenait l'événement du 21.

« Héritant des pouvoirs de Garnier, il arrivait à Hanoï le 3 janvier 1874 et inaugurait alors une politique toute différente. Il faisait d'abord évacuer toutes les forteresses si vaillamment conquises par ses camarades » (1).

____

(1) H. Gautier : ouvr. cité.

Puis il concluait, le 5 mars, « un traité qui nous donnait, sans doute, de grandes satisfactions au point de vue des facilités commerciales et était à peu de choses près celui de Garnier, mais comportait l'engagement pris par nous de ne conserver que les concessions d'Hanoï et d'Haïphong, où nous pouvions entretenir des agents diplomatiques et commerciaux assistés d'une force ne pouvant dépasser 100 hommes » (1). D'autre part, l'article 2 de ce même traité, dirigé contre la Chine, déclarait la souveraineté absolue du roi d'Annam, son entière indépendance vis-à-vis de toute puissance étrangère autre que la France, celle-ci lui promettant aide et assistance s'engageant à lui donner gratuitement l'appui nécessaire pour maintenir dans ses Etats l'ordre et la tranquillité, et à le défendre, le cas échéant, contre toute attaque. On se ménageait ainsi, il est vrai, une porte de rentrée.

De 1874 à 1880, notre diplomatie s'épuisa en efforts pour obtenir pacifiquement, de la Chine, l'exécution de cet article, qui impliquait le retrait des garnisons chinoises, et la renonciation à tous droits de suzeraineté sur l'Annam. Mais, dès les premières démarches, la diplomatie chinoise adopta la politique dilatoire qui lui est chère. Du reste, nous avions commis une grave faute en évacuant les places conquises par Garnier; car ce qui, chez nous, peut être considéré comme un acte de modération et de haute sagesse, n'est jamais interprété, par les Orientaux, que comme une marque de faiblesse. Vainqueurs, nous avions volontairement retiré nos troupes, et il devenait dès lors difficile de faire admettre par les Chinois, qui ne s'inclinent que devant le fait accompli, que la présence de deux consuls français dans le fleuve Rouge suffisait à faire passer le protectorat de

______

(1) H. Gautier : ouvr. cité.

l'Annam de Pékin à Paris. De sorte qu'en 1876, en dépit du traité qui lui assurait une entière indépendance, le roi d'Annam, fidèle à ses anciennes traditions, envoyait l'ambassade habituelle porter en Chine le tribut triennal.

Il n'y avait donc rien de changé dans les rapports entre l'Annam et la Chine, et Tu-Duc, qui craignait bien plus celle-ci qu'il ne nous craignait nous-mêmes, s'en rapprochait de plus en plus, montrant, au contraire, à notre égard, la plus mauvaise volonté.

L'arrivée au ministère de M. de Freycinet, en 1880, changea la face des choses, et l'on réclama enfin catégoriquement le protectorat de l'Annam, toujours en s'appuyant sur le traité de 1874. « Il est nécessaire, disait notre ministre, que le gouvernement chinois se rende bien compte que l'Annam se trouve aujourd'hui affranchi de tout lien quelconque avec une autre puissance que la France » (1).

Mais les autorités chinoises, aussi bien à Pékin qu'au Tonkin, refusaient énergiquement d'acquiescer à l'idée d'un protectorat français et à l'ouverture du fleuve Rouge au commerce européen; et il était bien évident que la Chine ne renoncerait jamais de plein gré à un changement dans la situation politique du Tonkin.

« L'attaque de MM. Courtin et Villeroi, voyageurs français munis de passeports réguliers, la mauvaise volonté de la Cour de Hué à expulser de son territoire les Pavillons Noirs, qui faisaient des provisions considérables d'armes à tir rapide et de munitions et menaçaient notre consul à Hanoï, finirent par lasser notre patience, et le gouvernement résolut de faire une manifestation matérielle qui suffît à faire comprendre que nous avions les moyens de faire respecter notre volonté » (2).

____

(1) H. Gautier : ouvr. cité.
(2) C.-B. Norman : ouvr. cité.

CHAPITRE IV

Expédition du commandant Rivière. — Son-Tay.

Ce fut en mars 1882 que l'expédition confiée au commandant Rivière fut organisée. Elle comprenait deux petits avisos, huit canonnières et 800 hommes d'infanterie de marine.

L'arrivée de ces forces devant Hanoï, le 2 avril 1882, causa une vive émotion chez les mandarins. Craignant un assaut de la citadelle, ils firent fermer les portes et commencèrent des travaux de défense, en même temps qui'ls faisaient venir de gros renforts pour essayer de nous intimider. « Le commandant Rivière avait en poche un nouveau traité, dont la principale clause était le retrait immédiat du Tonkin de toutes les troupes chinoises régulières ou irrégulières.

» Et la comédie déjà jouée au temps de Francis Garnier fut reprise » (1).

Présentation du traité au gouverneur, qui déclare n'avoir pas qualité pour discuter de semblables clauses. Envoi d'un ultimatum menaçant d'une attaque si le traité n'est pas accepté. Enfin, le 26, à 8 heures du matin, attaque et reprise de la citadelle déjà enlevée par Garnier neuf ans auparavant.

La campagne de 1873 recommença alors, mais avec plus de pertes et de difficultés, et Rivière n'eut pas trop de 1.200 hommes pour s'emparer du delta, que Garnier avait conquis avec 200. Ainsi s'acheva l'année 1882.

---

(1) C.-B. Norman : ouvr. cité.

Pendant ce temps, les Chinois renforçaient leurs garnisons de Bac-Ninh et Son-Tay, et, unis aux Pavillons
Noirs, attaquaient la citadelle, bombardaient la flottille,
attaquaient la ville elle-même et incendiaient l'église
française. Si bien que, dans les premiers mois de l'année 1883, la situation était devenue intenable pour le
petit corps français.

Rivière savait que les crédits nécessaires à l'envoi de
renforts avaient été votés. Mais, bloqué en quelque sorte
dans Hanoï, il ne pouvait les attendre, et était obligé de
se dégager avant la saison chaude. Ayant reçu un renfort
de 300 fusiliers de l'escadre de Chine, il se décida à agir
et à détruire le village de Phu-Ho-Hai, poste avancé des
Pavillons Noirs sur la route de Sontay.

« Le 19 mai 1883, à 4 heures du matin, la colonne,
forte de 600 hommes et trois pièces de petit calibre, quitta la citadelle et s'engagea sur la route fatale, où Garnier
et Balny avaient déjà succombé dix ans auparavant » (1). Quoique souffrant de la fièvre, le commandant Rivière avait voulu à tout prix commander en personne. On commit la faute de ne pas s'éclairer,
et la colonne, pour atteindre le village de Phu-Ho-Hai,
cheminait entre une double ligne de villages situés à 500
ou 600 mètres des deux côtés de la route, quand soudain un feu nourri de mousqueterie éclata en avant et
sur les flancs, en même temps que de grosses bandes armées apparaissaient de tous côtés. La colonne dut se replier ; mais la petite troupe, électrisée par l'exemple de
ses chefs, fit d'abord bonne contenance et maintint l'ennemi à distance, malgré son énorme supériorité numérique.

Ce fut au Pont-de-Papier que se produisit la catastrophe.

____

(1) H. Gautier : ouvr. cité.

A ce pont, dont le nom vient des fabriques de papier établies dans les villages voisins, le Cau-Giay, gros et profond ruisseau, traverse la route, formant ainsi une ligne de défense naturelle.

Le commandant Rivière voulut en profiter pour faire tête à l'ennemi et permettre à ses blessés et à son artillerie de se mettre à l'abri, sous le feu de la citadelle, dont on n'était plus éloigné que de 1.000 mètres environ.

Gardant une pièce avec lui, le commandant s'arrêta au pont avec l'arrière-garde, qu'il n'avait pas cessé de diriger lui-même depuis le commencement du combat, et arrêta un moment la poursuite de l'ennemi. Malheureusement, par suite du recul, la pièce, mise en batterie sur la chaussée étroite, culbuta dans le ruisseau. Sans attelage, sans coolies même, ces sortes de pièces étant traînées à la bricole par les artilleurs, on s'entêta et l'on perdit un temps précieux à vouloir quand même la remonter sur la route, où seulement elle pouvait rouler, afin de ne pas la laisser entre les mains de l'ennemi.

Ce retard amena la perte de la colonne.

Les Pavillons Noirs, qui n'avaient pas tardé à trouver un point de passage — l'eau n'a jamais arrêté un Annamite ni un Chinois — se montrèrent bientôt au delà du pont, sur les derrières de la petite troupe, qui fut ainsi séparée du reste de la colonne. La retraite se changea alors en déroute. Quatre officiers, Rivière, Jacquin, Berthe de Villers et Moulun, et cinquante hommes restèrent sur le champ de bataille, ainsi que les trois canons. Le reste de la colonne, privé de ses chefs, rentra dans le plus grand désordre à la citadelle, poursuivi jusque sous les murs mêmes par les Chinois, qui faillirent y entrer en même temps.

A la réception de cette nouvelle, le général Bouet, commandant des troupes en Cochinchine, partit pour le

Tonkin, et le commandement de notre escadre renforcée de la mer de Chine fut donné à l'amiral Courbet. Le 14 juin, le général arrivait à Hanoï et prenait les mesures que commandait la situation. En somme, nous avions maintenu toutes nos positions, sauf Hon-Gay et Qui-Nonh, dont les garnisons étaient allées renforcer celles d'Hanoï.

Du 14 juin au 25 août, le général Bouet d'une part, le colonel de Badens de l'autre, avec quelques renforts envoyés de France et de Cochinchine et qui portaient nos forces à environ 3.500 hommes, menèrent une vigoureuse campagne, dont les principaux faits furent la prise d'Haï-Dzuong et la tentative, qui échoua, du reste, faite le 15 août sur Son-Tay, et qui nous coûta 2 officiers et 40 soldats tués, 3 officiers et 53 blessés. On ne dépassa pas Phu-Ho-Haï.

Tu-Duc, était mort le 20 juillet. Le 18 août, l'amiral Courbet, avec son escadre, se présenta devant Hué et s'en empara. Le successeur de Tu-Duc, Dzuc-Duc, se résigna alors à signer, le 25, le traité présenté par M. Harmand, commissaire du gouvernement français.

L'Annam reconnaissait notre protectorat; nous occupions le Tonkin et les forts à l'embouchure de la rivière de Hué et recevions de grands avantages commerciaux et politiques.

Nous avions toujours cru que la Chine s'inclinerait le jour où nous agirions vigoureusement au Tonkin. Il n'en fut rien.

En 1879, comme en 1876, Tu-Duc lui avait envoyé le tribut triennal, et le traité de 1874 était resté lettre morte pour elle. Notre retour au Tonkin avec Rivière, la prise de Hué ne l'intimidèrent pas davantage, et, après le traité du 25 août 1883, elle protesta officiellement, refusant de reconnaître un traité qui faisait du Tonkin une province française.

Devant cette force d'inertie, on résolut de passer outre et d'occuper Sontay et Bac-Ninh comme nous occupions les autres villes du delta et comme le traité du 25 août nous en donnait le droit. Des renforts sérieux furent donc expédiés de France, tandis que, de son côté, la Chine, loin de retirer ses garnisons, les renforçait de manière à les mettre en état de nous résister.

Il était donc évident que, du jour où, pour refouler les Pavillons Noirs et occuper le delta conformément au traité, nous attaquerions Son-Tay, c'était en réalité avec la Chine que nous entrerions en lutte; et l'on arrivait ainsi à cette situation bizarre de deux nations se faisant la guerre sans qu'il y ait eu déclaration, sans que les relations displomatiques aient été rompues. Malheureusement, la Chine n'était plus, comme on le croyait encore, une quantité négligeable.

En attendant les renforts, nous continuâmes à nous étendre dans le delta. Dans les derniers jours d'août, le colonel de Badens enlevait Ninh-Binh, et le 1er septembre, le général Bouet faisait une nouvelle sortie dans la direction de Son-Tay. Cette fois, il brisa toute résistance jusqu'à Pa-Lan (à mi-chemin), détruisit les retranchements et le village, mais ne put aller plus loin, l'ennemi ayant inondé la plaine.

Les pertes des Chinois furent considérables; mais ce succès nous coûtait 2 officiers et 26 hommes tués, 5 officiers et 40 hommes blessés.

Peu après, le général Bouet, à la suite de dissentiments avec le commissaire civil, retournait à Saïgon, et l'amiral Courbet prenait le commandement de toutes nos forces, avec le colonel Bichot comme commandant des troupes de terre.

Les renforts attendus arrivèrent enfin au commencement de novembre et portèrent à 9.000 hommes les forces dont disposait Courbet. Cette petite armée se décomposait ainsi :

Infanterie de marine, 4.000 hommes;
Artillerie, 800;
Deux bataillons de tirailleurs algériens, 1.600;
Un bataillon de légion, 1.000;
Compagnie de débarquement, 600;
Auxiliaires annamites, 1.000.

L'amiral organisa aussitôt son expédition contre Son-Tay. Le 14 décembre, il s'avança contre cette place en longeant le fleuve, soutenu par toutes les canonnières de sa flottille, et, le 16, il attaquait avec 6.000 hommes les ouvrages extérieurs de Phu-Sa.

La résistance des Chinois réguliers et Pavillons Noirs fut d'un acharnement remarquable, et nos troupes n'entrèrent dans la place que dans la matinée du 17, après un combat très brillant mais aussi très meurtrier, qui nous coûtait 55 tués et 250 blessés. Les plus fortes pertes avaient été subies par les tirailleurs algériens. L'amiral ne s'attendait pas à une pareille résistance, et, en se jetant sur Phu-Sa, il avait pris le taureau par les cornes.

La question du Tonkin entra dans une nouvelle phase après Son-Tay. C'était aux troupes chinoises désormais que nous allions avoir affaire, et leur résistance dans cette première rencontre permettait de se faire une idée de l'effort nécessaire pour les rejeter hors du Tonkin. « On décida donc la formation, déjà prévue, d'un corps expéditionnaire de la force d'une grosse division, et, comme pour cela on était obligé de faire appel dans une très large mesure aux troupes de la guerre, ce fut à leurs généraux qu'on confia la conduite des opérations » (1).

Le 20 décembre une somme de 20 millions était votée, et dès le 25 commençait le départ des nouvelles troupes.

____

(1) H. Gautier : ouvr. cité.

CHAPITRE V

Campagne du Tonkin. — Début des opérations. Bac-Ninh, Hung-Hoa, Bac-Lé.

En février 1884, toutes les troupes destinées au corps expéditionnaire étaient débarquées. La composition de ce corps était la suivante :

ETAT-MAJOR : général de division Millot, commandant en chef ; — colonel Guerrier, chef d'état-major ; — commandant Crétin, sous-chef d'état-major ; — un demi-escadron de chasseurs d'Afrique, capitaine Laperrine ; — un parc d'aérostation.

1re BRIGADE : général Brière de l'Isle ; — régiment de marche d'infanterie de marine (3 bataillons), colonel de Maussion ; — régiment de marche de tirailleurs algériens (3 bataillons), colonel Belin ; — une batterie d'artillerie de terre de 80 de montagne ; — deux batteries de 4 de marine.

2e BRIGADE : général de Négrier ; — régiment de marche d'infanterie de ligne (3 bataillons : 111e, 143e, 23e), colonel Defoy ; — régiment de marche de la légion (2 bataillons), lieutenant-colonel Duchesne ; — un bataillon d'infanterie légère d'Afrique, commandant Dugenne ; — compagnie de débarquement (ne donna qu'à Bac-Ninh), commandant de Beaumont ; — une batterie d'artillerie de terre de 80 de montagne ; — deux batteries de 4 de marine.

Plus quelques compagnies de tirailleurs saïgonnais.

En tout, 14.000 hommes environ.

La 1re brigade s'organisa à Hanoï, la 2e à Haï-Duong.

Dans les premiers jours de mars, tout fut prêt. Le 25 février, le général de Négrier était allé, avec le commandant Donnier et le 1er bataillon de la légion, occuper les Sept-Pagodes, point important au confluent de Sung-Cau, du Sung-Thuong et du Lochnam. Quelques coups de canon suffirent à mettre en fuite le petit poste chinois. On s'y fortifia aussitôt.

Le 5 mars, le 2e bataillon de légion et l'artillerie s'embarquaient sur les canonnières et les jonques et allaient rejoindre le 1er bataillon. Ce fut au bruit de la fusillade et du canon que nous arrivâmes, vers 8 heures du soir, juste au moment où les Chinois sortis, de Bac-Ninh, attaquaient le poste. Ils se retirèrent à notre approche. Ces attaques se renouvelaient du reste à peu près chaque soir, sans pertes pour nous.

Le 7, le général de Négrier et le reste de la brigade venaient nous rejoindre.

Le 8, la brigade quittait Sept-Pagodes et se dirigeait sur Bac-Ninh, en s'appuyant au Sung-Cau, que remontait une partie de la flottille. Les Chinois occupaient, à 8 kilomètres de Sept-Pagodes, la ligne de villages Do-Son - Yen-Dinh. Il fallait donc les chasser de cette première position, pendant que, de son côté, la 1re brigade partant d'Hanoï traverserait le canal des Rapides, dont le passage, d'après les renseignements, devait lui être disputé par l'ennemi.

Cette opération donna lieu à un engagement, dans lequel l'artillerie joua le principal rôle. Grâce à elle, les forts de Na-Ou et de Do-Son, qui flanquaient la position ennemie, tombèrent bientôt entre nos mains, et les Chinois ne firent de résistance sérieuse qu'à Do-Son même. Le 8 au soir, la 2e brigade s'établissait entre Yen-Dinh et Do-Son, où elle attendait jusqu'au 11 que le mouvement de la 1re fût achevé.

Celle-ci avait eu en effet un long parcours à faire dans

les conditions les plus difficiles et n'avait terminé le passage du canal des Rapides que le 11, au marché de Chi. La liaison était ainsi établie entre les deux brigades, et, le 11 au soir, le général en chef donnait ses ordres pour attaquer, le 12, la place de Bac-Ninh.

Les Chinois, s'attendant à une attaque venant d'Hanoï, avaient accumulé de ce côté leurs principales défenses. On avait donc résolu d'attaquer la place par l'est en appuyant la droite au Sung-Cau, où l'on avait l'appoint précieux des canons de la flottille. Les Chinois occupaient de ce côté, à 6 kilomètres en avant de la place, une position formée d'une ligne de villages fortifiés reliés entre eux par des retranchements. Cette ligne s'appuyait à gauche au Sung-Cau, sur lequel avait été établi un barrage, et se terminait à droite par le massif du Trong-Son, dont la crête était couronnée de quatre fortins. La 2ᵉ brigade, partant de ses cantonnements en avant de Do-Son, devait longer la rivière et attaquer la ligne de villages, dont les principaux étaient Nam et Xuan-Hoa. La première, partant de Chi, devait s'emparer des forts du Trong-Son et déborder la droite ennemie.

Le 12, à 7 heures du matin, la 2ᵉ brigade se met en marche en même temps que la flottille. A 8 h. 30, l'avant-garde signale l'ennemi et le combat s'engage aussitôt.

Pendant que la flottille cherche à détruire le barrage et canonne la redoute qui le défend, l'infanterie prend pour objectifs les villages de la plaine. Le 1ᵉʳ bataillon de la légion se rend assez rapidement maître du village de Xuan-Hoa, tandis que les compagnies de débarquement enlèvent les ouvrages qui bordent le fleuve. Le chemin de Dap-Cau se trouve ainsi ouvert.

Mais alors l'ennemi porte toutes ses forces du côté de Nam et de Trong-Son, pour défendre l'accès de la place elle-même, et cherche à déborder notre extrême gauche, formée par le 2ᵉ bataillon de la légion, qui depuis le matin, attend vainement, en luttant devant Nam, l'entrée en ligne de la 1ʳᵉ brigade.

Un combat extrêmement vif est alors soutenu par ce bataillon contre le gros des forces chinoises. L'ennemi, plusieurs fois repoussé, dessine avec vigueur de nouveaux mouvements offensifs. A ce moment (vers midi), le bataillon du 111ᵉ vient renforcer notre gauche et, joignant ses efforts à ceux des compagnies qui luttent depuis le matin, fait rentrer l'ennemi dans ses lignes, où il s'en tient définitivement à la défensive. Enfin, vers 1 heure, les têtes de colonnes de la 1ʳᵉ brigade apparaissent à notre gauche. L'ennemi abandonne alors le village de Nam, et se porte sur les crêtes du Trong-Son, où il essaie une dernière résistance. Mais, débordé à gauche par le 2ᵉ bataillon de la légion et le 111ᵉ, à droite par l'infanterie de marine, attaqué de front par les tirailleurs algériens, il ne tarde pas à abandonner cette dernière position.

Pendant ce temps, le général de Négrier, après avoir donné à sa gauche l'ordre de se maintenir « coûte que coûte » devant Nam jusqu'à l'arrivée de la 1ʳᵉ brigade, avait continué avec son aile droite et la flottille son mouvement sur Dap-Cau. Le fort de Dap-Cau, ouvrage important armé d'artillerie qui commande le fleuve, est bombardé par les canonnières et enlevé par les compagnies de débarquement. Le général y établit aussitôt toute son artillerie et fait ouvrir un feu violent sur la place elle-même et sur les colonnes chinoises qui évoluent autour. Les Chinois répondent d'abord faiblement, puis plus du tout. En même temps, on voit de nombreuses colonnes s'écouler dans la direction nord-ouest.

Le général pense alors que la place est peut-être abandonnée, et qu'il est possible de l'occuper le soir même. Il

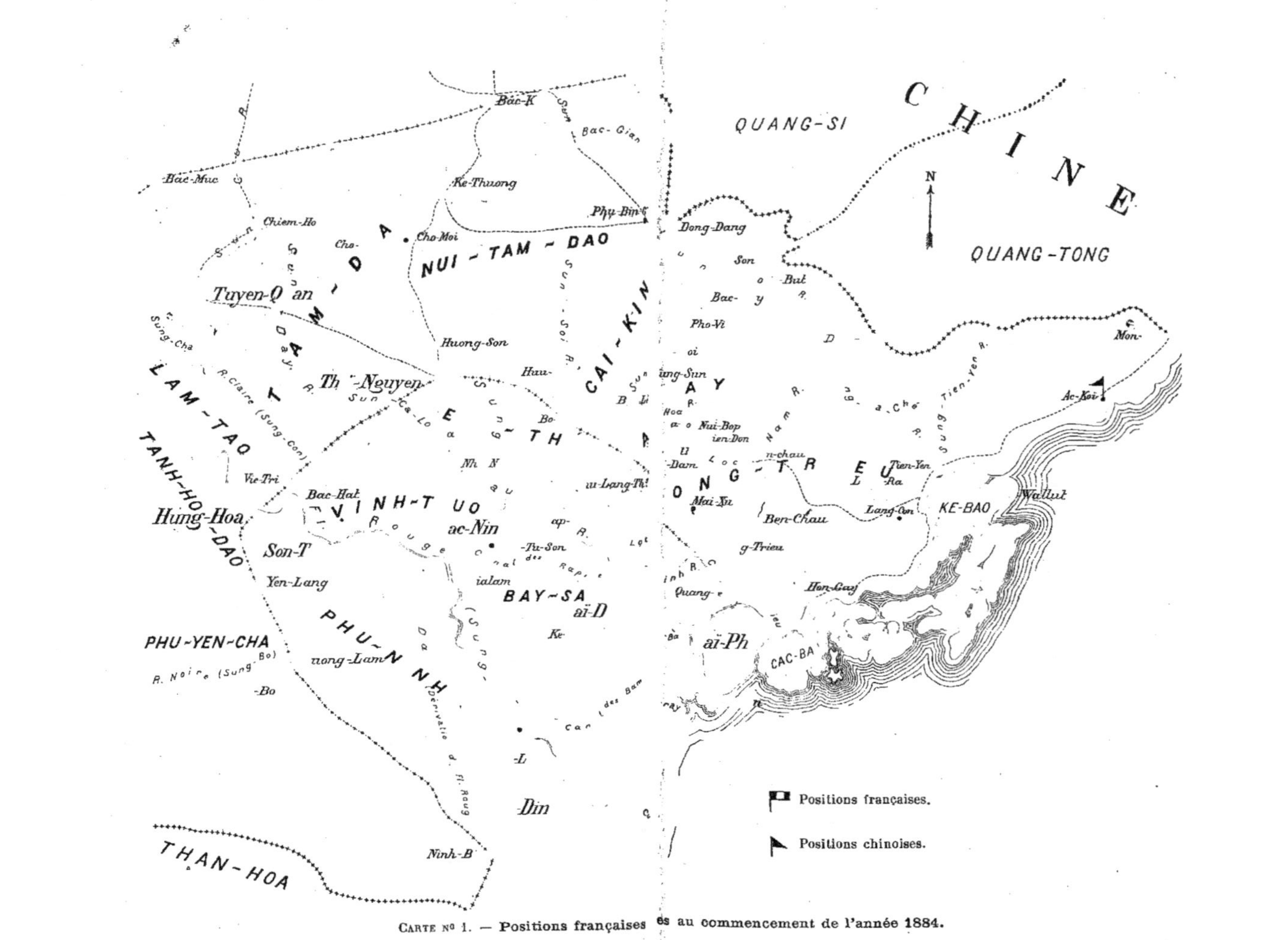

CARTE Nº 1. — Positions françaises és au commencement de l'année 1884.

forme à la hâte une petite colonne composée de détachements pris dans chaque bataillon, et en donne le commandement au lieutenant-colonel Duchesne, avec ordre de s'approcher de la place et de l'occuper si c'est possible.

Après avoir dispersé quelques groupes de Chinois qui battaient encore la campagne, le lieutenant-colonel Duchesne occupait sans résistance la ville et la citadelle. A 6 heures du soir, le drapeau tricolore avait remplacé au sommet de la grande tour le pavillon chinois.

La 2ᵉ brigade entra seule ce jour-là à Bac-Ninh, car vers 4 h. 30 du soir, le général en chef, qui marchait avec la 1ʳᵉ ne pensant pas que le général de Négrier eût pu dépasser Dap-Cau, avait arrêté son mouvement après l'enlèvement des hauteurs de Trong-Son, se proposant de faire exécuter le lendemain une marche commune des deux brigades sur Bac-Ninh.

Le 13 au matin, le capitaine Laperrine, envoyé pour rétablir la liaison avec la 2ᵉ brigade et lui porter des ordres, fut tout surpris de la trouver installée dans Bac-Ninh. Il revint aussitôt en apporter la nouvelle au commandant en chef, qui venait du reste de l'apprendre par les émissaires que lui avait envoyés le général de Négrier. A midi, le général en chef faisait son entrée dans la ville, et à 3 heures, la 1ʳᵉ brigade y arrivait à son tour.

Nous avions eu devant nous, pendant la journée du 12, 22.000 à 23.000 Chinois bien retranchés et ayant de l'artillerie. Le 1ʳᵉ brigade avait perdu fort peu de monde; la 2ᵉ comptait 65 hommes tués ou blessés. Les pertes de l'ennemi atteignaient 1.000 hommes.

Les troupes cantonnèrent à Bac-Ninh, Dap-Cau et dans les villages voisins. On trouva peu de chose à Bac-Ninh : sur les remparts de vieux canons donnés par nous à l'Annam, après chacun de nos nombreux traités;

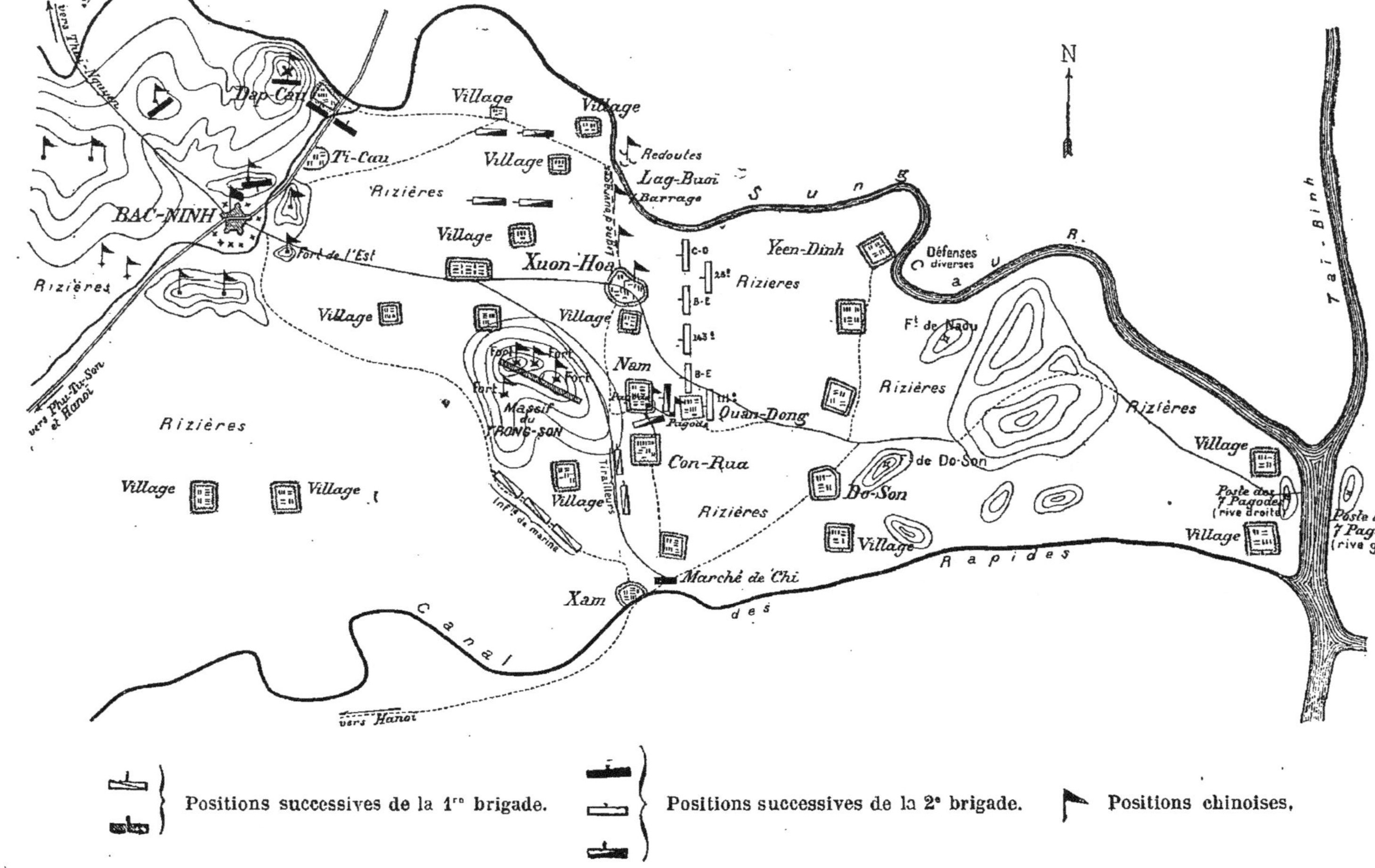

N
vers Thaï-Nguyen
Dap-Cau
Ti-Cau
BAC-NINH
Rizières
Fort de l'Est
Rizières
vers Phu-Tu-Son et Hanoi
Rizières
Village
Village
Village
Village
Village
Village
Village
Village
Redoutes
Lag-Buoi
Barrage
Xuon-Hoa
C-O
28e
B-E
143e
B-E
Yeen-Dinh
Rizières
Défenses diverses
S u n g
R.
Fort
Fort
Fort
Fort
Massif du RONG-SON
Nam
Quan-Dong
Pagode
Con-Rua
Rizières
Do-Son
F¹ de Naou
Ft de Do-Son
Rizières
Rizières
Village
Poste des 7 Pagodes (rive droite)
Village
Poste des 7 Pagodes (rive g.)
Taï-Binh
Village
Village
Tirailleurs
Inf¹e de marine
Village
Rizières
Xam
Marché de Chi
d e s
R a p i d e s
Canal
vers Hanoi
Positions successives de la 1re brigade.
Positions successives de la 2e brigade.
Positions chinoises.

des armes, des munitions, des pavillons de toutes couleurs, un magasin d'habillement, qui fit la joie de nos coolies, et enfin une batterie de six canons Krupp semblables à notre 80 de montagne.

Le 15, les deux brigades se remettent séparément en marche, suivant chacune une des lignes de retraite de l'ennemi. La 1re, traversant les forêts du Yen-Thé, pousse jusqu'à Thaï-Nguyen, qu'elle occupe après quelques escarmouches peu importantes. La seconde suit la route mandarine dans la direction de Lang-Son et occupe, le même jour, Phu-Lang-Thuong, sur la rive gauche du Sung-Thuong, après avoir effectué de vive force le passage de cette rivière.

Le 16, elle chasse l'ennemi du village fortifié de Kep, après un combat de plusieurs heures, d'ailleurs peu meurtrier, mais rendu très pénible par la chaleur et les difficultés du terrain.

Rencontrés, en effet, dès 10 heures du matin, à 8 kilomètres en avant de Kep, à la pagode Thomann, dont s'empara brillamment la 3e compagnie du 2e bataillon de la légion, qui était d'avant-garde, les Chinois ne cédèrent le terrain que pas à pas, en défendant successivement plusieurs lignes de hauteurs peu élevées, nous obligeant ainsi à parcourir cette longue distance en formation de combat dans un pays déjà accidenté, passant successivement de la boue et de l'eau des rizières aux flancs des mamelons couverts d'une brousse épaisse. L'action, en se développant, nous amena devant le village vers 4 heures du soir. Situé sur la route et dominé, il ne fût pas défendu, et quelques coups de canon déterminèrent son évacuation.

Le 17, des reconnaissances sont poussées jusqu'aux environs de Bac-Lé, et sur la rive droite du haut Sung-Thuong. Au cours de l'une d'elles, le 2e bataillon de légion tombe sur un village fortifié encore occupé par les

Chinois, qui prennent la fuite après une légère résistance. On y trouve une certaine quantité d'armes et de munitions, et quatre canons Krupp de montagne tout neufs, dont les pièces de culasse et les armements étaient encore dans les caisses qui les avaient apportées d'Europe.

Le 19, la 2ᵉ brigade rentre à Phu-Lang-Thuong, qui devient notre poste le plus avancé dans la direction de Lang-Son.

Du 20 mars au 7 avril, on achève de s'organiser, et les postes nouvellement occupés sont mis en état de défense. La 2ᵉ brigade occupe Phu-Lang-Thuong, Bac-Ninh, et Dap-Cau. La 1ʳᵉ brigade, revenue de Thaï-Ngüyen, s'établit à Hanoï et à Son-Tay.

Le 7 avril, tout le corps expéditionnaire se trouve concentré à Hanoï pour marcher sur Hong-Hoa, ne laissant en arrière que les détachements strictement nécessaires pour garder les points occupés. Il y avait, en effet, intérêt à occuper le plus tôt possible cette place, qui commandait le cours du haut fleuve Rouge, ainsi que les confluents de la rivière Noire et de la rivière Claire. C'était là, du reste, que s'étaient retirés, au nombre d'environ 20.000, les réguliers chinois venus du Yunnan, les Annamites et les Pavillons Noirs qui avaient combattu Garnier, Rivière et défendu Son-Tay, sous le commandement de nos deux ennemis acharnés, Luu-Vinh-Phuoc et Hoang-Ké-Vien, oncle du roi d'Annam et gouverneur de cette région.

La 1ʳᵉ brigade prend une journée d'avance, afin de chercher à tourner la place par l'ouest, et à couper la retraite de l'ennemi vers le nord, pendant que les canonnières l'empêcheront de traverser le fleuve Rouge. La 2ᵉ est destinée à l'attaque de front. Mais cette attaque doit consister en un simple bombardement fait à grande distance avec les deux batteries de 80 et 95, récemment arrivées de France. On se souvient de Son-Tay, et l'on sait que les Pavillons Noirs ont accumulé autour de leur dernière position et défenses et fortifications. Aussi les ordres du général en chef sont-ils formels : le feu de l'artillerie seule doit forcer l'ennemi à évacuer la ville et le rejeter, par conséquent, soit sur les fusils de la 1re·brigade, soit sur les canons de la flottille.

Le 11, la 2e brigade, à la tête de laquelle se trouve le général en chef, arrive, avec la flottille, au confluent de la rivière Noire et du fleuve Rouge, après une marche relativement lente. Les pièces, venues jusque-là en chalands, sont débarquées et mises en batterie à grand'peine sur les hauteurs de la rive droite, et à midi le feu est ouvert sur la place située sur le bord du fleuve Rouge à environ 5 kilomètres du confluent. Le tir est très vite réglé, grâce aux observateurs placés dans le ballon, et les douze pièces entretiennent, durant tout l'après-midi, un feu assez vif. Malheureusement, les eaux sont très basses, le cours du fleuve nous est encore inconnu, et les pilotes annamites, peu habitués au maniement des canonnières et craignant les échouages, déclarent qu'il n'est pas possible de pousser plus loin. Ainsi immobilisées, celles-ci se contentent de prendre part au bombardement.

De midi à 3 heures, les Chinois, terrés dans leurs casemates, attendent en vain l'attaque de l'infanterie.

Mais la ville, à moitié détruite, brûle sur plusieurs points. L'ennemi se décide alors à l'abandonner, après en avoir complété la destruction en allumant de nouveaux incendies.

Les observateurs du ballon signalent que les Chinois traversent le fleuve sur un étroit pont de bambou, opération que l'on comptait empêcher avec les canonnières.

L'artillerie tire alors à toute volée et par salves. Mais le pont, situé un peu en amont de la ville, lui est masqué par un léger coude du fleuve et n'est pas sérieusement atteint. Le général de Négrier demande alors au général en chef à jeter rapidement sur la rive gauche du fleuve Rouge deux ou trois bataillons et une batterie pour couper la retraite à l'ennemi : il n'est pas donné suite à cette demande, et les Chinois opèrent leur retraite sans être inquiétés laissant derrière eux la ville en flammes.

Le 12, la 2ᵉ brigade traverse la rivière Noire et entre dans la place l'arme au bras. Le 13 arrive la 1ʳᵉ qui mal guidée, s'est égarée dans les montagnes et a fait deux jours de marches forcées sans avoir rencontré personne. La prise d'Hung-Hoa ne fut qu'une promenade militaire et nous coûta juste un homme (un artilleur noyé au passage de la rivière Noire).

Il restait encore, pour être maîtres de tout le delta, à occuper Tuyen-Quan, où les débris des Pavillons Noirs s'étaient réfugiés, et il fallait y aller avant que la chaleur et les pluies eussent rendu toute marche impossible.

Dans le courant de mai, une colonne, composée d'un bataillon de légion et d'un bataillon de tirailleurs algériens avec une batterie d'artillerie, quitte Hung-Hoa sous le commandement du lieutenant-colonel Duchesne et, après une dizaine de jours de marches très pénibles, arrive, le 1ᵉʳ juin, devant la place, qu'elle trouve évacuée. Deux compagnies de légion, augmentées plus tard d'une de tirailleurs tonkinois, y restent comme garnison.

On prend alors les quartiers d'été. La 2ᵉ brigade occupe Tuyen-Quan et les citadelles du fleuve Rouge; la 1ʳᵉ occupe Phu-Lang-Thuong et la vallée du Sung-Cau.

Pendant les opérations des colonnes contre Bac-Ninh et Hung-Hoa, le 2ᵉ bataillon d'Afrique, laissé d'abord à Haï-Dzuong, avait opéré dans la région entre Quang-Yen et Dong-Trieu et livré plusieurs combats meurtriers.

Au commencement de juin, on apprit qu'un traité était signé avec la Chine. Cette puissance reconnaissait

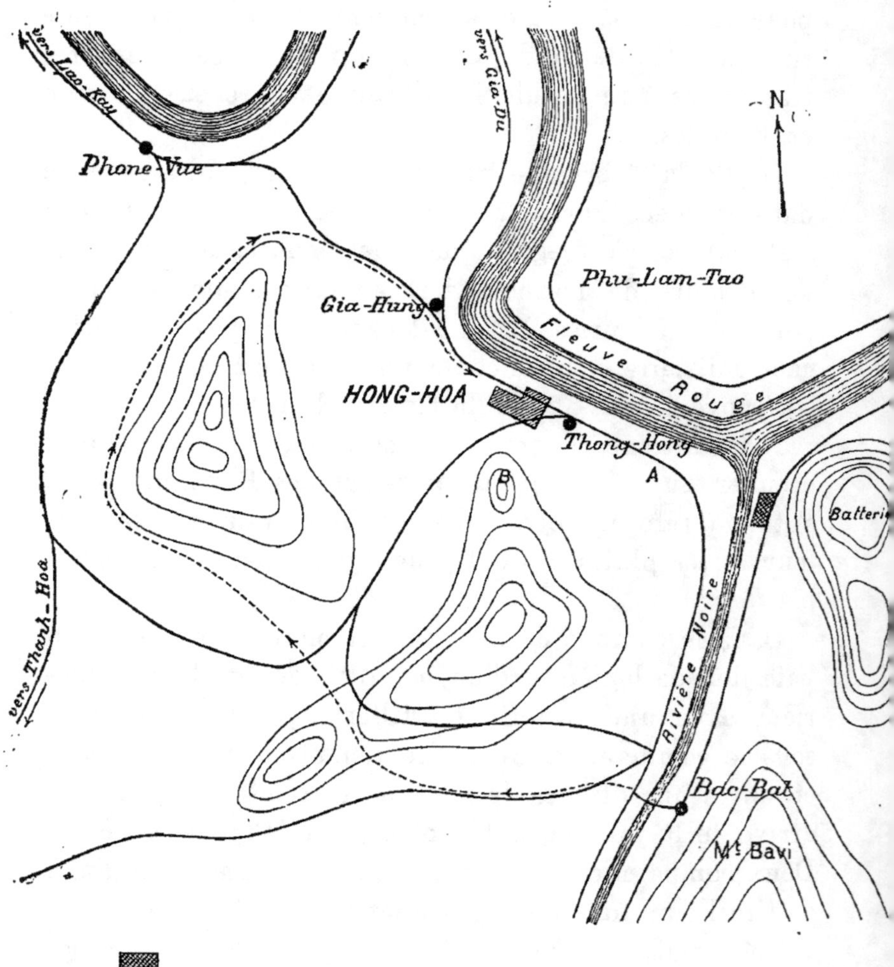

CROQUIS N° 3. — Hong-Hoa.

tous nos droits sur l'Annam et consentait enfin à retirer ses troupes. Tout allait donc bien : on se reposait, on menait une vie plantureuse et l'on parlait déjà de rapatriement, lorsque survint l'affaire de Bac-Lé.

On avait voulu tout de suite, malgré la mauvaise saison, occuper Lang-Son et les places de la haute région, et, sur la foi des traités, une colonne était partie dans

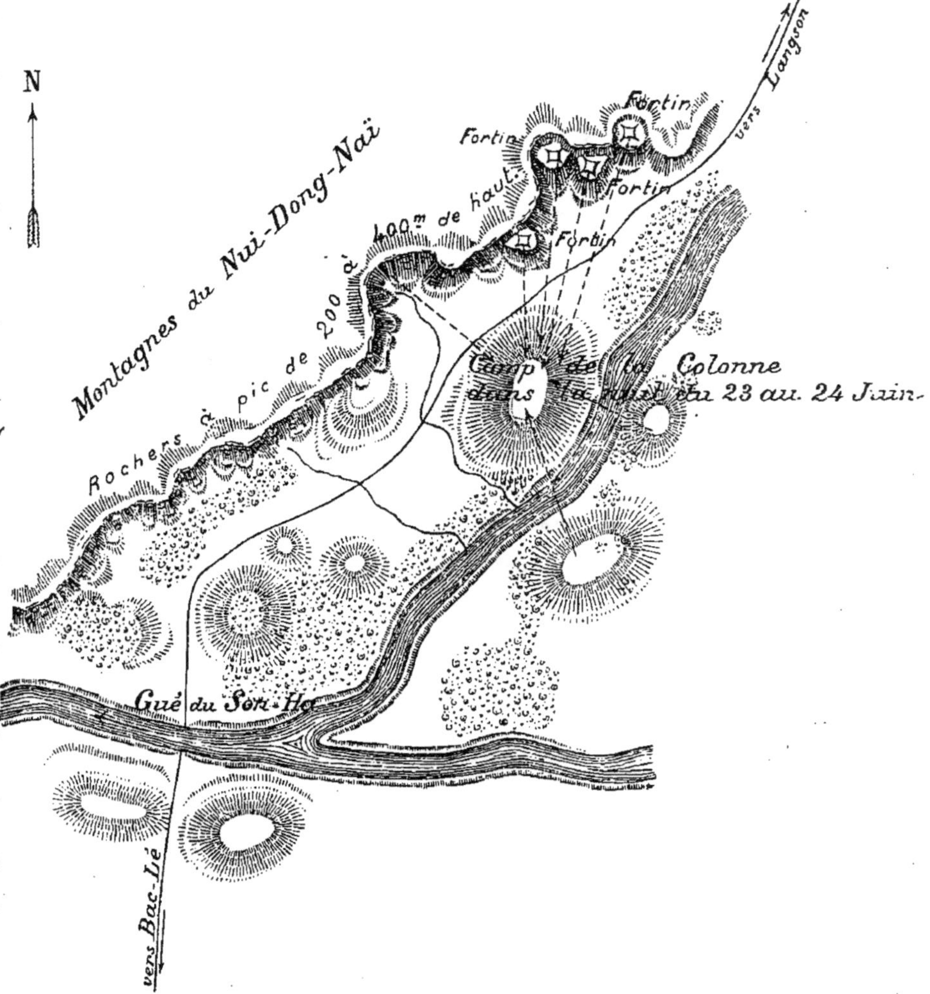

CROQUIS N° 4. — **Combat de Bac-Lé** (23 et 24 juin 1884).

ce but de Phu-Lang-Thuong. Commandée par le lieutenant-colonel Dugenne, elle se composait de détachements d'infanterie de marine, du bataillon d'Afrique, de tirailleurs annamites et d'un peloton de chasseurs : environ 700 hommes, sans artillerie.

Le 23 juin, à 8 heures du matin, un peu au-delà de Bac-Lé au gué du Sung-Hoa, l'avant-garde se trouva tout à coup en présence d'avant-postes chinois. Le colonel, surpris de les trouver encore là, fit arrêter la marche et des pourparlers s'engagèrent. Les Chinois prétendaient ne pas avoir reçu l'ordre d'évacuer leurs positions et avoir seulement été informés de la suspension des hostilités. Ils demandèrent au lieutenant-colonel Dugenne, un délai de dix jours, puis seulement de cinq, afin, disaient-ils, d'avoir le temps de provoquer et de recevoir des ordres.

Cette prétendue ignorance revêtait tous les caractères de la mauvaise foi. Le traité de Tien-Tsin, signé le 11 mai, stipulait en effet le retrait de toutes les troupes chinoises du Tonkin, évacuation qui devait être achevée le 6 juin. Aussi le lieutenant-colonel insista-t-il pour continuer pacifiquement sa marche en invitant les Chinois à se retirer. Ceux-ci ne voulurent rien entendre, et, après de nombreuses allées et venues de parlementaires, la colonne française reprit sa marche vers 4 heures du soir.

Elle fut aussitôt vigoureusement attaquée et presque entourée par des forces très supérieures dans un terrain boisé et dominé par les hauteurs du Nui-Dong-Nay, muraille rocheuse dont les infractuosités et grottes nombreuses étaient occupées par les tireurs ennemis.

Elle soutint, cependant, ce combat inégal toute la soirée du 23 et une partie de la nuit, sans perdre un pouce de terrain.

Le 24, les Chinois renouvelant leurs attaques, le lieutenant-colonel se décida à la retraite et revint s'établir à Bac-Lé, où il attendit les renforts qu'on lui envoyait Ceux-ci arrivèrent le 26, sous le commandement du général de Négrier; mais l'ordre fût aussitôt donné par le général en chef de ne pas poursuivre et de rentrer à Phu-Lang-Thuong.

Le combat de Bac-Lé nous coûta 92 tués ou blessés, dont plusieurs officiers. Toutes les troupes y firent preuve du plus brillant courage. Malgré la nécessité où nous avions été de reculer, ce n'en était pas moins un brillant fait d'armes, dans lequel les actes de dévouement et d'héroïsme furent nombreux. Le chef de la colonne, entre autres, fit preuve, dans ces circonstances difficiles, d'un sang-froid, d'un courage et de vertus militaires qui firent l'admiration de tous et consacrèrent sa réputation.

Du coup, il ne fût plus question de rapatriement. On voulut voir dans cet incident un manque de bonne foi de la part de la Chine, et un guet-apens qui demandait vengeance. Et, comme il eût été excessivement difficile de s'ouvrir un passage de vive force sur Lang-Son, au plus fort de la saison chaude, on remit à plus tard la reprise de l'opération, et l'amiral Courbet fut chargé, en attendant, de tirer de cette offense une éclatante réparation.

L'amiral força l'entrée de la rivière Minh en coulant deux bâtiments de guerre chinois et remonta jusque devant Fou-Tchéou, dont il détruisit l'arsenal. C'était un véritable coup d'audace, eu égard aux mauvais petits bateaux dont il disposait, car le *Bayard*, vaisseau-amiral, n'avait pu franchir les passes, et il était le seul qui eût quelque valeur. Malheureusement, après ce succès, au lieu d'envoyer l'amiral dans le golfe du Pet-Chi-Li, on lui donna comme objectif Formose, où il s'épuisa en vains efforts.

Le bombardement de Fou-Tchéou exaspéra les Chinois, qui y répondirent par une véritable invasion du Tonkin. Les troupes du Yunnan reparurent dans les environs de Tuyen-Quan, et celles du Quang-Si, chassées

naguère des vallées du Sung-Cau et du Sung-Tuong, re-
descendirent jusqu'à Kep, à 18 kilomètres à peine de
Phu-Lang-Thuong, et s'y établirent solidement en même
temps qu'elles occupèrent la vallée du Loch-Nam, de
Lam à Anchau, en couvrant leurs lignes de communications avec la Chine, celle de Lam à Lang-Son par le
camp de Chiu, celle de Bien-Dong à Doug-But par le
camp de Nuï-Bop.

A la fin de juillet, les Chinois occupaient donc la ligne de Kep - Lam - Anchau, et s'y fortifiaient activement. De là, inquiétant sans cesse les postes de Phu-
Lang-Thuong et des Sept-Pagodes, ils mettaient au pillage toute la région située au sud de Loch-Nam, pour
leur propre ravitaillement et pour celui de la garnison
de Lang-Son.

CHAPITRE VI

**Prélude des opérations contre Lang-Son. — Prise de Kep.
Colonne du Loch-Nam. — Nui-Bop.**

Dès que la saison le permit, les opérations sur terre reprirent, et la colonne du Loch-Nam fût organisée sous le commandement du lieutenant-colonel Donnier. Elle comprenait les 2ᵉ et 3ᵉ compagnies du 2ᵉ bataillon de la légion, deux compagnies du 143ᵉ, un peloton de tirailleurs tonkinois, à peine formés et peu solides encore, et une section d'artillerie : environ 800 fusils.

En même temps, le général de Négrier, avec le reste de la brigade, se préparait à enlever le camp de Kep.

Le 2 au soir, la petite colonne embarque à Dap-Cau et arrive aux Sept-Pagodes, où elle attend le retour des canonnières envoyées en reconnaissance sur le Loch-Nam (*Hache, Massue*). Celles-ci n'arrivent que le soir assez tard, et le bruit se répand aussitôt qu'elles ont eu un sérieux engagement.

Voici ce qui s'était passé :

Les canonnières avaient remonté jusqu'à Loch-Nam sans être inquiétées ; mais au moment où elles dépassaient ce village, le 2 au soir, une fusillade nourrie était dirigée sur elles de la rive droite du fleuve, très escarpée en cet endroit. On ne put utiliser les canons de 14, et les Hotchkiss seuls servirent.

Mais, pendant que les canonnières s'efforçaient d'éteindre le feu de l'ennemie, la vigie signalait qu'à 400 ou 500 mètres en aval, à un endroit où un banc de sable rétrécit la partie navigable du fleuve, les Chinois cherchaient à couler des jonques pour former barrage et fermer la passe. Le danger était imminent. Les canonnières se hâtèrent de repasser ce point dangereux; mais elles furent obligées de défiler à moins de 20 mètres de la rive occupée, et l'ennemi les cribla de balles. Le lieutenant de vaisseau Challier (de la *Massue*) fût tué, et, sur les 60 hommes à peine que comptaient les deux équipages, 32 furent tués ou blessés.

La matinée du 4 se passa encore à attendre des ordres. Enfin, vers 1 heure de l'après-midi, on se remit en route, et l'on pénétra dans le Loch-Nam, à une toute petite vitesse. On s'arrêta à la tombée de la nuit.

Le 5, la marche reprend. La 3ᵉ compagnie de la légion est débarquée et doit suivre la rive droite, de façon à ne pas se trouver dans une situation semblable à celle qui s'était présentée l'avant-veille pour la *Hache* et la *Massue*.

Les canonnières règlent leur marche sur celle de la compagnie, dont les vigies suivent les mouvements, et l'on avance ainsi très lentement; on fouille pas à pas tous les villages, et l'on explore le terrain, qui devient mouvementé. A 11 heures, on fait halte au village de Loch-Nam, qui brûle encore. Les Chinois sont venus y réquisitionner la veille, et y ont mis le feu pour se venger de la résistance des habitants.

Ce village, qui est très grand, offrait beaucoup de ressources. Plusieurs fois déjà, il avait été mis à contribution. Mais, cette fois-ci, les habitants, exaspérés et nous sachant dans le voisinage, voulurent résister, ou tout au moins faire payer leurs denrées. Les Chinois, rendus furieux, pillèrent le village à fond, puis y mirent le feu, après avoir lié aux poteaux de leurs maisons une douzaine de notables habitants, pour les empêcher de fuir.

Les squelettes noircis de ces malheureux rendaient

encore plus horrible le spectacle du village en ruines. Cet acte de cruauté avait déterminé la fuite des habitants, et tous les villages riverains étaient déserts. Aussi était-il impossible de se procurer un guide et d'obtenir un renseignement.

Le mouvement reprend à 1 heure du soir. Sur chaque canonnière les pièces sont chargées, et une partie des hommes, rangés le long des bastingages, le doigt sur la détente, sont prêts à répondre au premier coup de feu qui partira de la rive. A la nuit, on s'arrête devant Tu-Xuyen, position reconnue bonne par les canonnières pour l'établissement d'un poste optique devant communiquer avec Sept-Pagodes. Toute l'infanterie débarque et s'établit dans le village, en se gardant soigneusement. La nuit est employée à l'installation du poste optique sur un mamelon élevé qui domine le fleuve. Aucun incident ne survient.

Le 6, le mouvement en avant continue. La 2ᵉ compagnie de la légion suit à son tour la voie de terre. On atteint Lam, où l'on fait la halte. C'est un grand et beau village, qui a été pillé et déserté comme les autres. A partir de Lam, on redouble de vigilance; les renseignements sur la navigabilité du fleuve faisant défaut, on n'avance plus que la sonde à la main, dans la crainte des échouages. Un silence absolu règne à bord; les hommes sont attentifs : chacun sent que l'ennemi n'est pas loin.

Enfin, vers 3 heures, à un détour du fleuve, la voix de la vigie s'élève stridente et annonce une ligne de forts à 5 kilomètres en avant, sur la rive droite. On entend des coups de fusil s'échanger entre la compagnie qui est à terre et les patrouilles chinoises. En même temps, le cri de : « Stoppez! » retentit : le fleuve n'offre plus assez de profondeur pour les canonnières, et à 50 mètres en avant un petit îlot le divise en deux bras. Deux canots

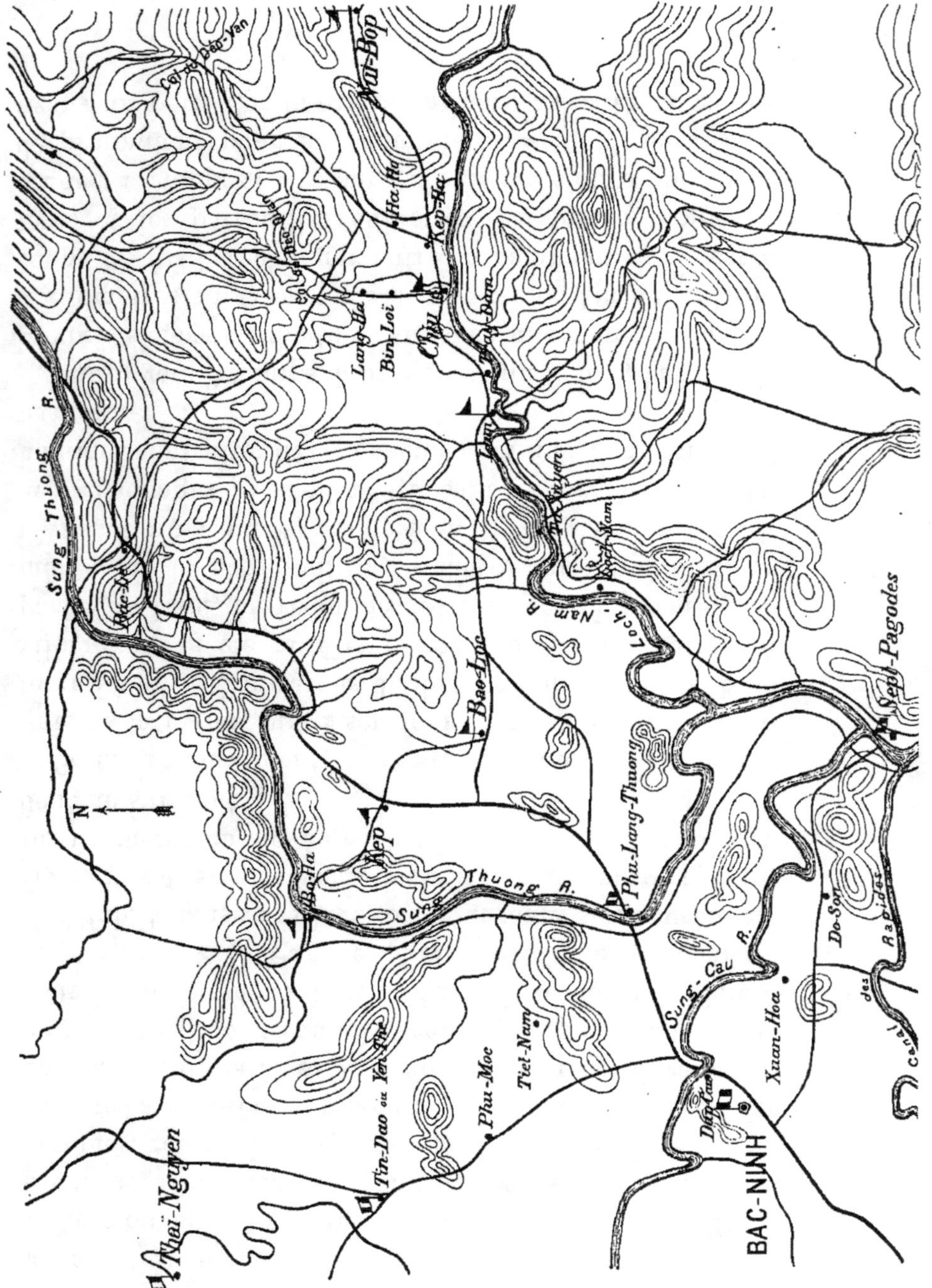

CARTE N° 5. — Le Loch-Nam.

sont mis à l'eau et vont pratiquer des sondages ; ils reviennent bientôt après, la reconnaissance faite ayant démontrée qu'on ne peut aller plus loin.

La colonne se trouve, à ce moment, à hauteur du village de Traï-Dam ; à 800 mètres en amont, un petit bois borde la rivière ; entre le village et le bois, le terrain est couvert d'une brousse épaisse et coupé de haies et fossés : fort heureusement, la rive est basse, et la digue peu élevée.

A terre, le feu augmente d'intensité. Le colonel Donnier donne l'ordre de débarquer, et les canonnières se rapprochent le plus possible de la rive. Mais, avant que l'accostage soit terminé, un nouveau cri tombe de la hune ; il se perd dans le fracas de la fusillade, qui éclate soudain à 100 mètres du rivage, et dans le bruit des Hotchkiss. Les Chinois, qui nous attendaient d'un moment à l'autre, sont venus à notre rencontre et cherchent à empêcher le débarquement.

Les canonnières ripostent avec toutes leurs pièces. Les hommes débarquent en sautant dans l'eau jusqu'à la ceinture ; en un clin d'œil, les trois compagnies prennent pied sur la digue, et, du même élan, forcent l'ennemi à reculer. On se reconnaît alors ; on met un peu d'ordre dans les unités, on reforme la ligne de combat qui se relie à la compagnie déjà à terre, et, pour permettre à l'artillerie de débarquer, on entretient un feu lent avec l'ennemi, qui s'est retiré à 200 ou 300 mètres. Mais la jonque qui porte les canons a échoué presque au milieu du fleuve, et l'opération du débarquement des bouches à feu devient difficile.

Le terrain plat, mais très couvert et coupé nous est extrêmement défavorable, car il empêche la surveillance des mouvements de l'ennemi. Celui-ci tiraille toujours invisible dans la brousse. Mais de tous côtés retentissent des sonneries de trompe, et il paraît évident que de nombreux renforts lui arrivent. Tout à coup, des pièces dissimulées sur la lisière du bois ouvrent le feu, un obus tombe sur l'*Eclair*, et, en éclatant, blesse deux matelots et cause des avaries à la machine.

Presque aussitôt, un feu d'une extrême violence éclate à moins de 100 mètres de nous, sur tout notre front et notre flanc droit, et une masse compacte de Chinois, sortant de la brousse et du bois, nous chargent vigoureusement.

Le colonel Donnier est blessé; le lieutenant Bataille, qui commande les tirailleurs tonkinois, tombe la cuisse brisée. Ceux-ci, qui occupent la gauche de la ligne, se débandent en voyant tomber leur chef et entraînent la ligne entière dans leur mouvement. Avant que la compagnie du 143e, qui forme réserve, ait eu le temps d'intervenir, nous sommes ramenés à 100 mètres en arrière, les Chinois sur nos talons. Il s'en est fallu de peu que nous fussions rejetés en désordre sur les canonnières.

Mais, à la voix des officiers, la ligne s'arrête, fait volte-face, et, la baïonnette haute, nous nous précipitons à notre tour sur l'ennemi. Le capitaine Beynet, qui commande la 2e compagnie de la légion, s'élance un des premiers et tombe mortellement frappé. L'ennemi, rompu, recule, et, sans lui donner le temps de se reconnaître, les trois compagnies qui forment le centre continuent par échelons le mouvement en avant sans cesser le feu. Après des efforts inouïs, l'artillerie est enfin débarquée; elle arrive à son tour, et ses premiers coups achèvent de débander l'adversaire.

Le combat touchait à sa fin, quand une escouade de la 3e compagnie de la légion, envoyée dans le bois pour voir si les pièces n'avaient pas été abandonnées, tomba sur un fort parti de Chinois, et fut entièrement massacrée.

Le combat avait duré de 3 heures à 5 h. 30. Nos pertes s'élevaient à 73 hommes; celles des Chinois dépassaient 300. La nuit ne fut troublée que par les coups de feu tirés par des sentinelles sur les Chinois qui venaient ramasser leurs morts et leurs blessés jusqu'à 100 mètres d'elles. Dans cette journée, nous avions eu affaire à 5.000 hommes et trois canons.

Nous étions victorieux, mais nous nous trouvions cependant en assez mauvaise posture pour résister à une nouvelle attaque des Chinois. D'autre part, nous ne pouvions pas rester sur ce terrain couvert, qui ne nous offrait pas de vues vers l'ennemi. A 2 kilomètres environ en avant de nous coulait un petit ruisseau de 10 à 12 mètres de large qui se jetait dans le Loch-Nam, et sur la rive gauche duquel s'élevaient une série de petits mouvements de terrain. Après s'être assuré que l'ennemi n'occupait pas cette position, le colonel décide de s'y installer sans retard. Le mouvement a lieu sans incident, dans l'après-midi du 7, et à 4 heures, toute la petite colonne est installée sur ces hauteurs, d'où elle peut défier les attaques d'un adversaire bien supérieur en nombre.

De là on découvre toute la plaine et les ouvrages de Chiu. Sur le fleuve, à 2 kilomètres 500 environ, protégé par plusieurs lignes de tranchées et de redoutes, dont la dernière vient jusqu'à 800 mètres de notre position, s'élève le fort principal dominant le village et le camp de Chiu, et, vers le nord-est et le nord, on découvre de nombreux fortins, qui défendent les défilés du Déo-Quan.

Le terrain à occuper est rapidement réparti entre les compagnies, et aussitôt on se met à l'ouvrage pour le mettre en état de défense. Pendant que tout le monde va et vient dans le brouhaha de l'installation, quelques coups de canon nous sont tirés du fort : notre artillerie riposte et met bientôt fin à cette démonstration.

Le 9 arrivent les renforts demandés par le colonel Donnier après le combat du 6. Ils comprennent un bataillon de tirailleurs et deux sections d'artillerie, ce qui fait un total de huit compagnies, environ 1.700 hommes et 6 pièces.

En même temps que le colonel Donnier était envoyé sur le Loch-Nam, le général de Négrier organisait à Phu-Lang-Thuong, avec le reste de sa brigade, une colonne qui devait s'avancer par la route mandarine et arrêter de ce côté le mouvement offensif des Chinois.

Le 6 au matin, le général commençait son mouvement avec le bataillon du 111e, des compagnies du 23e, du 143e et de tirailleurs et deux batteries d'artillerie; en tout, dix compagnies, formant un effectif d'environ 2.000 fusils.

Le 8, vers 10 heures du matin, il arrivait devant Kep, que les Chinois avaient réoccupé après Bac-Lé. Mais, cette fois, à la place du simple village entouré d'un mur crénelé et dominé de toutes parts qu'ils avaient abandonné sans combattre le 16 mars, s'élevait toute une position fortifiée s'appuyant sur des redoutes et des pagodes avec un gros ouvrage central servant de réduit. A la suite d'un combat violent, qui dure quatre heures, le réduit central, complètement cerné et isolé des autres défenses, fut enlevé d'assaut, après que l'artillerie y eût pratiqué des brèches. Une lutte corps à corps et sans merci s'engagea alors à l'intérieur de l'ouvrage. Les Chinois se défendirent avec le plus grand acharnement et moururent les armes à la main; très peu cherchèrent à s'enfuir.

Le combat terminé on compta 640 Chinois tués rien que dans l'intérieur de la redoute. De notre côté, les pertes s'élevaient à 42 tués, dont 3 officiers (lieutenant-colonel Chapuis, foudroyé par une insolation au moment où, ayant perdu son casque, il s'élançait à l'assaut; capitaine Planté, et lieutenant Triboulez), et environ 75 à 80 blessés, dont 8 officiers (général de Négrier, blessé à la jambe; lieutenant Berge, son officier d'ordonnance;

capitaines Kerdrain, Barbier et Venturini, lieutenants Dulis, Maissiat et Sazonof.

A la nouvelle du succès de Kep, le colonel Donnier résolut d'attaquer la position de Chiu.

Le 10, à 7 heures du matin, les deux compagnies du 143e et la compagnie de tirailleurs sont envoyées vers le sud-est pour déterminér les emplacements exacts des retranchements chinois, dont la nature du terrain empêchait de se rendre un compte exact. En même temps, les trois autres compagnies de tirailleurs, sous le commandement du colonel de Mibielle, exécutent une autre reconnaissance vers le nord, dans la direction des forts, de façon à parer à une attaque possible de ce côté.

Les compagnies du 143e ne tardent pas à essuyer le feu d'un ouvrage complètement masqué par la végétation, et qui semble détaché en avant et sur la gauche de la ligne. Après une courte préparation, cette position est enlevée avec beaucoup de vigueur.

Mais, à peine l'ouvrage est-il occupé par les compagnies du 143e, qu'elles s'y trouvent en butte au feu convergent de plusieurs autres redoutes qui se sont tués jusque-là. Il n'est pas possible de se maintenir longtemps sans pertes sérieuses sous ce feu violent : il faut ou évacuer l'ouvrage, ou aller de l'avant. C'est ce dernier parti que prend le capitaine Cuvelier, commandant la reconnaissance. A la tête de ses deux compagnies, il s'élance bravement à l'attaque de l'ouvrage de gauche, qui s'appuie au fleuve, et se distingue par un bouquet de pins couronnant le mamelon.

Mais les pentes, assez douces et découvertes, sont bien battues par le feu des défenseurs, qui ouvrent sur les assaillants un feu des plus violents. L'assaut échoue, bien qu'il ait été conduit avec une extrême énergie. Le capitaine, deux sergents, un caporal, quatre hommes arrivent seuls à quelques mètres de l'ouvrage, où ils tombent à leur tour. Les Chinois sortent alors de leurs lignes et, se glissant par les fourrés qui bordent la rivière, font une contre-attaque sur la droite des compagnies du 143ᵉ, qui sont définitivement rejetées après avoir subi de fortes pertes et sont recueillies par la compagnie de tirailleurs postée sur la première position enlevée.

L'ordre est alors donné aux deux compagnies de la légion et à l'artillerie de prendre position sur les hauteurs à gauche des tirailleurs, de façon à battre efficacement le mamelon des pins. Les tirailleurs rentrant à ce moment-là de leur reconnaissance vers l'ouest, une de leurs compagnies va appuyer celle qui est déjà en position, et les deux autres s'établissent en seconde ligne, de manière à assurer la garde et la défense du camp, où viennent se reformer les compagnies du 143ᵉ, passablement désorganisées.

Il est environ midi quand ces différents mouvements sont terminés, et le colonel fait alors ouvrir le feu par l'artillerie. Déjà, depuis le début de l'attaque, l'artillerie ennemie du fort dirigeait sur nos troupes un tir assez bien réglé. Mais son feu est bientôt éteint par nos pièces qui concentrent alors tous leurs coups sur la gauche de la ligne chinoise, et sur le mamelon des pins.

Le colonel voulait ne pas risquer une nouvelle attaque de l'infanterie, avant d'avoir vu les défenses du mamelon des pins réduites au silence. Or, leur feu restait toujours aussi intense, et nos obus ne paraissaient pas les endommager sérieusement. A chaque instant, on voyait des bandes nombreuses descendre des forts, traverser la plaine, disparaître derrière les ouvrages, et, chaque fois, leur arrivée produisait une augmentation d'intensité du feu. Ce duel d'artillerie et de mousqueterie continua ainsi pendant plusieurs heures, sans que nous parvinssions à éteindre le feu d'un seul des ouvrages chinois, qui nous répondirent sans arrêt avec le même acharnement.

Il était 5 heures du soir.

L'état de fatigue des troupes, qui combattaient depuis le matin, était excessif, et la chaleur accablante avait occasionné de nombreuses insolations. Nos pertes dépassaient déjà 100 hommes mis hors de combat, et la vigueur avec laquelle les Chinois répondaient toujours, malgré plusieurs heures d'un feu très violent, faisait prévoir quelles pertes énormes l'infanterie aurait à subir pour aborder les ouvrages.

Renonçant alors à lancer l'infanterie, le colonel se résigne à attendre l'arrivée de renforts qui ont dû lui être envoyés dès la prise de Kep. Il se borne à faire entretenir un feu lent et donne l'ordre aux diverses fractions de se couvrir par des tranchées sur les positions mêmes qu'elles occupent. Nous avions perdu 110 hommes, sans compter ceux qui furent frappés d'insolation.

On ne dormit pas beaucoup cette nuit-là. Une moitié de l'effectif travaillait pendant que l'autre veillait, l'arme chargée, prête à repousser une attaque que l'obscurité pouvait favoriser. Enfin, à 3 heures du matin, de solides retranchements nous protégeaient.

Le 11, le colonel, qui avait envoyé la veille des dépêches rendant compte de la situation, donne l'ordre de se tenir sur la défensive. Vers 8 heures, les Chinois dessinent un mouvement offensif sur la droite de notre ligne, occupée par les tirailleurs algériens, mais un feu nourri leur fait regagner leurs abris en toute hâte.

Le feu cesse alors à peu près complètement, jusque vers 2 heures. A ce moment, tous les ouvrages chinois recommencent à tirer avec une extrême violence, puis cessent au bout d'une demi-heure, et restent silencieux jusqu'au soir.

A la nuit, la pluie commence à tomber. Traversant les

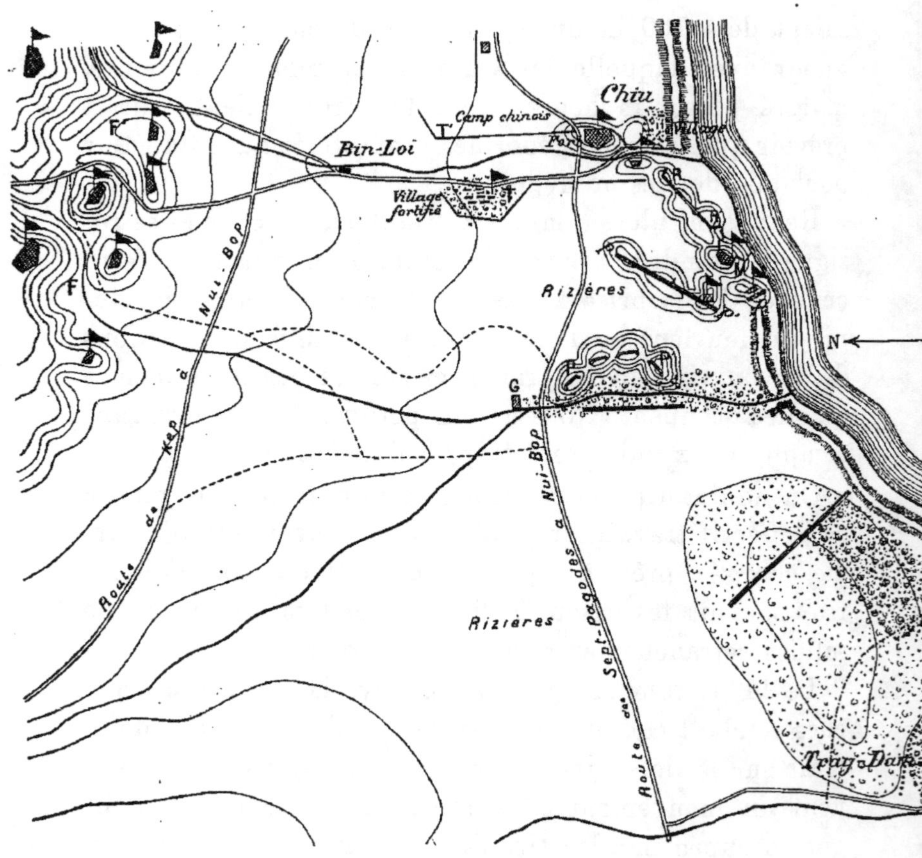

CROQUIS Nº 6. — Chiu, journées des 10 et 11 octobre 1894.

PP' positions françaises le matin.
pp' positions à midi.
▶ positions chinoises.
M Mamelon des Pins.

vêtements des hommes et transformant en véritables mares l'intérieur des retranchements; elle rend tout repos impossible, malgré la fatigue écrasante des deux journées précédentes. Mais, vers 2 heures du matin, d'énormes flammes s'élèvent tout à coup au-dessus du camp et du village de Chiu, projetant jusque sur nos positions leur lueur éclatante. Ce sont les Chinois qui, intimidés par notre contenance, craignant de se voir tourner par le général de Négrier et ayant eu leur commandant en chef tué par un éclat d'obus, évacuent leurs positions après y avoir mis le feu.

Les journées du 6, du 8 et du 10 avaient donné la mesure de la résistance qu'opposeraient les Chinois à notre marche sur Lang-Son. Il ne s'agissait plus de gagner cette place en quelques jours, tout en refoulant devant soi un ennemi démoralisé, mais bien d'enlever une série de positions très fortes et opiniâtrement défendues, dans un pays de montagne sans voies de communication.

Il fallait établir une base d'opérations solide, y accumuler vivres et approvisionnements de toute nature, créer des moyens et un matériel de transport, organiser des convois et attendre des renforts, en un mot ne rien laisser au hasard.

Les autres troupes de la brigade arrivèrent bientôt, et l'on se mit immédiatement à l'œuvre avec une grande activité, abandonnant le fusil pour l'outil de terrassier. Travaux d'installation intérieure du camp; travaux de fortification à Chiu, sur nos anciennes positions, et à Lam; ouverture d'un chemin carrossable reliant ces trois points, tout fût entrepris à la fois. A ces travaux pénibles s'ajoutaient les corvées, que, faute de coolies, nos hommes étaient obligés de faire jusqu'à Traï-Dam, et un service très chargé de garde et de reconnaissance; de sorte que, déjà exténués, nos soldats furent bientôt à bout de forces.

A cette époque de l'année, une grande différence de température existe entre le jour et la nuit, et à des nuits très fraîches, presque froides, succèdent des journées encore très chaudes. Insuffisamment couverts et mal abrités sous la tente-abri, ou sous de mauvais gourbis en paillottes et bambous, nos hommes souffraient du froid pendant la nuit, et, le jour, la chaleur était si forte qu'on était obligé de les laisser aller à la recherche d'un peu d'ombre dans le bois qui bordait le ruisseau, en arrière de la position.

Ces causes, jointes à l'influence des miasmes qui se dégageaient de la terre remuée par les travaux et à une nourriture insuffisante (biscuits et viande de conserve), amenèrent une épidémie de fièvre rémittente qui fit de grands ravages, et les effectifs baissèrent rapidement. Les compagnies avaient chaque jour le tiers de leur monde indisponible. Beaucoup d'hommes succombèrent.

Cependant, les travaux entrepris et les fatigues subies portèrent leur fruit, et, en fin décembre, un immense camp s'élevait à Chiu, qui devenait notre base d'opérations contre Lang-Son. La rivière permettait d'y faire affluer facilement vivres, munitions et matériel. En même temps, tous les villages des environs s'étaient repeuplés et des marchés établis à proximité de nos positions avaient donné aux ordinaires les ressources qui leur avaient fait défaut pendant deux mois. La fin des travaux, une alimentation meilleure, enfin et surtout, la perspective d'un prochain départ et de nouveaux combats à livrer eurent vite amené une amélioration sensible dans l'état sanitaire, et l'année 1884 s'acheva au milieu des préparatifs de toutes sortes nécessités par l'organisation de la colonne.

Dans les derniers jours de décembre la 1re brigade vint nous rejoindre.

Depuis le mois de juin, des changements nombreux étaient survenus dans le haut commandement et dans celui des unités. Le général Brière de l'Isle, nommé divisionnaire, avait pris le commandement en chef, et le colonel Giovanninelli, récemment arrivé, celui de la 1re brigade.

Après le rapatriement du lieutenant-colonel Defoy, tombé malade, et la mort du lieutenant-colonel Chapuis, le commandement du régiment d'infanterie de ligne revenait au lieutenant-colonel Herbinger. Le lieutenant-colonel Duchesne, nommé colonel, était parti pour Formose. Il était remplacé par le lieutenant-colonel Donnier dans le commandement des bataillons étrangers; enfin, le commandant Servière était placé à la tête du 2e bataillon d'Afrique.

D'octobre à janvier, deux actions militaires sont à signaler. En novembre, les troupes du Yunnan et les Pavillons-Noirs investissent une première fois Tuyen-Quan et interceptent les communications avec Hanoï. Une colonne partie de Son-Tay les repousse après un sérieux engagement. Toutefois, les Pavillons-Noirs ne s'éloignent pas beaucoup et continuent à occuper les villages situés à quelques kilomètres au nord de la place, et d'où ils ressortiront bientôt.

En décembre, deux compagnies de la légion (3e et 4e), envoyées en reconnaissance l'une vers le marché de Ha-Ho, l'autre le long du Loch-Nam, sont attaquées presque en même temps par les Chinois de Nui-Bop, qui viennent se ravitailler à ce marché. Toutes deux sont entourées un moment et ne peuvent se dégager qu'en chargeant à la baïonnette et en abandonnant les morts et même quelques blessés. La 3e compagnie perdait une vingtaine d'hommes, la 4e le double.

En janvier 1885, tout est prêt. On décide alors l'attaque du camp de Nui-Bop, qui couvre la route d'Au-

Chau à Dung-But, et qu'il faut enlever avant le départ
pour Lang-Son. Le 3 janvier, le général de Négrier
quitte Chiu avec une colonne composée de quatre ba-
taillons (111e, 143e, tirailleurs et infanterie de marine et
deux batteries), dissimule sa marche par la rive gauche
du fleuve, puis le repasse, et tombe, vers 4 heures du
soir, à l'improviste sur l'ennemi. Celui-ci cependant, se
défend avec opiniâtreté durant toute la soirée, et ne lâ-
che pied que le 4, vers midi, après avoir eu l'occasion
de pouvoir entourer et détruire complètement, au cours
de la nuit, une compagnie du 111e, isolée du reste des
troupes.

Le camp de Nui-Bop était admirablement situé, défendu par huit forts, et occupé par 8.000 hommes. On y
prit : deux batteries de canons Krupp avec tout leur
matériel et approvisionnement; un grand nombre de
tentes; 150 fusils; une quantité considérable de cartouches; un magasin d'habillement; de grandes provisions
de riz et de sel; des appareils de télégraphie optique, et
de la dynamite. Nos pertes étaient de 19 tués et 76 blessés dont 3 officiers. Le 7, la colonne rentrait à Chiu. Il
ne restait plus de Chinois dans la vallée du Loch-Nam,
et l'on n'attendait plus que l'arrivée de renforts pour
marcher sur Lang-Son.

Ces renforts arrivèrent enfin; ils se composaient, au
total, d'un bataillon de tirailleurs, de deux de la légion
étrangère et d'un bataillon d'Afrique. Mais le bataillon
d'Afrique et un bataillon de la légion furent dirigés sur
Formose, de sorte que deux bataillons seulement arrivèrent au Tonkin. C'était peu, mais on n'avait devant
soi que deux mois de bonne saison; il n'y avait plus de
temps à perdre, et l'on partit.

CHAPITRE VII

**Colonne de Lang-Son. — Combats de Thaï-Hoa, Ha-Hoa,
Phovi, Bacq-Viay. — Prise de Lang-Son. — Combat de
Dong-Dang. — Destruction de la Porte de Chine.**

La composition des troupes était à peu de choses près,
la même; mais le commandement avait subi quelques
modifications d'ailleurs déjà indiquées.

Les effectifs étant sensiblement diminués, les douze
bataillons (dont deux de tirailleurs Annamites qui ne
furent employés qu'à la garde du convoi) que comprenait la colonne comptaient à peine 8.000 fusils; les autres étaient indispensables pour la garde des nombreux
points déjà occupés. En tout 9.000 hommes, avec l'artillerie (six batteries) et les divers services.

On était sans renseignements bien précis sur la distance qui nous séparait de Lang-Son et sur le nombre
de positions occupées par l'ennemi, car les indigènes
n'osaient plus se risquer au delà de nos postes. On l'estimait à environ 70 kilomètres qui demanderaient de
huit à dix jours de marche pour être parcourus. Pour
ne pas être pris au dépourvu, il fallait donc emporter
douze jours de vivre : quatre jours portés par les hommes et huit jours au convoi.

Dans toutes les colonnes faites dans la région montagneuse du Tonkin, la grande préoccupation est le
transport des vivres et l'organisation des convois. Jusqu'à ce jour, dans le delta, les convois avaient été faits
avec facilité par les rivières et étaient toujours arrivés
à point. Mais, dans la région montagneuse, dépourvue
de cours d'eau navigables et de routes, où nous allions

nous engager, le seul moyen de transport était le coolie porteur. Or l'habitant du delta est malingre, chétif, et, pour qu'il marche, on ne peut pas le charger à plus de 20 kilogrammes, y compris le poids des récipients. Le poids total de la ration journalière étant de 1.200 grammes, cela faisait pour douze jours et 9.000 hommes un minimum de 6.840 coolies, rien que pour les vivres. Il fallait ajouter à cela les munitions, les coolies brancardiers, plus douze jours de vivres pour les coolies eux-mêmes (800 grammes de riz et 20 grammes de sel par jour), car le pays, déjà pauvre et dévasté par les Chinois, n'offrait plus aucune ressource. On arrivait ainsi à un chiffre de coolies presque aussi considérable que le nombre des combattants.

Il est difficile de se rendre compte de la tâche ingrate qui consiste à encadrer, faire marcher, surveiller et protéger des convois semblables. Aussi le commandement avait-il songé, en l'absence de mulets, à utiliser les chevaux du pays, mesure qui permettrait de réduire notablement le nombre de coolies nécessaires. Mais cet essai ne réussit pas. Les chevaux, mal bâtés, se blessèrent et devinrent très rapidement indisponibles; il n'en restait déjà presque plus, lorsque, deux mois après, on évacua Lang-Son.

Malgré cela, il restait encore au moins 5.000 coolies à recruter. Ceux-ci, pris de force dans leurs villages, n'avaient qu'une idée : se sauver en abandonnant leur charge. Aussi le service du convoi fut-il des plus pénibles pendant toute la durée de la colonne; les évasions se multiplièrent à tel point qu'on dut doubler, tripler même les sentinelles, garder les coolies comme des prisonniers dangereux et, en fin de compte, donner la consigne de tirer sur tous ceux qui tenteraient de s'échapper. Cette mesure barbare était justifiée par les circonstances; elle était indispensable pour le salut de la colonne.

Le 3 février, après la soupe du matin, la colonne s'ébranlait et gravissait les pentes du Déo-Van. En quittant la vallée du Loch-Nam, en voyant disparaître ces beaux villages de Lam, Traï-Dam, Kep-Ha, qui s'étaient déjà repeuplés pendant notre séjour, en s'enfonçant dans ces montagnes abruptes, à l'aspect désolé, n'ayant pour toute végétation qu'une brousse épaisse et pour tout chemin qu'un étroit sentier à peine tracé, on sentait que la tâche allait devenir rude, qu'on marchait vers l'inconnu, et, instinctivement, on retournait la tête pour regarder une dernière fois cette plaine et ce camp de Chiu, où pendant quatre mois nous nous étions battus, nous avions travaillé et souffert.

Jusqu'à ce moment de l'expédition, la marche avait été facile, les vivres n'avaient jamais manqué, le bivouac avait été l'exception. Celui-ci allait, au contraire, devenir désormais la règle, en même temps que les fatigues et les privations allaient augmenter. Bac-Ninh n'avait guère été qu'une belle manœuvre faite sous les balles; Hung-Hoa, une promenade militaire sans grande fatigue et sans pertes. On sentait qu'il n'en serait plus de même, et que l'expédition sur Lang-Son nous réservait des surprises. Nous ne connaissions que le delta riche et peuplé, abondant en ressources de toutes espèces, le Tonkin où l'on vit, où l'on s'amuse; nous allions faire connaissance avec le Tonkin où l'on souffre et où l'on meurt.

Dans la soirée, le col du Déo-Van était franchi sans autre incident que quelques coups de fusils échangés entre la tête d'avant-garde et un poste chinois placé en observation à la sortie du col, et toute la colonne bivouaquait dans l'étroite vallée du Hoa. Cette vallée était barrée à environ 3 kilomètres en aval par la première position chinoise, dont on voyait les pavillons multicolores flotter au vent.

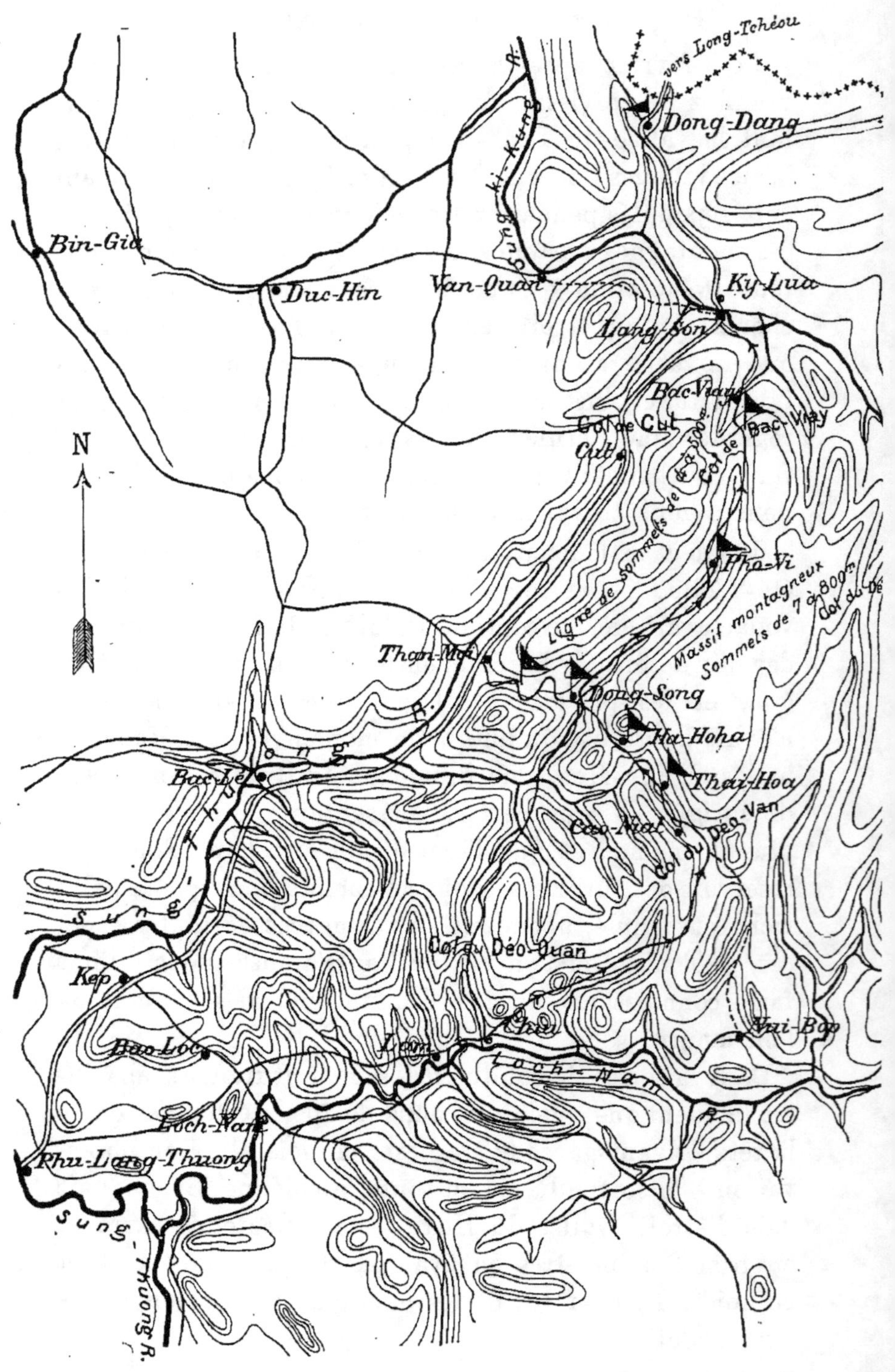

Croquis nᵒ 8. — Marche de Chiu sur Lang-Son. →→→ Route suivie
par la colonne.

Le 4, le corps expéditionnaire était rassemblé de bonne heure et attaquait les lignes de Thaï-Ho-Ha. Le soir, il couchait sur les positions ennemies. La 4e compagnie du 2e bataillon étranger envoyée en flanc-garde le long d'une crête suivant la vallée, enleva 2 fortins, puis fut arrêtée par un fort plus important, dont la garnison, en faisant une contre-attaque, lui fit éprouver de dures pertes : elle perdit ses trois officiers, la moitié de son effectif resta sur le terrain, et il fallut envoyer deux compagnies de tirailleurs pour la dégager.

Le 5 et le 6, eurent lieu les combats de Ha-Hoa et de Dong-Song. Le premier fut surtout un combat d'artillerie. Dans le second, la résistance fut acharnée.

En trois jours, on avait livré trois combats. Les trois premières positions enlevées n'étaient qu'à quelques kilomètres les unes des autres, de sorte qu'elles pouvaient être considérées comme n'en formant qu'une seule, dont la clef était Dong-Sung.

Chaque jour, le bivouac à peine quitté, on apercevait déjà la nouvelle position à enlever, et l'on reprenait le contact. Les positions chinoises étaient généralement bien choisies; les forts se flanquaient mutuellement, mais étaient souvent situés sur des points trop élevés et à pentes trop raides, d'où des angles morts considérables qui permettaient aux colonnes d'assaut de les aborder sans trop de pertes. Les Chinois se défendaient bien; ils manœuvraient même, mais l'exemple de Kep leur avait servi de leçon. Quand, déjà ébranlés par le feu de l'artillerie, ils voyaient que les colonnes d'assaut se lançaient et ne se laissaient nullement arrêter par leur feu violent et que, d'autre part, leur ligne de retraite était menacée, ils évacuaient généralement leurs positions.

Les 7, 8 et 9, on se repose à Dong-Sung, et l'on détruit les munitions, armes, tentes, trouvées en grande quantité dans tous les forts. Mais le 9, dans l'après-midi, les avant-postes établis entre Dong-Sung et Than-Moï, au col du Déo-Quao, furent attaqués vigoureusement par les Chinois, qui occupaient encore Bac-Lé et Than-Moï, et qui, cette fois, bien certains de la direction suivie par nous, se rabattaient en suivant la route mandarine pour rejoindre Lang-Son. Il fallut envoyer successivement un premier, puis un deuxième bataillon de renfort, puis un troisième, si bien qu'à la fin de la journée, la 2ᵉ brigade était presque tout entière engagée. Le combat, peu meurtrier grâce au terrain accidenté et couvert sur lequel il se livrait, traîna en longueur et ne se termina qu'à la nuit.

Pour donner un peu de repos aux troupes qui avaient été engagées la veille, la marche ne fut reprise, le 10, que vers 2 heures de l'après-midi. On marcha jusqu'à 8 heures du soir. Le convoi n'arriva qu'à 11 heures, après une marche aux flambeaux des plus pénibles à travers bois. La batterie d'escorte de 4 de la marine, qui traînait ses pièces ne put absolument pas passer; elle fut laissée en arrière avec une compagnie de garde. On ne la revit plus qu'à Long-Son, où elle arriva vingt-quatre heures après la colonne.

Le lendemain 11, on se remettait en marche, et l'on ne tardait pas à se heurter à la nouvelle position chinoise de Phovi. Ce ne fut guère qu'un engagement d'avant-garde, le moins sérieux de toute la colonne.

Le 12, nous nous portions sur Bac-Viay, dernière position occupée par les Chinois avant Lang-Son. Le combat fut acharné; c'est sans aucun doute le plus violent de ceux qui furent livrés.

Les Chinois défendaient le col donnant accès de l'étroite vallée de la rivière de Dong-Sung, que nous remontions, dans celle du Sung-Ki-Kung, c'est-à-dire la

Croquis n° 9. — Position de Dung-Suug.

ligne de partage des eaux entre les bassins tonkinois et chinois.

Le combat, commencé à 11 heures du matin, ne s'acheva qu'à la nuit, et pour la première fois les deux brigades furent engagées tout entières. Les Chinois avaient organisés deux lignes de défense à environ 2 kilomètres l'une de l'autre : la première, sur de petites ondulations dans la vallée même, un peu élargie en cet endroit, et dans un terrain couvert d'arbustes, de haies, de fossés, qui permettait une défense pied à pied; la deuxième sur la crête, un peu en avant du col, comprenant sept ou huit forts, dont deux, sur le bord même de la route, la commandaient entièrement et la prenaient d'enfilade pendant 1 kilom. 1/2.

Ce fut contre la première que se brisa, le matin, l'attaque vigoureuse, mais faite trop tôt, des tirailleurs (bataillon Comoy), qui, fusillés de front et de flanc, y subirent de gosses pertes, et, le soir, à 6 heures, l'artillerie canonnait encore les deux forts qui défendaient le col. On le franchit enfin, et nous allions camper au delà sur les bords d'un petit ruisseau, affluent du Sung-Ki-Kung. La journée avait été dure; les Chinois, bien commandés, s'étaient parfaitement défendus, ne cédant le terrain que pied à pied. Nos pertes s'élevaient à 200 hommes tués ou blessés et à 2 officiers tués, 7 blessés.

Les deux officiers tués étaient le chef d'escadron Levrard, commandant l'artillerie de la colonne, et le sous-lieutenant Bossant, officier d'ordonnance du général en chef. Celui-ci, qui s'était imprudemment avancé avec son état-major pour reconnaître un emplacement de batterie, avait essuyé le feu d'une fraction chinoise.

Le 13 au matin, des prisonniers chinois ramassés par les patrouilles nous annonçaient que nous n'étions plus qu'à quelques kilomètres de la place. En effet, une marche de deux heures nous amenait sur les bords du

Croquis nº 10. — Position de Bac-Viay.

Sung-Ki-Kung, et une heure plus tard nous entrions à Lang-Son, qui n'était défendue que par un faible rideau, qui se replia à notre approche. Lang-Son, élevé pour servir de barrière aux invasions chinoises et ayant toutes ses défenses tournées vers le nord, ne pouvait du reste résister à un ennemi venant du sud et qui, maître de la ligne de partage des eaux, n'avait plus qu'à pro-

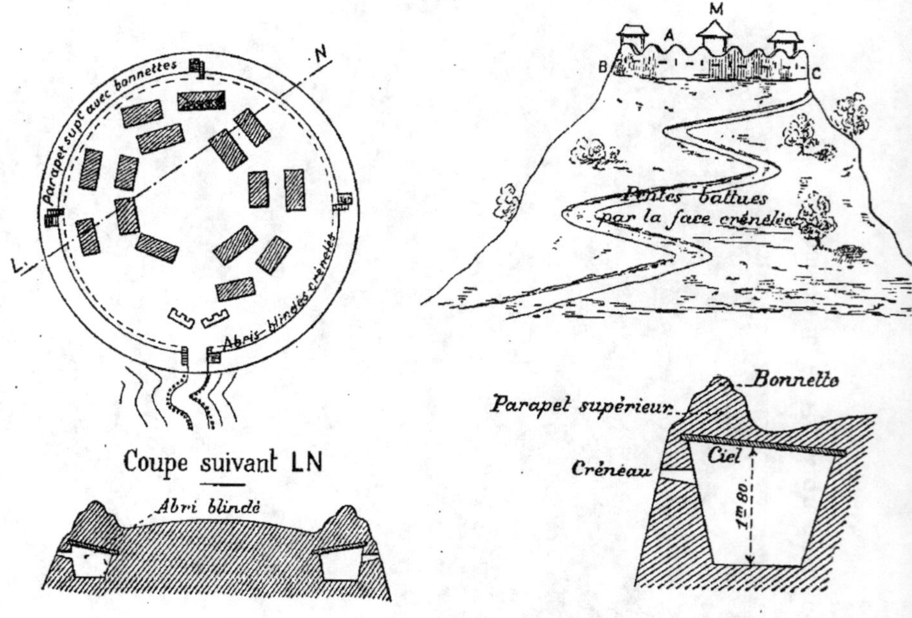

Vue d'un fortin chinois à deux étages de feu.

gresser le long des crêtes pour arriver à dominer la citadelle à 800 mètres.

La 1re brigade traversait aussitôt le fleuve et allait occuper Ky-Lua, petite ville exclusivement chinoise située à 800 mètres au delà : A 11 heures, Lang-Son était pris, et notre drapeau flottait sur la citadelle : il ne devait malheureusement pas y rester longtemps.

Le 15, la première brigade reprenait à marches forcées la direction de Phu-Lang-Thuong, et les 3 et 4 mars, après un combat très brillant à Hoa-Moc, débloquait Tuyen-Quan, à la vieille d'être prise, après un siège de trois mois (1).

On avait trouvé à Lang-Son des approvisionnements considérables de riz et de munitions, 6 canons Krupp, 4 Vavasseur, 4 mitrailleuses toutes neuves, des effets d'habillement, des étendards, des armes, etc.

Les troupes de la 2ᵉ brigade s'installèrent au cantonnement à Lang-Son et à Ky-Lua.

Après Bac-Viay, les Chinois s'étaient retirés à Dong-Dang et à la porte de Chine, où ils avaient organisé une très forte position à 14 kilomètres de Lang-Son.

Le 23, la brigade se rassemblait sous les forts de Ky-Lua et rompait à 7 heures, se portant sur Dong-Dang. Les hommes avaient six journées de vivres sur le sac; aucun convoi ne suivait.

Les premiers coups de feu étaient tirés vers 9 h. 1/2 par le 2ᵉ bataillon de la légion, commandant Diguet qui, aidé de l'artillerie, enleva successivement les hauteurs de gauche jusqu'au ruisseau de Dong-Dang, qui, coulant ouest-est, coupe le terrain en deux.

Il était midi. L'ennemi tenait encore deux positions extrêmement solides. La première était formée par le village, que flanque à l'ouest une croupe se terminant

---

(1) « Commencé à midi, dit un témoin oculaire, le combat dura jusqu'à la nuit, terrible et meurtrier. Les troupes se démenaient dans une véritable fournaise, attaquant avec rage des retranchements invisibles qui, de tous côtés, vomissaient la mort. Les mines, les fougasses éclataient sous les pas des colonnes d'assaut, creusant des gouffres, projetant en l'air des cadavres brûlés et mutilés. Le feu se prolongea bien avant dans la nuit : nuit terrible, passée à 200 mètres des ouvrages ennemis qu'on n'avait pu enlever. Mais il fallait passer, on passa. Le 3, au petit jour, on s'élançait de nouveau d'un élan furieux contre les ouvrages ennemis. Ceux-ci tinrent bon jusqu'au bout et leurs défenseurs se laissèrent cerner et massacrer sur place; le dernier ne fut pris qu'à 9 heures du matin. » Nos pertes s'élevaient à 78 tués, dont 8 officiers, et 408 blessés, dont 21 officiers, sur un effectif de 3.000 hommes.

brusquement sur le ruisseau qui forme fossé, et que couronnent deux gros forts qui commandent absolument le débouché de la route de Lang-Son. La seconde, à 800

Croquis N° 11. — **Vue de la citadelle de Lang-Son.**

mètres en arrière du village, était formée par un plateau calcaire à pentes absolument inaccessibles, garni de tranchées, dont les feux battaient aussi les abords de la route, le village et toute la plaine. C'est aussi là que se trouvait l'artillerie adverse.

Les Chinois essaient sur notre droite un mouvement tournant, qui est repoussé par la compagnie Bérard, de la légion, dont le chef est grièvement blessé, et une attaque, qui ne réussit pas mieux, sur la batterie d'artillerie qui seconde la marche du bataillon Diguet.

Le ruisseau est alors franchi, les hommes ayant de l'eau jusqu'à la ceinture, et les deux forts de la croupe ouest, vigoureusement canonnés, sont enlevés. Le village, dont les abords sont battus par les feux de la falaise, tient toujours. Les Chinois l'évacuent cependant, après y avoir mis le feu pour ne pas s'y laisser enfermer en voyant progresser notre attaque de gauche.

Restait la falaise. Ordre est donné au lieutenant-colonel Herbinger de traverser le village avec le gros, et d'attaquer par l'ouest. L'ennemi tente alors une nouvelle attaque enveloppante sur notre droite puis évacue la falaise au moment où le 143e et le 111e, renforcés par le 3e bataillon de la légion, vont donner l'assaut et bat en retraite sur la porte de Chine, où, poursuivi de près, il n'essaie pas de résister.

A 5 heures, toutes les positions de Dong-Dang étaient occupées, et à 6 heures, les deux bataillons de la légion, qui avaient fait la poursuite, occupaient sans résistance les ouvrages de la porte, situés à 4 kilomètres de là.

Le combat de Dong-Dang fut particulièrement intéressant, tant par le choix des positions que par la défense des Chinois, qui tentèrent plusieurs mouvements et contre-attaques. Leur artillerie, placée sur le plateau calcaire, avait même pour la première fois, par la justesse de son tir, obligé notre batterie de droite (capitaine Roppert) à changer de position. Comme on le voit, nos ennemis avaient fait des progrès depuis Bac-Ninh, et nous leur avions appris à bien se battre.

Malgré cela, ils nous abandonnaient quatre mitrailleuses, cinq canons Krupp, une quantité considérable

de munitions, des armes de tous systèmes, des torpilles
et une immense provision de poudre; enfin, des magasins pleins de riz et l'inévitable magasin d'habillement.

Le 24, la journée se passe en reconnaissances sur la

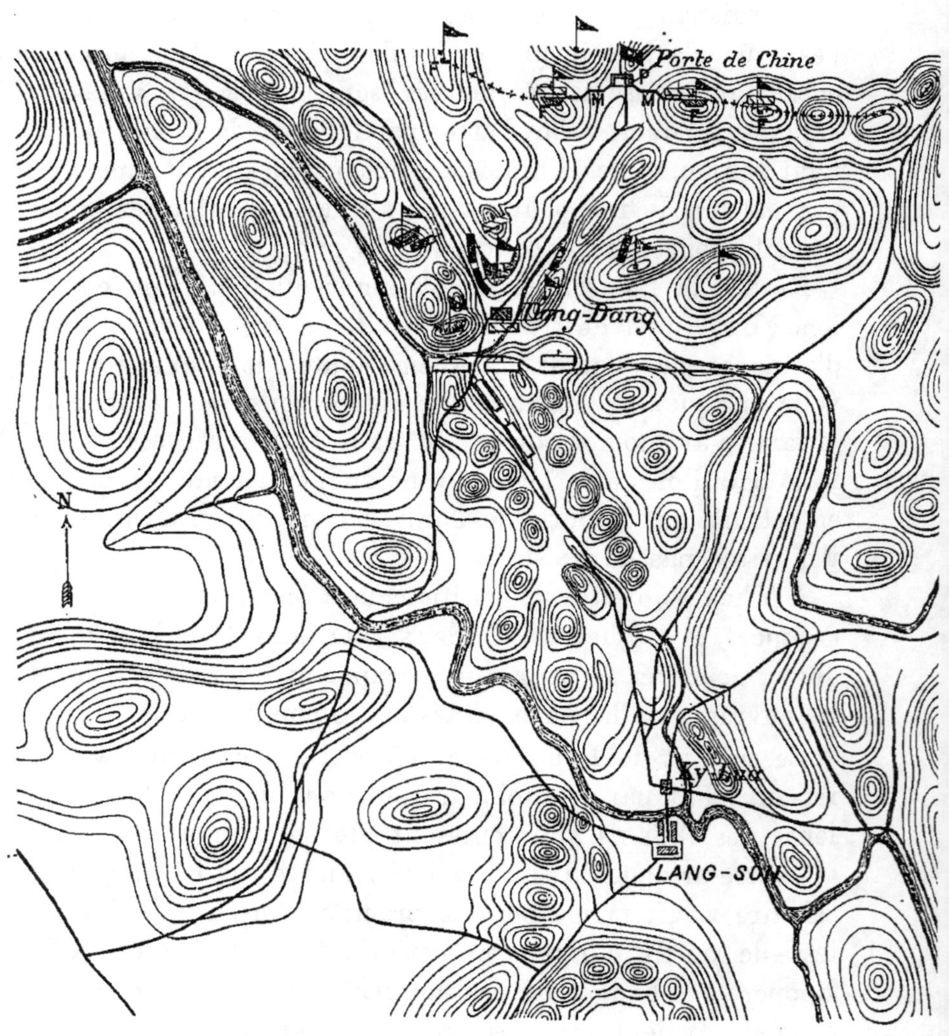

CROQUIS Nº 12. — **Région entre Lang-Son et la frontière.
Positions de Dong-Dang.**

route de That-Ké et le long de la frontière. Pendant ce temps, les troupes restées à Cua-Ai, préparent le travail de destruction de la porte de Chine. Des fourneaux de mine sont faits dans les pagodes. On entasse sous la voûte, dont les ouvertures sont murées, tous les fusils vieux et neufs, caisses de cartouches et de projectiles, les torpilles trouvées, enfin toute la poudre restante.

Le 25, à 2 heures, les troupes reprenaient la direction de Dong-Dang, et à 2 h. 1/2 une formidable détonation annonçait que la porte de Chine n'existait plus. Le matin, une reconnaissance était allée placer à quelque distance, sur la route de Chine, un écriteau disant que « le respect des traités était la meilleure sauvegarde des frontières ».

Après une dernière reconnaissance sur That-Khé, la brigade rentrait le 27 à Long-Son; elle laissait un bataillon et une section d'artillerie en poste avancé à Dong-Dang.

Déjà, dès le premier jour après le départ de Chiu, les tirailleurs tonkinois avaient commencé à améliorer en arrière de la colonne le chemin que nous suivions. Aussitôt après le retour à Lang-Son, on commença les travaux de l'autre route par Than-Moï et Bac-Lé; c'était la route mandarine. Un bataillon restait donc à Dong-Dang, en avant-postes. Un autre était détaché au travail de la route. Les autres étaient employés aux escortes de convoi et aux reconnaissances multiples. Un tour était établi entre les bataillons, qui se relevaient tous les quinze jours. On ne se battait plus, mais on ne chômait pas pour cela, et la 2e brigade, épuisée, fondait à vue d'œil.

Le corps expéditionnaire avait donné pendant cette colonne des preuves d'endurance et de solidité vraiment remarquables. Insuffisamment nourris, les pieds dans l'eau, le corps sous la pluie, marchant, très chargés, par

Croquis nº 13. — Vue d'ensemble des positions de la porte de Chine.

de mauvais chemins détrempés et glissants, couchant en plein air ou sous la petite tente, se battant tous les jours, les hommes avaient montré un entrain admirable.

Depuis le départ de Chiu, on était privé de pain et de vin. Pendant la marche, la ration s'était composée de 550 grammes de biscuit, 300 grammes de viande, café, sucre, 12 centilitres d'eau-de-vie en remplacement de vin. Mais souvent on distribuait, pour ménager celle de conserve, de la viande de buffle, qui ne coûtait rien. Bien des fois il fut impossible aussi d'allumer le moindre feu. Après l'arrivée à Long-Son, le biscuit était remplacé, un jour sur deux, par 800 grammes de riz et l'on ne touchait pas de café. La nécessité de constituer à la place un approvisionnement complet, la lenteur des convois imposait ce régime, qui dura jusqu'à la fin de l'occupation.

Depuis le commencement de l'expédition, les hommes marchaient en pantalon de treillis, capote et casque. Sur le sac se trouvaient la toile de tente, la petite couverture, la vareuse (remplaçant la veste) et le pantalon rouge; à l'intérieur, le linge et la chaussure. A cela s'ajoutaient le campement, les outils portatifs et quatre jours de vivres, quand ce n'était pas six. Tout s'unissait donc, fatigues et privations, pour venir à bout de la vigueur de cette petite troupe.

C'est pendant cette période que le 1/2 peloton de chasseurs d'Afrique (24 hommes sous le commandement du capitaine Gachet) poussa sa pointe sur That-Khé. Les quelques Chinois qui occupaient la citadelle l'évacuèrent, croyant que nos chasseurs étaient l'avant-garde de la brigade. Les habitants leur firent bon accueil. Partis le 7, ils rentraient le 9 au soir, exténués. Ils avaient parcouru 150 kilomètres. C'était un véritable tour de force, étant donnée la nature du pays.

CHAPITRE VIII

**Combat de Bang-Bo. — Combat de Ky-Lua. — Evacuation
et retraite.**

Tout fut tranquille jusqu'au 21 mars. Les bataillons se succédaient à Dong-Dang et sur la route, et les vivres ne cessaient d'affluer à Lan-Son.

Mais, le 21, à 2 heures du matin, la grand'garde de Dong-Dang était attaquée une première fois, puis une seconde dans la nuit, enfin une troisième fois le 22 au matin.

Ces attaques, qui semblaient indiquer de la part des Chinois la volonté de reprendre l'offensive, et l'établissement par eux d'une forte position à peu de distance de la porte de Chine, décidèrent le général de Négrier à chercher à leur faire abandonner ce point, afin de dégager le poste de Dong-Dang, devenu intenable avec un pareil voisinage. Les troupes, rassemblées à la hâte, partirent avec six jours de vivres, et le 23, à midi, attaquaient la position de Bang-Bo, à 4 kilomètres de la porte, que les Chinois avaient organisée depuis notre arrivée à Lang-Son, c'est-à-dire en un mois à peine.

Quatre bataillons seulement prenaient part à cette dernière affaire : les 2ᵉ et 3ᵉ bataillons de la légion, le 143ᵉ et le 111ᵉ; chacun d'eux n'avait pas plus de 500 hommes, ce qui, avec deux compagnies du 23ᵉ, faisait 2.300 hommes tout au plus, exténués par les fatigues et les privations, qui allaient avoir à attaquer dans un pays très difficile des positions très fortes occupées par 12 ou 15.000 Chinois.

Après la levée du siège de Tuyen-Quan, les troupes qui avaient bloqué cette place étaient en effet venues se joindre à celles du Quang-Si pour tenter un dernier effort contre nous. Et c'est alors que, solidement appuyés sur leur position de Bang-Bo, les Chinois avaient commencé à se montrer devant Dong-Dang et finalement à attaquer le poste.

Le premier jour cependant, tout alla bien, et le 2e ba-

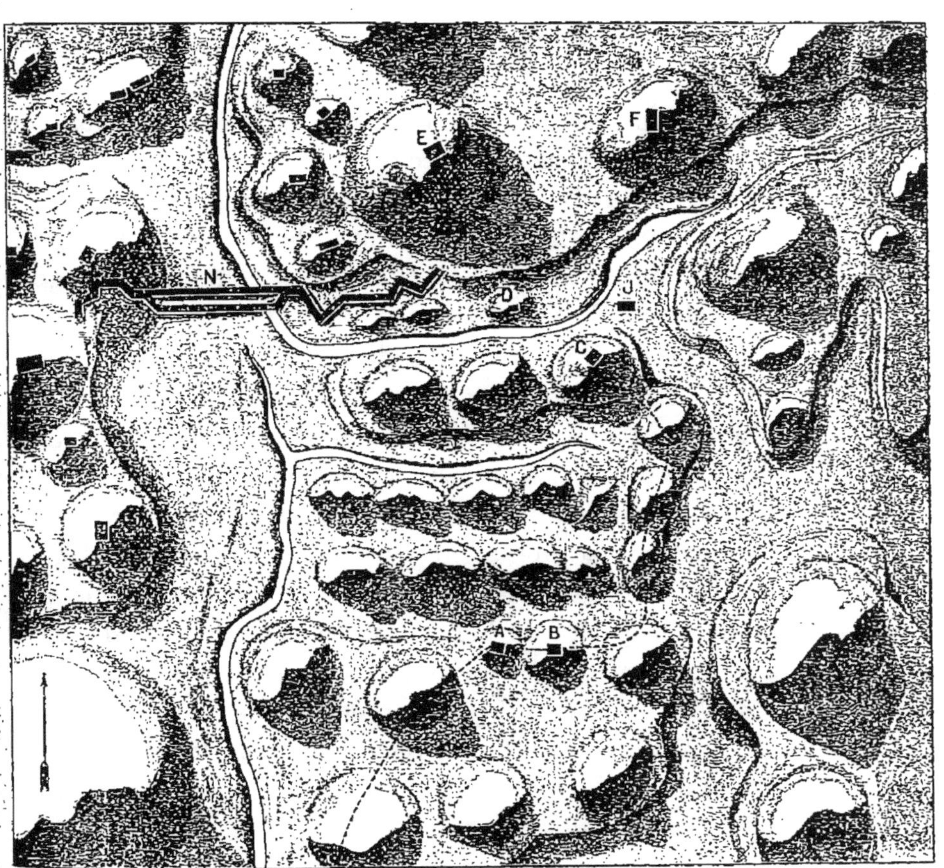

CROQUIS N° 14. — **Vue des positions de Bang-Bo.**

taillon de la légion enleva, par une attaque directe, les deux forts formant la première ligne.

Mais il n'en fut pas de même le lendemain. Partout les Chinois tinrent bon sans perdre un pouce de terrain, et l'échec de l'attaque du 143° contre les forts de droite, et du 111° sur le camp lui-même, devint le signal d'un mouvement offensif général des Chinois. C'est en vain que le 2° bataillon de la légion, maintenu en réserve, est jeté sur la ligne; les capitaines Cotter et Brunet sont tués, les lieutenants Comignan et Durillon, blessés, et il n'est bientôt plus possible de se maintenir, d'autant que l'artillerie, qui va manquer de munitions, ralentit son tir.

L'ennemi se forme alors en deux corps distincts, et, pendant que l'un nous occupe sur le front et cherche à envelopper notre droite avec des effectifs considérables, le second descend les pentes qui aboutissent sur la gauche de notre ligne et la repoussant, cherche à gagner la porte de Chine en suivant la route.

Il est environ 2 heures de l'après-midi. Le général donne l'ordre de la retraite. Elle se fait en assez bon ordre, soutenue à droite et au centre par le 2° bataillon de la légion, qui se retire par échelons, à gauche par le 3° et à 6 heures du soir, nos dernières troupes repassaient la frontière et prenaient position à la porte de Chine, que les Chinois n'osèrent pas attaquer. Nous avions subi de grosses pertes, le 111° en particulier. Elles s'élevaient à 7 officiers tués, 6 blessés, 72 hommes tués, 190 blessés (1).

Le 25 mars, la brigade reste encore à Dong-Dang, sur les positions des grand'gardes, et le 26, à 10 heures du soir, elle se replie sur Lang-Son.

---

(1) Pendant le combat même était arrivé un renfort de 500 hommes destiné à relever l'effectif des compagnies. Il ne put que prendre position sur la frontière et protéger la retraite de la brigade. Arrivé quarante-huit heures plus tôt, il eût peut-être changé la face des choses.

Le 27, on apprend que les Chinois marchent sur cette place. Les positions de combat sont bientôt prises, et l'on y couche.

Le 28, l'ennemi se montre vers 7 heures. La brigade est disposée dans les deux redoutes de Ki-Lua, moins une fraction tenue en réserve pour faire une contre-attaque au moment opportun.

Les troupes ennemies, se pressant en colonnes serrées et ayant profité d'un abri pour se rassembler peu à peu, se précipitent et viennent franchement attaquer notre position. Le feu éclate alors, rapide et nourri, tout le long de notre ligne, tandis que pleut la mitraille. Les Chinois font encore 150 mètres dans ces conditions et sont obligés de reculer. Une seconde attaque, tentée un peu plus tard, ne réussit pas mieux. Et c'est alors que, vers 3 heures, le général donne l'ordre de la contre-attaque. Peu après, alors que ce mouvement se dessinait à peine, le général tombait grièvement blessé d'une balle qui lui traversait obliquement la poitrine.

La contre-attaque détermina la retraite des Chinois, qui se fit en assez bon ordre. Ils avaient subi de grosses pertes.

La blessure du général de Négrier avait fait passer le commandement aux mains du colonel Herbinger, qui crut nécessaire de ramener la brigade en arrière de Lang-Son. Cet incident de guerre a été très discuté à l'époque et à divisé l'opinion militaire en deux camps. Il ne nous appartient pas dans un ouvrage de vulgarisation comme celui-ci, de prendre parti dans une question aussi grave qui a mis en jeu l'honneur d'un brillant officier. Mais il y a une légende qu'il faut s'attacher à détruire, c'est celle de la retraite en désordre avec les Chinois, sur les talons. Rien n'est plus inexact (1).

_____

(1) On a cru, on croit encore généralement en France, que la retraite commencée à Bang-Bo le 24 se continua sans interrup-

Il y eut quelques hommes qui, ivres au moment du départ, restèrent en arrière, et rejoignirent du reste après, sains et saufs. Mais une fois la brigade rassemblée et le mouvement commencé, il se fit, dans le plus grand ordre et avec le plus grand calme, malgré la nuit, les mauvais chemins et la fatigue excessive des troupes.

Le 28, à 6 heures du soir, la brigade évacuait Lang-Son par deux routes : celle de Pho-Vi et celle de Bac-Lé. Le convoi de blessés et les trains avaient pris de l'avance. Les deux bataillons de la légion et le bataillon d'Afrique, sous les ordres du commandant Schæffer, passaient par Pho-Vy et les autres, avec le commandant de la brigade, par Bac-Lé. A 10 heures du soir, les derniers détachements d'arrière-garde quittaient la place. Les deux armées se tournaient le dos, et pendant trente-six heures il n'y eut à Lang-Son ni Chinois ni Français.

La nuit entière et la journée du 29 février furent passées en marche, et le soir la colonne de gauche atteignait Don-Song, où l'on trouvait déjà un escadron de spahis, avant-garde des troupes de Chiu. La nuit se passa tranquillement et ce fut seulement le 30, vers 4 heures, que de faibles partis chinois se montrèrent. Ceux-ci essayèrent, à la nuit, de surprendre un point de notre position ; mais vigoureusement repoussés, ils n'insistèrent pas et disparurent pendant la nuit.

---

tion jusqu'à Chiu sous la poussée de l'armée chinoise. Il n'en est rien : et si la 2e brigade, écrasée par le nombre, fut ce jour-là serrée de près par les Chinois ; si, dans quelques unités particulièrement éprouvées et privées de leurs chefs, on recula un peu en désordre, abandonnant même quelques blessés qui furent victimes de la cruauté chinoise, du moins ce mouvement de recul s'arrêta à la frontière où les Chinois n'osèrent pas nous attaquer. Puis on fut parfaitement tranquille et nullement inquiété pendant trois jours. Le 28, nouveau combat : les Chinois, complètement battus, retournent à Dong-Dong, pendant que, de notre côté, nous évacuons Lang-Son. Il ne put donc y avoir ni poursuite, ni désordre, puisque les deux armées se tournaient le dos.

Le 31, la brigade s'arrêtait encore au col du Déo-Quan, qui offrait de bonnes positions de défense. Mais l'ennemi resta invisible. Le 1er avril elle rentrait à Chiu.

Le 2 avril, les Chinois couronnèrent les crêtes du col de Déo-Quan, mais s'y maintinrent prudemment sans oser venir nous attaquer dans nos lignes de Chiu.

Le 3, ayant appris la conclusion de l'armistice, ils disparaissaient.

Le 4 avril, le général en chef arrivait à Chiu et remplaçait le colonel Herbinger dans son commandement par le colonel Borgnis-Desbordes.

Les derniers coups de fusil de cette campagne si brillante, commencée en 1883 à Son-Tay, furent tirés au Kep, que les Chinois attaquèrent sans succès le 14. La conclusion de l'armistice fut suivie de près par la signature de la paix.

La colonne de Lang-Son mérite, à plus d'un titre, de fixer l'attention comme type d'expédition en pays de montagnes.

Les troupes du corps expéditionnaire pouvaient être fières : elles avaient fait preuve des plus grandes qualités militaires, et, admirablement commandées, leur courage, leur énergie physique et morale avaient été à hauteur des plus dures épreuves.

Elles avaient lutté toujours avec succès contre un ennemi très supérieur en nombre, bien armé, ayant déjà un commencement de discipline et de manœuvre à l'européenne, et que ses revers mêmes rendaient tous les jours plus dangereux.

Chaque corps avait eu sa page glorieuse : l'infanterie de marine à Bac-Lé et Hoa-Moc, le 23e à Kep, le 143e à Nui-Bop et à Chiu, le 111e à Bang-Bo, les tirailleurs à Son-Tay et Bac-Viay, la légion un peu partout.

Les troupes avaient supporté des fatigues et des privations excessives, lutté contre un rude climat et contre les maladies sans que jamais leur entrain et leur moral, leur confiance en leurs chefs faiblissent, sans jamais marchander à ceux-ci leur dévouement et leur courage. Ce qui faisait dire au correspondant d'un journal anglais, le *Times*, qui avait suivi toute la colonne de Lang-Son : « Il faut vraiment que la France ait envoyé ici ses meilleures troupes, car ce qu'elles supportent est vraiment extraordinaire, et d'autres soldats ne résisteraient pas huit jours à un pareil régime de fatigues et de privations. »

Le 9 juin était conclu le traité de paix définitif, par lequel la Chine s'engageait à respecter les traités faits avec l'Annam et reconnaissait notre protectorat sur ce royaume.

Le 1er mai, le commandant Servière était allé réoccuper Dong-Song avec le bataillon d'Afrique : Lang-Son ne le fut qu'au mois de décembre suivant.

DEUXIEME PARTIE

OCCUPATION ET PACIFICATION DU TONKIN DE 1885 A 1896
ORGANISATION ACTUELLE DE LA COLONIE

—

CONSIDERATIONS GENERALES

Le traité du 9 juin 1885, qui reconnaissait nos droits sur tout l'empire annamite jusqu'à ses extrêmes limites, clôturait la période de conquête et mettait fin à la guerre proprement dite.

Mais, si les campagnes de 1883, 1884 et 1885 avaient eu pour effet de nous mettre en possession du delta, et d'en éliminer, en tant qu'intervention ouverte, l'armée régulière chinoise, il nous restait encore, la paix signée, à prendre possession du reste du territoire, à pacifier et à organiser le tout. L'ensemble de cette tâche demanda dix ans.

L'histoire en est très confuse et difficile à écrire, et l'histoire politique et économique du pays s'y mêle étroitement à celle des événements militaires et ne peut en être séparée.

La grosse résistance des Chinois et des Pavillons Noirs avait bien été définitivement brisée et ceux-ci rejetés hors du Tonkin. Mais les débris des uns et des autres ne s'étaient pas résignés à quitter un pays où ils se trouvaient si bien et depuis si longtemps. Etablis par grosses bandes sur la périphérie du delta et en des points presque inaccessibles peu éloignés de la frontière chinoise, ils allaient continuer la lutte comme pirates; fomenter dans tout le pays des troubles et des rébellions, et, enhardis chaque jour davantage par les fautes de notre administration et nos insuccès militaires, nous disputer pied à pied notre conquête. A la guerre ouverte allait en succéder une autre, faite de traîtrise et d'embuscades, où, n'ayant jamais personne devant soi, on est harcelé sans cesse et décimé par un ennemi invisible et insaisissable, qui se dérobe toujours dès que l'on se présente en force.

La Chine elle-même, si elle ne nous opposait plus ouvertement ses bataillons, n'acceptait pas facilement la perte de ses droits sur l'Annam. Aussi, d'une extrémité à l'autre de la frontière, le mot d'ordre donné aux mandarins militaires fut de nous créer le plus d'embarras possible en excitant contre nous les populations montagnardes; en donnant toutes facilités et même en procurant des armes et des munitions à tous les malandrins qui voudraient venir piller chez nous; en envoyant, au besoin, leurs soldats se joindre à eux. Et, en définitive, la lutte continua plus meurtrière et plus pénible qu'auparavant.

Il n'y eut donc plus, pour le corps expéditionnaire, d'opérations d'ensemble auxquelles dussent concourir toutes les troupes, contre un objectif bien déterminé, comme à Bac-Ninh, Hong-Hoa, Lang-Son, mais seulement une quantité d'actions isolées sans plan possible, faites avec des effectifs très variables et entreprises à la fois sur tous les points du territoire, partout où, poursuivant notre extension, nous nous heurtions soit à un groupe d'anciens Pavillons, comme à Than-Maï, soit à un groupe de rebelles, comme à Ba-Dinh, soit aux anciens réguliers ou irréguliers chinois demeurés dans le pays et vivant de piraterie, comme à Cho-Moï, Cho-Chu, et un peu partout dans les hautes régions.

Aussi, tandis que la première phase de notre lutte a

trouvé maint historien témoin oculaire des faits ; la seconde, aussi intéressante, plus meurtrière, plus belle encore, plus fertile en actes d'héroïsme, de sacrifice et d'abnégation, n'a jamais été racontée en son entier.

Cette étude elle-même ne peut, sans sortir de son cadre modeste, en comporter qu'un résumé, en s'étendant cependant un peu plus, sur la dernière période de 1891 à 1896, pendant laquelle se sont réalisés des progrès décisifs.

L'histoire du Tonkin peut, en effet, pendant cette seconde phase, se diviser en trois périodes distinctes :

La première, qui va du 9 juin 1885 aux premiers mois de 1888, marquée par les grosses colonnes qui, suivant une marche méthodique, achèvent l'occupation et la pacification du delta proprement dit et de la région moyenne par les troupes de la guerre ;

La deuxième, qui s'étend de 1888 à la fin de 1891, caractérisée par le départ des troupes de la guerre, le retour de la colonie à l'administration de la marine, l'occupation brusque et simultanée des régions extrêmes, la substitution complète du régime civil au régime militaire, enfin l'anarchie effroyable, le désordre, l'impuissance qui furent le résultat de toutes ces mesures prématurées ;

La dernière, de 1892 à 1896, marquée par une plus sage administration et par des efforts militaires vigoureux, qui permirent d'arriver à l'occupation et à la pacification complète, ainsi qu'à l'organisation actuelle.

Ire PÉRIODE DE 1885 A 1888

CHAPITRE PREMIER

Arrivée du général de Courcy. — Guet-apens de Hué. — Soulèvement de l'Annam et d'une partie du Tonkin. — Extension de notre occupation. — Arrivée de Paul Bert.

ARRIVÉE DES RENFORTS. — Dès que fut connue en France la nouvelle de l'évacuation de Lang-Son et de notre retraite précipitée jusque sur le Loch-Nam, craignant que ce succès des Chinois n'amenât la rupture des négociations déjà entamées pour la conclusion de la paix, on avait fait partir pour le Tonkin le général de Courcy, muni des pouvoirs les plus étendus, avec un nombreux état-major et des renforts. En même temps, on tenait prête à partir au premier signal une division de réserve réunie au camp du Pas-des-Lanciers, sous le commandement du général Coiffé.

Ces renforts comprenaient : 4 bataillons de zouaves, 1 bataillon de chasseurs à pied, 1 bataillon d'Afrique, 2 escadrons de spahis et plusieurs batteries ; enfin, un détachement du train, avec un très grand nombre de mulets destinés tant aux convois de ravitaillement qu'à la formation d'une compagnie montée de la légion.

Une partie de ces troupes, déjà demandées par le général Brière de l'Isle avant Lang-Son, étaient arrivées dans le courant de mars. Mais, comme tout allait bien alors, on les garda dans le delta, en attendant que les approvisionnements de Lang-Son fussent complétés et permissent de les nourir. Puis, quand les événements malheureux de la fin du mois se précipitèrent, on les expédia en toute hâte; mais, à part l'artillerie et les spahis, elles n'eurent pas le temps de dépasser Chiu.

Les autres débarquèrent un mois plus tard, portant ainsi le corps expéditionnaire à l'effectif d'un corps d'armée complet, à deux divisions, et l'on disposa alors de 35.000 hommes. Quoique le plus fort fût fait, cet effectif n'était pas trop élevé pour entreprendre l'œuvre de pacification et d'extension qui allait commencer, et, jusqu'au moment de leur rapatriement, ces nouvelles troupes eurent, elles aussi, leur large part de fatigues et de dangers.

La plupart de ces renforts, en particulier tous les animaux de bât destinés aux convois, avaient été dirigés sur Chiu dans l'éventualité de nouvelles opérations contre Lang-Son. Malgré la nouvelle de la suspension des hostilités reçue le 15 avril et celle de la conclusion définitive de la paix, connue un peu plus tard, on les y maintint.

Camp de Chiu. — Apparition du choléra. — L'ancien camp établi sur les pentes du mamelon de Chiu, fort abîmé du reste pendant notre absence, devenait trop petit pour contenir tout ce monde, et l'on dut en créer un nouveau sur l'emplacement du village, entre la redoute et le fleuve, dans un terrain marécageux et humide. En plein mois d'avril, au moment où commence la forte chaleur, et alors que les troupes, épuisées par les fatigues excessives de la colonne, auraient eu tant besoin de repos et d'un casernement confortable, on se remit donc aux travaux de toute nature que nécessitait cette nouvelle installation. Le bambou manquant dans les environs, il fallait le faire chercher à plusieurs kilomètres par des corvées en armes. Chaque matin, une moitié de l'effectif partait, l'arme à la bretelle, avec haches et coupes-coupes, pendant que les hommes restés au camp travaillaient au terrassement. Ces corvées, qui allaient jusqu'à 8 et 10 kilomètres, ne rentraient pas avant 10 heures, chaque soldat portant sur l'épaule un long et lourd bambou; elles étaient des plus pénibles.

Ce qu'il y avait de plus terrible, c'est que l'administration, surprise par cette brusque arrivée de nombreuses troupes, n'avait pas su se procurer en temps opportun des casques pour tout le monde. Le détachement de la légion qui était venu pour combler les vides du 2e bataillon resta, entre autres, un mois sans cette coiffure indispensable. Par un soleil de plomb, les hommes prenaient part à tous les travaux, participaient à toutes les corvées, ayant par-dessus le képi et le couvre-nuque le chapeau de paille annamite en forme d'abat-jour très évasé. Ils étouffaient sous cette double coiffure, et les coups de chaleur et les insolations se multipliaient.

Ces travaux s'achevèrent cependant, et, au commencement de juin, une véritable petite ville en paillotes s'élevait au bord de la rivière. Nous eûmes de nouveau la satisfaction de coucher sur des lits de camp en bambous et de loger sous des paillotes où l'on était également exposé au soleil et à la pluie, et qu'il fallait étayer au moindre vent pour ne pas les voir s'effondrer.

Mais une pareille agglomération d'hommes et d'animaux sur un si petit espace et à cette époque de l'année ne pouvait manquer de devenir bientôt, malgré toutes les précautions prises, un foyer d'infection.

Il aurait fallu une armée de coolies pour enlever les ordures et assurer la propreté du camp, et l'on n'en avait pas. Ceux emmenés à Lang-Son avaient semé la route de leurs cadavres, et les survivants étaient revenus dans un tel état qu'on avait dû les licencier. Depuis, il était devenu impossible d'en trouver, et il fallut longtemps pour effacer dans l'esprit des populations ce lugubre souvenir, pour vaincre l'effroi que produisait le seul mot de « coolies ».

Les 300 ou 400 mulets du train, mal nourris, mal soignés par un personnel insuffisant et peu zélé, dépérissaient à vue d'œil. Il en était de même des chevaux des spahis et des petits chevaux du pays restant des convois de Lang-Son, qui, revenus à l'état de squelettes, couverts de blessures et de plaies, étaient tout au plus bons pour l'équarrisseur. Toutes ces pauvres bêtes, non surveillées, se détachaient, allaient et venaient dans le camp, et chaque jour on en découvrait trois ou quatre crevées aux environs, et souvent déjà dans un état de décomposition avancé. Enfin, si l'on joint à cela les nombreux cadavres chinois enterrés un peu partout à fleur de terre, on ne se fera qu'une idée encore bien vague des conditions hygiéniques dans lesquelles se trouvaient les dix bataillons campés à Chiu, par un des étés les plus chauds qui se soient vus au Tonkin.

Les pluies abondantes tombant à cette saison délayaient toute cette pourriture et l'entraînaient un peu partout. On vivait dans une atmosphère viciée ; l'air que l'on respirait était putride, et l'on avait constamment dans le nez et la gorge une odeur de charogne.

Le résultat de cet état de choses ne se fit pas attendre, et, vers la fin de juin, le premier cas de choléra se produisit. Alors seulement on pensa que, la paix étant signée depuis deux mois, il n'était peut-être plus nécessaire de conserver tout ce monde réuni. On renvoya le 111e à Kep, la légion à Phu-Lang-Thuong, les tirailleurs à Dap-Cau, les chasseurs à Haïphong, les zouaves à Hanoï et Son-Tay, ne conservant à Chiu que la compagnie montée de la légion et un bataillon d'Afrique. Mais il était trop tard : les troupes emportèrent avec

elles le germe du mal, et quinze jours après le terrible
fléau sévissait dans tout le delta et plus particulièrement
à Phu-Lang-Thuong et à Haïphong.

En vain le décora-t-on d'abord de noms aussi pom-
peux que scientifiques, — fièvre algide, entérite spécifi-
que, — il fallut bien se rendre à l'évidence : c'était bel
et bien le choléra. S'abattant sur des troupes, les unes
exténuées de fatigues et de privations, les autres à peine
débarquées et non acclimatées, l'épidémie eut beau jeu.
En deux mois, le 2ᵉ bataillon étranger — un de ceux
qui furent le plus éprouvés — eut 300 hommes atteints,
dont plus de la moitié moururent. Des hommes en parfaite santé le matin étaient pris des symptômes du mal
à midi et mouraient le soir.

Les hommes du corps expéditionnaire montrèrent, devant cet ennemi nouveau et inattendu, le même courage
et le même sang-froid dont ils avaient fait preuve devant les balles chinoises. Il n'y eut aucune défaillance,
pas la moindre démoralisation. Dans chaque compagnie,
on avait toujours sous la main de quoi donner les premiers secours. Dès que les symptômes du mal se manifestaient chez un homme, il était immédiatement l'objet
des soins empressés de tous, jusqu'au moment de son
transport à l'ambulance, et les actes de dévouement et
d'abnégation furent nombreux.

Enfin, dans les derniers jours de septembre, l'épidémie commença à décroître, et, dès le mois d'octobre, on
lança des colonnes dans toutes les directions afin de sortir les hommes de cette longue inaction, imposée, il est
vrai, par l'été, mais si propice au développement du
mal.

ARRIVÉE DU GÉNÉRAL DE COURCY. — GUET-APENS DE
HUÉ. — SOULÈVEMENT DE L'ANNAM. — Le général de
Courcy était arrivé vers le 25 juin, et, après une inspec-
tion rapide des principaux postes, se rendait aussitôt à

Hué pour y présenter ses lettres de créance, emmenant avec lui un bataillon de zouaves comme escorte.

Le traité du 25 août 1883 nous reconnaissait le droit d'occuper Thuan-An, à l'embouchure de la rivièae de Hué, ainsi que les forts qui en défendent l'entrée. De plus, nous avions à Hué même un agent diplomatique ayant pour sa garde une force de 100 hommes.

Mais, chaque fois que celui-ci sollicitait une audience du roi, sa réception était entourée de formalités nombreuses et soumise à une étiquette rigoureuse affectant des allures vexatoires, dont le but était de ravaler aux yeux des indigènes la dignité de nos représentants.

Le général de Courcy, arrivé de France avec pleins pouvoirs, refusa de se soumettre à ces fantaisies, et prétendit être traité d'égal à égal par le roi.

La Cour tint bon, le général aussi. Ce fut alors que les régents et les vieux mandarins conseillers du roi, qui n'était encore qu'un enfant, organisèrent le guet-apens dont le général et son escorte faillirent être victimes.

Celui-ci, outre les zouaves amenés du Tonkin, avait pris, à Thuan-An, les compagnies d'infanterie de marine qui s'y trouvaient; il avait donc avec lui deux bataillons. Le lieutenant-colonel Pernot, de l'infanterie de marine, avait le commandement de ces troupes. Elles occupaient le Mang-Ca, sorte d'ouvrage avancé de la citadelle à quelque distance de la légation, où résidait le général, avec une garde d'infanterie de marine.

Dans la nuit du 4 au 5 juillet, une troupe de 10.000 à 12.000 Annamites se ruaient à l'attaque du Mang-Ca, après y avoir mis le feu au moyen de fusées incendiaires, pendant qu'une autre bande attaquait la légation. Nos troupes, complètement cernées dans un espace trop étroit pour pouvoir s'y déployer et faire utilement usage de leurs armes, ne pouvaient que se faire tuer honorablement.

Ce fut le colonel Pernot qui, par son sang-froid et sa présence d'esprit, sauva la situation. Connaissant admirablement les lieux et la disposition de la citadelle, il parvint à se dégager avec quelques compagnies, et, pénétrant à l'intérieur, il prit pied sur la première enceinte haute de 20 mètres. De là, il prit à revers les assaillant du camp français, en même temps qu'il envoyait par-dessus la deuxième enceinte une grêle de balles sur les bâtiments royaux. L'attaque fut repoussée, la citadelle prise, le palais royal occupé et pillé.

La cour d'Annam, mécontente des traités successifs qui lui avaient été arrachés par la force, voulant regagner un peu de son prestige perdu et empêcher notre immixtion au moins en Annam, avait joué là son dernier atout. Le lendemain, le roi Ham-Nghi et le premier régent Tuyet, principal instigateur du guet-apens, étaient en fuite, et tout le pays se soulevait contre nous. Quelques jours plus tard, le roi Dong-Khan, imposé par nous, remplaçait Ham-Nghi sur le trône d'Annam.

L'insurrection ne se répandit qu'assez peu au Tonkin. Les Tonkinois ont, en effet, toujours gardé une secrète rancune aux Annamites, issus d'eux, d'être devenus le peuple principal, d'avoir accaparé la direction des affaires et toute la haute administration du pays, d'avoir même remplacé par une autre l'ancienne dynastie fondatrice du royaume. Aussi les mésaventures des Ngüyen les laissaient-ils assez indifférents, et l'agitation ne s'étendit guère au delà du fleuve Rouge.

On put donc dégarnir le Tonkin et jeter aussitôt des troupes dans toutes les citadelles de l'Annam, d'où elles rayonnèrent à la poursuite des bandes rebelles et des partisans de Ham-Nhi; on chercha aussi à découvrir la cachette du roi et de Tuyet, réfugiés dans les montagnes, d'où ils dirigeaient l'insurrection, qui ne tarda pas à devenir générale.

Les principales colonnes qui parcoururent l'Annam pendant cette campagne de 1885-1886, furent :

Celle du général Prudhomme, août et septembre 1885 ;

Celle du colonel Mignot, novembre 1885. Formée à Hanoï, celle-ci accomplit, pour la première fois par voie de terre, le trajet d'Hanoï à Hué, traversant ainsi les provinces les plus troublées.

La colonne Cardot, en décembre 1885 ;

Enfin, en janvier et février 1886, les colonnes Rouchaud, Fouquet et Bellemare.

Dans un pays encore peu connu, au milieu de populations soulevées qui leur faisaient une guerre acharnée de partisans, ces colonnes eurent à surmonter de grosses difficultés.

Leurs nombreux insuccès ne décourageaient pas les rebelles, qui, commandés parfois par des chefs très énergiques, comme le Caï-Mao, le Dé-Shoan et Nhe-On, firent très bonne contenance malgré leur armement presque inoffensif.

Pendant ce temps, les troupes demeurées au Tonkin ne restaient pas non plus inactives et commençaient la marche progressive qui devait amener peu à peu l'occupation complète du pays.

En octobre et novembre 1885, le général de Négrier parcourait, avec une forte colonne, le Bay-Say (rive gauche du fleuve Rouge), que l'agitation gagnait sous l'influence du chef rebelle Doc-Tich.

D'autre part, le lieutenant-colonel Dugenne avec la compagnie montée et le 2ᵉ bataillon de la légion, prenait pied dans le Yen-Thé par l'occupation de la citadelle de Tin-Dao et commençait à y percer des routes. Cette province, couverte de forêts, était habitée par une population pauvre, très pillarde et facilement excitable, et qui a toujours fourni de nombreux partisans aux rebelles et aux pirates.

Enfin, en décembre, le commandant Servière, qui, dès le 1ᵉʳ mai, avait réoccupé, avec le bataillon d'Afrique, Dong-Song et Than-Moï, quittait ces postes et allait s'établir à Lang-Son, Dong-Dang et That-Khé, abandonnés cette fois par les troupes chinoises. A la même époque nous commencions aussi l'occupation de la rivière Noire, que nous remontions jusqu'à Cho-Bo, où l'on installait un poste.

OCCUPATION DE LA VALLÉE DU FLEUVE ROUGE. — Mais l'événement militaire important de cette campagne fut l'occupation définitive et complète de la vallée du fleuve Rouge jusqu'à la frontière chinoise.

Cette occupation commença en novembre 1885 par les opérations contre Than-Maï, où s'étaient réfugiés, après les affaires de Hung-Hoa et de Tuyen-Quan, ce qui restait de nos ennemis, Pavillons Noirs, Chinois et Annamites.

Le général Jamont, commandant la 1ʳᵉ division, prit en personne la direction des opérations avec 6.000 hommes et six batteries, divisés en trois colonnes. Les opérations d'investissement donnèrent lieu à deux petits engagements; mais, quand les trois colonnes se portèrent à l'assaut des positions ennemies, elles les trouvèrent évacuées.

L'occupation de Than-Quan en février 1886 par le général Jamont, celle enfin de Lao-Kay en mai, par le colonel de Maussion achevèrent de nous donner le cours du fleuve Rouge.

Ces opérations amenèrent aussi la disparition des Pavillons Noirs. Le peu qui en restait, désorganisé et découragé, repassa en Chine, où, en récompense de leurs bons services, les Pavillons Noirs furent incorporés dans l'armée chinoise. Leur chef, Luu-Vinh-Phuoc, fut comblé d'honneurs et de présents et reçut le grade de général de division. Désormais, il ne sera plus question d'eux.

Quant aux Pavillons Jaunes, d'abord établis sur la haute rivière Claire, puis sur le fleuve Rouge, d'où ils avaient été chassés par les Pavillons Noirs, ils s'étaient retirés depuis longtemps déjà (1875) sur la haute rivière Claire et le Sung-Ma, où ils vivaient tranquilles et pacifiques, ayant formé une sorte de colonie chinoise. Ce fut là qu'on les prit un peu plus tard, lorsque nous nous étendîmes de ce côté, pour les ramener en Chine. De tous côtés nous poussions donc nos postes, gagnant chaque jour un peu de terrain, remontant les différentes vallées. Et cette campagne se terminait en mai 1886, par l'occupation, par le commandant Bergounioux, de Bac-Muc, Vinh-Thuy et Chiem-Hoa, sur la rivière Claire, et la création des postes de Huong-Son, à deux jours de marche en amont de Thaï-Ngüyen, sur le Sung-Cau.

En octobre 1885, le général Brière de l'Isle était rentré en France et le général Jamont lui avait succédé dans le commandement de la 1re division. Le général était très aimé et fut très regretté par les anciennes troupes du corps expéditionnaire qu'il avait si souvent conduites à la victoire et qu'il avait toujours entourées d'une sollicitude éclairée et sans cesse en éveil. Il avait eu une bien belle page au Tonkin. Il s'y était montré chef intrépide, simple et bon, en même temps qu'organisateur et administrateur habile. Son mérite était d'autant plus grand qu'à cette époque on allait à l'inconnu, dans un pays sur lequel on n'avait que de vagues données, et où l'on avait à lutter contre des forces dont on ignorait l'importance.

ORGANISATION DU PAYS. — ARRIVÉE DE PAUL BERT. — Déjà, en 1884 et 1885, on avait commencé l'organisation administrative des régions occupées par nos troupes. On n'avait eu pour cela qu'à conserver celle déjà existante.

Le territoire avait donc été divisé en régions et cercles correspondant aux divisions administratives, dans lesquelles les pouvoirs civils et militaires étaient réunis entre les mains de l'officier commandant, chargé de surveiller et de contrôler le fonctionnaire indigène. C'était, à peu près, l'organisation des bureaux arabes en Algérie. Le chef de la colonie prenait le titre de « résident général ».

Cette dernière charge avait été jusqu'alors remplie par les généraux en chef, aidés d'un directeur des affaires civiles et politiques. Mais, à Paris, on trouvait déjà que le Tonkin avait trop coûté d'hommes et d'argent, on craignait une nouvelle rupture avec la Chine, et l'on pensa que le meilleur moyen d'éviter tout cela était d'y envoyer un résident général civil, ayant sous ses ordres le commandant des troupes, et de commencer à réduire celles-ci.

Aussi ne fut-on pas peu surpris, dans le corps expéditionnaire d'apprendre, au commencement de l'année 1886, que Paul Bert était nommé résident général. Le général de Courcy demanda aussitôt son rappel et partit sans même attendre l'arrivée de son successeur. Il n'avait pas même un an de séjour au Tonkin. Paul Bert, qui y débarqua en avril, devait y rester moins longtemps encore.

CHAPITRE II

Administration et mort de Paul Bert. — Continuation de la lutte en Annam. — Ba-Dinh. — Opérations au Tonkin. — Occupation de Cao-Bang et Mon-Kay.

ADMINISTRATION ET MORT DE PAUL BERT. — La mort n'a pas permit à Paul Bert de donner sa mesure; elle l'emporta alors qu'il était encore dans la période des projets et des tâtonnements, inévitables dans un pays aussi neuf et aussi inconnu.

On peut cependant affirmer qu'il aurait fait quelque chose, parce qu'il avait la ferme volonté de faire et de réussir, et sa 'fin prématurée fut certainement regrettable pour le pays.

Paul Bert, résident général, ne rappela en effet que de fort loin le ministre tant soit peu autoritaire et intolérant que son nom évoquait. Sans parti pris, sans idées préconçues, sans plan préparé d'avance, — ce qui, en matière d'organisation coloniale est la pire des choses, — il se mit au travail, faisant appel à toutes les bonnes volontés et écoutant les conseils de tous ceux que leur expérience du pays mettait à même de le renseigner (1).

Il sut reconnaître les services passés et eut des égards pour tous : et pour nos généraux qui avaient conquis et commencé à organiser le pays, et pour cette vaillante

---

(1) On lui prête ce propos tenu à un haut fonctionnaire du Tonkin : « On a dit à tort que je suis intolérant ; je suis tolérant, je n'emporte pas l'article 7 dans ma malle », et en réalité il le fut.

phalange de missionnaires, premiers pionniers de la civilisation française en Extrême-Orient, qui, sous l'impulsion de leur chef éminent, Mgr Puginier, nous avaient rendu tant de services. Aussi, accueilli au début avec un peu de froideur par les uns et les autres, eut-il bientôt groupé tout le monde autour de lui, dans un même désir de concourir au but commun.

Une pareille manière d'agir ne pouvait qu'être féconde en résultats, s'il eût vécu assez longtemps pour faire œuvre durable.

Au point de vue militaire, il approuva sans réserve et poursuivit le plan du général de Courcy, qui consistait à ne prendre possession que lentement et méthodiquement du vaste territoire qui nous restait à occuper; à faire la tache d'huile, en ne faisant chaque année que ce qu'il était possible de faire, ne risquant un pas en avant qu'après avoir solidement assuré ses derrières par des postes et des voies de communication.

Préoccupé de mettre le corps d'occupation dans les meilleures conditions d'hygiène et de confort possible, il voulait lui aussi conserver assez de troupes au Tonkin pour établir un roulement entre elles, et leur permettre, après une année passée dans les postes extrêmes, forcément mal installés au début, de venir se refaire en des points du delta reconnus particulièrement sains, tels que Dap-Cau, Sept-Pagodes, Quang-Yen, où il fit même commencer la construction de vastes et confortables casernes.

On avait déjà créé en 1885 deux régiments de troupes indigènes, et cet essai avait parfaitement réussi. Il décida la création de deux autres régiments, afin de diminuer encore les fatigues imposées aux troupes européennes, qui, dans sa pensée, devaient surtout constituer une réserve en cas d'incident, toujours possible, avec la Chine, ou de soulèvement général du pays.

Enfin, il créa, dans chaque province, une compagnie de milice, sorte de garde civique, destinée exclusivement à un service de police et de gendarmerie, en même temps qu'à servir d'escorte et de garde d'honneur aux résidents.

Prévenu, comme tous les résidents et gouverneurs qui nous furent envoyés, contre l'armée et le régime militaire, il avait, il est vrai, dès son arrivée, demandé la suppression de la campagne de guerre. Mais, mieux renseigné et après s'être rendu compte de ce qui nous restait à faire, il avait lui-même demandé son rétablissement quelques mois plus tard ; si bien qu'il n'y eût même pas d'interruption dans le droit au bénéfice de la campagne double.

Au point de vue administratif, il pensa, avec raison, que le moment d'une administration directe n'était pas encore venu. Le pays n'était pas suffisamment préparé à un pareil changement, et l'inexpérience de notre personnel administratif, insuffisant en quantité et en qualité, l'aurait rendu dangereux.

Il créa et réglementa le corps des résidents tel qu'il existe encore aujourd'hui. Mais il eut du moins le bon sens de ne « laïciser » que les provinces complètement pacifiées, laissant dans les autres les deux pouvoirs, civil et militaire, entre les mains de l'officier commandant la région.

La nécessité d'assurer au plus vite des communications rapides entre tous nos postes, sollicita aussi son attention. Il créa et subventionna une Compagnie dite des messageries fluviales pour la navigation sur les fleuves du delta, qui furent bientôt sillonnés par ses steamers, et, pour les régions dépourvues de cours d'eau navigables, la création d'un réseau de routes fut aussi mise à l'étude, et une première voie carrossable de 4 mètres fut immédiatement commencée entre Phu-Lang-Thuong et Lang-Son pour assurer le ravitaillement de ce point important (1).

Dès son arrivée au Tonkin, Paul Bert avait été, selon l'habitude, présenter ses lettres de créance au roi Dong-Khan. Précédé de sa réputation de savant et de membre du gouvernement, il avait été bien accueilli à la Cour et avait produit une bonne impression sur tous ces vieux mandarins, fins lettrés, savants aussi dans leur genre, et pour qui les fonctions publiques et l'accès à la direction des affaires du pays constituent le seul but auquel doit tendre tout homme de valeur. Et cela avait amené une détente dans les relations politiques et une amélioration dans la situation générale.

Après avoir passé l'été à travailler et à parcourir le pays en tous sens pour se rendre compte sur place de ses besoins, le résident général repartit pour Hué, emportant avec lui tout un programme pour l'exécution duquel il voulait obtenir le concours politique et financier de la Cour. Ayant fait chaque fois le trajet par mer, il voulut suivre, au retour, la voie de terre, traversant ainsi les provinces les plus troublées par l'insurrection. Et c'est déjà épuisé par une dysenterie qui s'était déclarée dès son arrivée au Tonkin et par l'excès de fatigue

---

(1) Cette route, traversant tout le massif montagneux qui sépare le bassin tonkinois du bassin chinois, est considérée à juste titre comme un travail remarquable, étant données les difficultés du terrain. Elle est due à deux officiers du génie, MM. les capitaines Guyon et Joanne. Le premier fit les études préparatoires et en détermina le tracé. Très fatigué par ce travail pénible, fait en pleine brousse et pendant les mois les plus chauds de l'année, il tomba malade et mourut ou moment où les travaux allaient commencer. Son successeur, le capitaine Joanne, plus heureux, eut la satisfaction de mener à bien cette œuvre importante, et, à la fin d'avril 1887, le premier convoi de voitures parti de Phu-Lang-Thuong arrivait à Lang-Son. Cette route rendit les plus grands services jusqu'à l'achèvement du chemin de fer, en 1895. Le lieutenant Rouyer, commandant l'escorte, était adjoint à ces officiers.

de ces quelques mois de gouvernement, qu'il entreprit
ce long et pénible voyage. Il rentra à Hanoï pour s'ali-
ter et ne se releva plus. Il mourut en octobre, ayant à
peine six mois de séjour dans la colonie.

Personne ne s'étant présenté pour recueillir sa succession, force fut de laisser de nouveau nos généraux
maîtres de la situation. Les généraux Jamont et de Négrier, qui avaient demandé leur rappel, étant partis peu
après, ce fut le général Warnet qui réunit entre ses
mains, pendant environ une année, les pouvoirs civils
et militaires. En même temps, le corps d'occupation su-
bissait une première réduction, et les tirailleurs algériens étaient rapatriés.

CONTINUATION DE LA LUTTE EN ANNAM. — BA-DINH. —
Les colonnes faites en Annam pendant la campagne précédente (1885-1886), avaient eu pour premier résultat de
morceler l'insurrection, et de lui rendre difficile, sinon
impossible, tout effort sérieux.

Tuyet se décida alors à tenter un suprême effort dans
le Tham-Hoa, province du nord de l'Annam, limitrophe
du Tonkin. S'étant rendu en Chine, il en ramena, par le
Yunnan et le Song-Ma, des bandes bien armées, qui
renforcèrent les insurgés et installèrent avec eux, en
plcine rizière, à Ba-Dinh, une véritable forteresse (octobre 1886).

Une opération fut aussitôt combinée par les lieutenants-colonels Dodds et Metzinger. Mais les mouvements
des deux colonnes furent mal réglés.

Arrivant suivant des directions diamétralement op-
posées, elles se présentèrent l'une après l'autre devant
la position et furent battues séparément.

Une nouvelle attaque, faite par les deux mêmes officiers le 6 janvier 1887, et qui nous coûta une cinquantaine d'hommes et quatre officiers, ne réussissait pas
mieux.

Des renforts furent alors envoyés, qui portèrent à 3.000 l'effectif du petit corps d'opération, dont le commandement fut donné au colonel Brissaud (1). On s'efforça de réaliser l'investissement complet et matériel de la position, au moyen d'une ligne ininterrompue de gabions et de haies, de façon à empêcher sur tout le pourtour le passage d'un homme même isolé. Mais, malgré tout, quand, le 20, après une violente canonnade, les colonnes se portèrent à l'assaut, la position était évacuée.

Des colonnes légères furent aussitôt lancées à la poursuite des fuyards, qu'elles traquèrent de toutes parts, pendant que d'autres les empêchaient de se rejeter dans l'Annam central. Aussi, vers le milieu de l'année 1887, sous ces efforts réitérés de nos troupes, l'insurrection se mit à décroître peu à peu. Lassés de cette interminable lutte, les habitants commencèrent à se rapprocher de nous, et un certain nombre de chefs furent pris ou se soumirent. Mais la retraite du roi et de son premier ministre resta toujours introuvable.

Opérations au Tonkin. — Pendant que ces événements se déroulaient en Annam, des colonnes avaient aussi parcouru le Tonkin central et localisé la rébellion, toujours représentée par le Doc-Tich aux environs d'Haï-Dzuong. En même temps, le mouvement de pénétration vers les hautes régions, lent mais irrésistible, continuait simultanément à l'est, au nord-est et au nord-ouest.

En octobre 1886, une colonne sous les ordres du général Mensier avait occupé Cao-Bang sans coup férir, et le lieutenant-colonel Servière, partant de là, allait commencer cette série d'opérations qui, de 1887 à 1890, nous

---

(1) Arrivé de France au commencement de l'année, chef de ce qu'on a appelé la mission annamite, composée d'officiers de toutes armes, destinés à la création des bataillons de chasseurs annamites.

rendirent maîtres de toute cette région difficile et infestée de pirates et de réguliers chinois. Seul, presque abandonné à lui-même avec un bataillon d'Afrique et quelques compagnies du 4e tonkinois, il sut conquérir et nous attacher ce pays par une succession de brillants faits d'armes et l'application de sages mesures administratives qui le placent au premier rang parmi cette pléiade d'officiers qui se révélèrent au Tonkin.

Vers l'Ouest, des colonnes commencèrent à explorer le pays au nord et au sud de la rivière Noire, cherchant à se relier d'une part au fleuve Rouge, de l'autre au Sung-Ma, et, au début de l'année 1887, on poussa aussi dans la direction de la frontière siamoise (engagements des 11 et 17 février).

ASSASSINAT DE M. HAITCE. — OCCUPATION DE MONCAY ET DE PAC-LUNG. — A la fin de 1886, les commissions de délimitation prévues par le traité du 9 juin 1885 avaient commencé à fonctionner et s'étaient aussitôt trouvées exposées aux attaques des réguliers chinois, transformés pour la circonstance en pirates. A Lao-Kay, les lieutenants Geil et Henry étaient tués dans des rencontres de ce genre, et, à Mon-Cay, M. Haïtce, interprète de la commission, envoyé en avant avec une faible escorte pour s'aboucher avec les commissaires chinois, était assassiné, à leur instigation, par les gens de Tong-Hin (novembre 1886).

La ville de Mon-Cay, située sur le Sung-Ca-Lo, en face de Tong-Hin, était exclusivement chinoise, comme quelques autres localités du Tonkin voisines de la frontière (Ky-Lua, Cao-Phong, Na-Dzuong), toutes centres de marchés importants. Aussitôt l'attentat connu, elle fut occupée par le lieutenant-colonel Dugenne, avec le bataillon de chasseurs. Mais on la trouva déserte : les habitants, craignant des représailles, avaient tous émigré sur la rive droite du fleuve.

De Mon-Cay, le colonel dirigea alors de nombreuses colonnes le long de la frontière chinoise et dans la région contestée d'Hoang-Mo, à la recherche d'un ennemi qui ne se montra pas. Ces colonnes ne donnèrent donc lieu à aucune rencontre, et leurs marches furent seulement rendues pénibles par les difficultés du terrain et l'époque avancée de l'année à laquelle elles se faisaient. C'étaient les premières opérations auxquelles prenait part le bataillon de chasseurs; elles suffirent à rendre complètement indisponible cette troupe d'élite. Débarqué le dernier au Tonkin, ce bataillon en partit le premier, en juillet 1887.

L'occupation de Mon-Cay avait eu pour corollaire celle de Pac-Lung, enclave annamite en territoire chinois (colonnes de Trentinian et Pinon, janvier 1887). L'insignifiance de ce lopin de terre, son insalubrité, la difficulté des communications, qui se faisaient par mer avec Mon-Cay, en firent décider l'évacuation définitive et l'abandon à la Chine au mois d'août de la même année.

Aucun événement militaire saillant n'est à signaler pendant les derniers mois de 1887 dans le delta, où de grands changements s'effectuaient. Seul, le colonel Servière, continuant son mouvement d'extension, installait les postes de Phuc-Hoa et de Trung-Khan-Phu, en octobre, et entreprenait en décembre cette marche hardie vers les lacs Ba-Bé, au delà desquels il se reliait avec une autre colonne partie de la rivière Claire, établissant à Bac-Mé un poste de liaison entre cette vallée et celle du Sun-Cau.

ARRIVÉE DE M. BIHOURD. — RAPATRIEMENT DES TROUPES DE LA GUERRE. — Il y avait près d'un an que, Paul Bert étant mort, nos généraux avaient repris en mains la direction des affaires.

Au commencement de 1887, le gouvernement avait embarqué à destination d'Hanoï M. Bihourd, ancien résident général à Tunis, et décidé le rappel successif de toutes les troupes de la guerre et le retour de la colonie à l'administration de la marine.

Dès l'arrivée du nouveau résident général, ces projets reçurent un commencement d'exécution. Le général Warnet rentra en France, en laissant dans la colonie un excellent souvenir de son trop court passage aux affaires; puis les rapatriements commencèrent, de sorte qu'à la fin de l'année le corps expéditionnaire ne comprenait plus qu'une division à trois brigades, sous le commandement du général Munier.

Avec l'année 1887, se termine le rôle des officiers généraux de la guerre, dont les derniers rentrèrent au commencement de l'année suivante.

D'abord, la conquête brillante et rapide du cœur du pays, puis l'extension progressive vers les frontières, en ne laissant en arrière que des provinces pacifiées, solidement occupées et organisées, telle avait été leur œuvre, pendant ces quatre ans. Il eût fallu persévérer dans cette voie longtemps encore, en conservant les effectifs nécessaires, au lieu de tout sacrifier à on ne sait quel esprit politique étroit, de compromettre les résultats déjà acquis, et de mettre en péril l'existence même de la colonie par des mesures prématurées.

On se fût épargné beaucoup de mécomptes, on eût économisé beaucoup d'existences et d'argent, et l'on eût avancé de plusieurs années le développement et la mise en valeur de la colonie.

DEUXIÈME PÉRIODE DE 1888 A 1891

CHAPITRE III

Départ des troupes de la guerre. — Passage de la colonie à
la marine. — Substitution de l'autorité civile à l'autorité
militaire. — Occupation des régions extrêmes. — Principaux
événements militaires des années 1888 et 1889.

Cette période de quatre ans fut lamentable pour notre
prestige, pour la solidité de notre installation, qu'elle
compromit singulièrement, et pour le développement
de la colonie, qui subit un arrêt complet. Cet état de
choses était dû à plusieurs raisons : insuffisance des
troupes de la marine à garder et à administrer un territoire aussi vaste; mauvaise composition du cadre des
résidents; manque d'argent; animosité extrême entre
l'autorité civile et l'autorité militaire.

Cette période débute en effet par la substitution de la
marine à la guerre dans l'administration du Tonkin.

« Cette substitution, dit Mat-Gioï dans son *Tonkin
actuel,* ne pouvait pas être heureuse. Elle n'avait qu'une
seule raison d'être avouée, une raison par comparaison :
c'est que toutes nos autres colonies étaient occupées
exclusivement par les troupes de la marine et gérées
par leur administration.

» Il y en avait bien aussi une autre qu'on n'avouait
pas; c'était le refus absolu des généraux de la guerre,
conquérants et, pendant quatre ans, administrateurs du

Tonkin, de céder le pas aux autorités civiles, pour n'être plus qu'en sous-ordres. Des hommes comme les généraux Jamont et Warnet pouvaient difficilement se résoudre en effet, après avoir commandé en chef, à accepter un rôle subalterne et ils préférèrent s'en aller tout à fait. Les chefs militaires de la marine, inconsciemment ou non, en recueillant leur héritage, n'occupèrent plus qu'une situation amoindrie, et, pour bien le marquer davantage, l'autorité civile ne voulut même plus avoir que des généraux de brigade, afin de mieux les tenir à sa discrétion par la promesse ou le refus de ce qu'elle pouvait encore leur faire obtenir (1). .

» Donc le changement eut lieu, et il ne vint pas à l'idée qu'un système qui avait donné de bons résultats à Tahiti, à la Réunion, à la Martinique, au Sénégal, pouvait en donner de détestables au Tonkin.

» En effet, si quelques compagnies d'Européens avaient pu suffire dans des colonies comme la plupart de celles que nous possédons, qui sont des ports de refuge ou d'approvisionnement, ou des enclaves, ou des îles peu peuplées, il ne pouvait en être de même au Tonkin. Il y fallait des administrations, des services, des rouages étendus, et pendant longtemps encore des troupes nombreuses et aguerries. C'était une Algérie asiatique à soumettre à un régime militaire régulier et organisé, et non pas à exposer aux expériences d'un régime civil, prématuré.

» Déjà, en 1887, étaient rentrés quelques bataillons (23ᵉ, 111ᵉ, 143ᵉ et le bataillon de chasseurs). Le passage de la colonie à la marine fut le signal du départ de toutes les troupes et services de la guerre qui restaient

---

(1) Pendant cette période, le général ne fut plus désigné que sous le titre de « général commandant supérieur des troupes en Indo-Chine ». L'appellation de « général commandant en chef » ne fut reprise qu'en 1892.

encore; et ce fut le général Bégin qui vint prendre le commandement des troupes d'occupation. En même temps qu'on réduisait les troupes au delà des limites raisonnables, on diminuait aussi les administrations du Trésor, du ravitaillement, le service de santé et les commissaires successeurs des intendants.

» Or, l'administration de la marine ne disposait à cette époque que d'un personnel restreint et éparpillé dans toutes les colonies. Du reste, eût-il été réuni au grand complet qu'il n'aurait pas suffi à la seule gestion des services de l'Indo-Chine.

» Insuffisant en quantité, ce personnel l'était surtout en qualité. N'ayant jamais opéré que dans de petites colonies tranquilles, où la facilité des communications, l'abondance des ressources et la réunion des troupes dans un espace restreint facilitaient singulièrement leur besogne, les commissaires de la marine se montrèrent tout à fait au-dessous de leur tâche lorsqu'il leur fallut ravitailler des colonnes et des postes lointains, organiser des convois qui avaient de trente à quarante jours de marche pour arriver à destination, prévoir enfin les besoins des troupes européennes disséminées dans les hautes régions et les pourvoir à temps. Ils n'étaient nullement préparés à une situation aussi nouvelle pour eux.

» Enfin, les troupes mêmes de la marine quelque braves qu'elles fussent, ne pouvaient pas suffire à la tâche qu'on avait réclamée pour elles. Il n'existait encore que quatre régiments, qui, épuisés par les pertes de la double campagne du Tonkin et de Madagascar, où ils avaient envoyé tous leurs vieux soldats, ne purent fournir pour remplacer les troupes de la guerre que des squelettes de compagnies qu'on réunit en régiments de marche, composés pour la plupart d'éléments parisiens indisciplinés et de jeunes volontaires qui, ayant à peine dépassé la limite d'âge inférieure des engagements, n'avaient ni la force physique ni l'énergie morale nécessaires pour, dans un pays semblable, savoir commander et pouvoir obéir.

» Ils furent rapidement en proie au dégoût et aux maladies : ils souffrirent plus que d'autres, étant moins robustes, et la mauvaise santé, la mauvaise volonté qui en résultèrent firent que, pendant longtemps, ils ne menèrent à bien aucune des besognes qui leur furent confiées; d'autant plus qu'à ce même moment leurs cadres étaient très appauvris par la formation toute récente des trois régiments de tirailleurs, qui leur avaient pris leurs meilleurs et plus anciens sous-officiers.

» Le moment était donc mal choisi pour opérer cette substitution. Et l'état-major de la marine s'en rendit lui-même si bien compte qu'on implora de la guerre le maintien d'un bataillon d'Afrique et des quatre bataillons de la légion étrangère.

» Ce fut par ces changements et ces réductions que débuta l'année 1888 et que commença, avec elle, la plus triste période de l'histoire du Tonkin. Le corps expéditionnaire se trouvait ainsi réduit à 8.000 hommes de troupes européennes et 12.000 de troupes indigènes, commandées par un général de brigade avec un autre moins ancien en sous-ordre, mais pourvues d'un personnel administratif et sanitaire absolument insuffisant. Le tout sous la dépendance absolue de l'autorité civile et des résidents, qu'on envoya partout, même dans les territoires extrêmes. Et, comme celle-ci, pour justifier sa prise de possession, avait déclaré la pacification complète, on retira à l'armée régulière et on donna aux seules milices civiles, augmentées dans ce but, le droit de poursuivre non pas les rebelles, ni les pirates, puisqu'ils ne devait plus y en avoir, mais les voleurs de bœufs qui désolaient seuls le pays.

» Ces milices, composées cependant en majorité d'anciens tirailleurs, mais commandées par des cadres insuffisants et recrutés on ne sait comment, se sont toujours ressenties de la précipitation et du décousu de leur organisation. Et, quand on leur eut appris à bien se battre, elles n'arrivèrent jamais qu'à être bien battues.

» Néanmoins, leur effectif, constamment accru, s'éleva à un moment jusqu'à 12.000 hommes, véritable armée à la disposition des résidents qui jouèrent dès lors aux militaires. La milice sortait ainsi complètement du rôle pour lequel elle avait été créée.

» Quant à nos troupes, on les dissémina sur des territoires immenses, qu'elles n'avaient pas la force de garder et où la maladie, les privations, les fatigues ne tardèrent pas à les atteindre et à les inutiliser. Car, par une inconséquence qui, partout ailleurs que chez nous, eût semblé monstrueuse et inacceptable, on réduisait les effectifs au moment précis où on doublait l'étendue du territoire à garder. »

L'article 1ᵉʳ du traité du 9 juin 1885 disait en effet : « La France s'engage à établir l'ordre dans les provinces limitrophes de la Chine, et à l'y maintenir; à respecter et à garantir la frontière sino-annamite. » Or, si, en quelques points, comme Mon-Cay, Lang-Son, Cao-Bang, Lao-Kay, nous touchions déjà à la frontière, partout ailleurs nous en étions encore fort éloignés, et pirates et anciens soldats chinois licenciés s'en donnaient à cœur joie, pillant et incendiant tout ce que nous n'occupions pas.

La Chine se moquait pas mal, en réalité, de cet état de choses, dont elle n'avait nullement à souffrir, attendu que jamais ces bandes de pirates ne franchissaient la frontière. Cependant, parfaitement au courant des polémiques auxquelles l'occupation du Tonkin donnait lieu en France et sachant bien dans quel embarras elle allait nous mettre, elle nous invita, à la fin de 1887, à com-

pléter au plus tôt notre occupation des provinces limitrophes, se plaignant de notre lenteur à le faire, donnant même à entendre que, si nous ne nous sentions pas
assez forts pour y rétablir l'ordre, elle serait obligée
de le faire elle-même, afin d'assurer la tranquillité sur
ses frontières.

Cette sorte de mise en demeure affola quelque peu
nos gouvernants; mais, comme on ne voulait pas avouer
la vérité, ni arrêter le départ des troupes, on dégarnit
complètement l'Annam, qu'on abandonna aux milices,
et l'on supprima la plupart des postes du delta et de
la région moyenne, qui avaient cependant bien besoin
d'être encore longtemps occupés. Et les troupes, rendues
ainsi disponibles, furent alors d'un seul coup envoyées
aux confins du pays. Ce fut ainsi que, pendant les premiers mois de 1888, en même temps que l'on s'étendait
vers l'Ouest jusqu'à la frontière siamoise, on complétait
en toute hâte l'occupation de toutes les hautes vallées
avec les postes de Soc-Giang, sur le Sung-Bang-Giang;
Bao-Lac, sur le Sung-Gam; Ha-Giang, sur la rivière
Claire; Hoang-Tu-Bi, sur le Sung-Chay, les reliant ensuite
entre elles par quelques autres postes disséminés
au milieu de massifs montagneux pauvres, peu peuplés,
sans voies de communication et devenus, depuis la fin
des hostilités, le domaine exclusif des bandes de pirates.

« Il ne resta donc plus à l'intérieur que la milice sous
les ordres des résidents, qui, saisis de la passion qui suit
toujours les nouveaux arrivants au pouvoir — l'or-
gueil — ne se firent pas faute de molester nos vieux
officiers conquérants du pays. Il fallait bien montrer
que le temps du général de Négrier était passé. En conséquence, le mot d'ordre fut de tout refuser à l'armée,
d'humilier le plus possible l'uniforme, et ce droit fut
même conféré aux Annamites.

» Ce fut à cette époque qu'on vit un Quanphu (1) refuser un guide à un capitaine égaré avec sa reconnaissance et refuser même de le recevoir, prétextant que sa dignité était plus élevée dans la hiérarchie annamite que celle du capitaine dans la hiérarchie française. L'officier força la consigne et fut puni pour avoir manqué de respect au mandarin.

» Quelques reconnaissances militaires furent encore faites à cette époque; ce furent les dernières. Telle était la situation vers le milieu de 1888, Constans étant gouverneur et les généraux Bégin et Borgnis-Desbordes commandants des troupes.

» Depuis le commencement de l'année, l'union indochinoise était, en effet, un fait accompli. Le Tonkin, l'Annam, la Cochinchine et le Cambodge ne formaient plus qu'une unité administrative, sorte de vice-royauté dont le titulaire prenait le nom de gouverneur général.

» Ce fut M. Constans qui, le premier, arbora ce titre, succédant à Bihourd et à Berger, qui n'avaient fait que paraître et disparaître dans l'espace de quelques mois. Lui-même ne prolongea pas outre mesure son séjour dans la colonie, et, après s'être assuré que, selon sa propre expression, il n'y avait plus au Tonkin que quelques voleurs de vaches, il laissa, vers la fin de l'année, la place à M. Richaud.

» Le résultat de cet état de choses ne se fit pas longtemps attendre. Pirates et rebelles relevèrent la tête et redoublèrent d'audace, et de nouveaux chefs surgirent de toutes parts dans le delta même, dont les principaux furent le Doï-Van, le Caï-Kin et surtout Luu-Ky. Dans la haute région, nos troupes, dispersées sur un immense territoire, en un pays pauvre et inconnu, au milieu

---

(1) Fonctionnaire administrant une subdivision de la province. Peut être comparé à un préfet.

d'une population encore hostile, occupant des postes trop fàibles et trop éloignés les uns des autres, sans communications avec le delta et les centres de ravitaillement, bloquées par les pirates, qui attaquaient et dispersaient les convois, manquant de munitions, de vivres, de vêtements, de médicaments, ne pouvaient que se faire tuer sans profit pour personne. Et, dans le delta, les premiers voleurs de vache qui furent rencontrés par nos miliciens les battirent à plate couture.

» Jamais pareille déception ne s'était produite. Ce fut un signal général; pirates et rebelles devinrent les maîtres du pays. Les provinces qui n'avaient jamais été bien tranquilles, comme celles de Bac-Ninh et de Haï-Dzuong, le Tam-Dao, le Bay-Say, devinrent la proie des pillards et on eut le plaisir de ne pouvoir sortir d'Hanoï, de Son-Tay, et d'Hung-Hoa sans risquer d'avoir la tête coupée. » (Mat-Gioï, *Tonkin actuel.*)

Cette année 1888 fut marquée par une lamentable série de surprises et d'enlèvements de postes, d'attaques de convois, d'assassinats de colons, dont les principaux furent :

Janvier. — Affaire de Da-Bac : mort du lieutenant de Marriens.

Avril. — Prise et incendie par le Doc-Tich du poste de Yen-Léou, remis depuis quatre jours à la garde civile.

Juillet. — Massacre du détachement Tessandier-Laubarède, par le Doï-Van, aux portes d'Hanoï (infanterie de marine).

Octobre. — Surprise et pillage d'un convoi à Huong-Son, sur le Sung-Cau. Assassinat de M. Nicolas. Affaire de Lac-Dao.

Novembre. — Incendie et prise du poste de Noiky. Attaque d'un convoi sur la route de Lang-Son. Affaire de Bien-Dong.

Décembre. — Surprise et enlèvement des postes de Thau-Lung et Quangoai. Assassinat de MM. Maguin et Doucet. Attaques de reconnaissances à Auvi et Phu-Lo. Surprise d'un convoi à Sui-Gans. Pillage de Gom. Surprise et enlèvement du poste de Yenphong. Combat de My-Hoa : mort du capitaine Reynier. Enfin, pour finir l'année, surprise du blockhaus de Mon-Cay livré par la trahison d'un sergent indigène : sergent de Speyr et 22 légionnaires massacrés.

En même temps, la révolte se rallumait dans l'Annam, presque dégarni de troupes.

Les indigènes, obligés de ménager la chèvre et le chou, voyant notre peu de succès et l'inefficacité de notre protection, venaient bien dénoncer les pirates, mais les avertissaient en même temps de notre arrivée, et les aidaient à fuir, pour éviter des représailles. Quand un village était convaincu d'avoir, même involontairement, reçu les pirates, il était brûlé, système de répression qui ne pouvait que nous faire de nouveaux ennemis.

« Les vols d'armes et de munitions se multipliaient. Les surprises des convois, des escortes, des voyageurs se renouvelaient de plus en plus fréquemment, toujours couronnées de succès. Les autorités aux abois ne savaient plus que penser ni que faire, le besoin d'un grand coup se faisait sentir. La fameuse colonne Cho-Chu-Cho-moï fut alors remise à l'ordre du jour et confiée au général Borgnis-Desbordes en janvier 1889.

» C'était Luong-Tam-Ky et Ba-Ky qui occupaient ces deux points. Ils s'étaient établis au Tonkin, comme tant d'autres chefs chinois, à l'époque des Pavillons-Noirs, alors que la Chine lançait contre nous toutes les bandes du Quang-Si et du Quang-Toung, qu'elle avait elle-même été incapable de dompter. Trouvant dans les environs de Thaï-Nguyen et Cho-Chu, des vallées et des forêts qui leur plurent, ils s'y établirent après la paix avec leurs partisans, considérablement augmentés de réguliers chinois licenciés.

» Ils se créèrent là un petit fief, où ils faisaient la contrebande des armes et des munitions, de l'opium, et le commerce des femmes, formant ainsi au centre du Tonkin une véritable puissance à laquelle on n'avait pas encore osé s'attaquer, et qui, malgré des échecs plus apparents que réels, demeura longtemps encore menaçante.

» D'une part, ils communiquaient avec la Chine à travers les hautes régions, que nos postes gardaient si mal, et, de l'autre, ils étaient si voisins du delta qu'ils pouvaient y tenter à chaque instant des coups de main fructueux, et contribuaient fortement à y entretenir l'agitation contre nous. Etant voisins et ayant des intérêts communs, ils s'entendirent toujours pour nous combattre et nous résister.

» Ba-Ky avait à Cho-Moï 500 à 600 partisans, et son réduit, très bien fortifié, était défendu par une ligne de rochers naturels. Le général Borgnis-Desbordes l'emporta avec plus de vigueur que d'habileté le 20 janvier, en y perdant près de cent cinquante hommes et huit officiers, ce qui atterra tellement tout le monde, au Tonkin, qu'on n'en avoua que la moitié en France. Quelques jours plus tard, le 2 février, Cho-Chu tombait également en notre pouvoir sans grandes pertes. On crut les pirates terrorisés. Quinze jours après, les assassinats, les révoltes, les incendies recommencèrent.

» Les administrateurs civils s'improvisèrent alors généraux, et, à la place des bataillons indigènes supprimés, des bataillons européens rapatriés, augmentèrent de 7.000 hommes leurs troupes de milices.

» Malgré leur nombre, celles-ci continuèrent à se faire battre dans toutes les rencontres. Ce fut un coup terrible pour nos nouveaux maîtres.

» Alors, ne voulant pas avoir recours à ceux qui, seuls, auraient pu les sauver, réduits à leurs propres et risibles ressources, aux prises avec la révolte sourde grandissant partout et tous les jours, n'osant se déjuger si vite, ni avouer la vérité, et voyant l'œuvre des autres compromise par leur impéritie, ils adoptèrent une manière nouvelle de réduire la piraterie, et l'ère des soumissions achetées très cher commença.

» Mais chacune d'elles était une calamité. Le chef soumis avait au moins deux lieutenants, qui devenaient chefs à son départ, et tiraient chacun de leur côté. La piraterie était comme l'hydre; on lui coupait une tête, il lui en renaissait deux. Puis ces soumissions n'étaient souvent qu'apparentes, qu'une vaste comédie dont nous étions dupes. L'une des plus célèbres en ce genre fut celle du Doï-Van.

» Vers le milieu de 1889, le Doï-Van, traqué par la colonne de police du Tong-Doc, d'Haï-Dzüong, fit sa soumission. Sans doute, il n'était pas indispensable que le résident supérieur M. Parreau, le reçût chargé de chaînes. Mais on lui fit faire une entrée triomphale à Hanoï. Il y vint à cheval, entouré d'une garde particulière : trois cents pirates, fusil sur l'épaule, défilant en pompe derrière lui. On lui fit voir toujours dans le même cortège, les beautés de la capitale, on l'initia aux merveilles de la civilisation et aux secrets du télégraphe. On lui donna de beaux appartements, et on fit cadeau à chacun des hommes de sa garde d'un fusil et de munitions.

» Cette nuit-là, si le Doï-Van avait voulu, Hanoï était mis à feu et à sang et la colonie française exterminée. Le lendemain, il n'y avait plus de Doï-Van. Pendant la nuit, heureux de s'être payé notre tête, il avait levé le camp avec sa garde, ses pirates et ses fusils.

» Cette fois, les habitants d'Hanoï trouvèrent la plai-

santerie mauvaise, et résident et gouverneur ne furent
pas peu surpris d'apprendre un peu plus tard que le
maire et le conseil municipal, négligeant pour une fois
la voie hiérarchique, avaient directement réclamé au
ministère contre la fantaisie au moins bizarre qui avait
mis la capitale du Tonkin à la disposition et à la merci
d'un bandit.

» Cet incident amena un balayage général de fonctionnaires. Le gouverneur général, le résident supérieur
en Annam et celui du Tonkin furent rappelés en France
et relevés de leurs fonctions, sans autre forme que celle
du langage impersonnel de la télégraphie. Mais cela
n'améliorait pas beaucoup la situation. M. Richaud fut
remplacé par M. Piquet, et il n'y eut rien de changé au
Tonkin. » (Mat-Gioï, *Tonkin actuel*.)

Le Doï-Van ayant repris la campagne, il fallut le réduire, et des colonnes sous les ordres du commandant
Prétet et du capitaine Pegna furent organisées pour lui
donner la chasse. Le résultat en fut heureux, mais il
nous coûta cher et ne fut atteint qu'après les combats
du 28 août, du 3 (Thuong-Lam) et du 15 septembre,
qui coûtèrent la vie à trois officiers (capitaine Le Nour-
richel, lieutenants Ollivier et Savy). Enfin, traqué de
toutes parts, il fut pris et renvoyé à Hanoï, où il fut
exécuté malgré l'intercession singulière de l'évêque espa-
gnol de Bac-Ninh, qui, pour sauver ce brigand, alla jusqu'à menacer le résident supérieur d'un soulèvement
général de la province. Le Doc-Tich, très atteint lui aussi
par cette exécution et craignant un sort semblable, fit
sa soumission peu après.

L'année 1889 s'acheva, comme 1888, dans le sang, le
pillage et l'assassinat, sans autre fait saillant que les
mille petites surprises journalières et attaques des convois et des reconnaissances qui, presque toujours, se terminaient à notre désavantage, entre autres l'affaire de

Mong-Cong, qui coûta la vie au lieutenant Marfond, et celle de Ngoï-Duong, où trouva la mort le lieutenant Margaine.

A Cao-Bang, pendant une absence du colonel Servière, occupé ailleurs, des bandes vinrent attaquer et bloquer le poste optique en vue de la place, sans que la garnison de celle-ci, trop faible, pût les déloger.

Après avoir mangé leur dernier biscuit, brûlé leur dernière cartouche et brisé les appareils, les deux télégraphistes et les six légionnaires qui occupaient ce poste, véritable nid d'aigle au point culminant d'un massif rocheux, s'échappèrent avec une rare audace, en glissant le long d'une paroi verticale de 20 mètres de haut, à l'aide de leurs ceintures de laine, et rentrèrent sains et saufs à Cao-Bang. Les garnisons de cette région étaient si faibles qu'on dut aller jusqu'à Phu-Lang-Thuong chercher, comme renfort, la section hors rang des deux bataillons de la légion, une centaine d'hommes, qui, même à marches forcées, n'avaient pas moins de huit jours de route pour atteindre Cao-Bang.

L'insurrection ayant repris en Annam l'année précédente, on avait dû y renvoyer quelques troupes. Celles-ci, après de nombreuses battues et plusieurs mois de recherches, réussirent à s'emparer du roi (novembre 1889), qui fut interné en Algérie. Cette capture mit fin à cette interminable lutte, qui durait depuis 1885, et désormais l'Annam resta tranquille. Tuyet passa alors en Chine et continua à lutter contre nous en opérant la coalition des bandes chinoises de la province de Cao-Bang, dont il chercha à diriger et à coordonner les efforts, et en nous suscitant de nouveaux ennemis, comme le De-Kieu et le Doc-Ngu.

CHAPITRE IV

**Situation faite aux troupes européennes dans la haute région. —
Casernement. — Vivres. — Service sanitaire.**

Mais, avant d'aller plus loin, il est nécessaire d'entrer
dans quelques détails sur la situation navrante faite aux
garnisons occupant les postes de la haute région pendant
cette époque si troublée.

« Matériellement parlant — lit-on dans le *Tonkin
actuel* — les postes des régions hautes n'existaient guère, les chemins qui les reliaient n'existaient pas.
Le logement, l'habillement, la nourriture, le service sanitaire étaient également défectueux. Personne ne pouvait appeler casernes, magasins ou hôpitaux, les cain-
has en paillottes que l'on construit le matin, et que le
vent emporte le soir, dont le toit est également traversé
par la pluie et par les rayons du soleil.

» Les cases des Européens étaient construites en treillis de bambous ou de roseaux similaires, recouverts d'un
mince torchis, et le toit fait de paillottes, d'algues, ou de
paille de riz. Le vent passait par les murs, le soleil et la
pluie par les toits. A chaque orage, les constructions
étaient plus ou moins démantelées, les paillottes em-
portées, les murs entr'ouverts. Le plancher, se compo-
sant de terre nue, devenait un véritable cloaque. Les
hommes couchaient sur des lits de camp en bambous
avec de mauvaises paillasses, et, n'ayant que la demi-
couverture de campement, étaient obligés de coucher
habillés pour ne pas souffrir de l'abaissement de la température, très sensible, pendant l'hiver, dans les hautes
régions.

» Ces installations sommaires, faites dès les premiers jours de la création des postes, n'étaient, bien entendu, que provisoires et devaient toujours être remplacées à bref délai par des constructions en briques. Aussi, à peine un poste était-il installé que l'officier commandant était appelé à fournir un devis avec plan, coupe, élévation des bâtiments définitifs qu'il projetait. Il faisait son devis, ses plans et demandait 500 francs. On lui en accordait 200 pour commencer; mais, comme il n'y avait jamais un sou dans les caisses des hautes régions, il attendait indéfiniment la somme, Ne pouvant, sans argent, embaucher des travailleurs indigènes, il commençait, en attendant, à faire des briques avec les tirailleurs, du terrassement avec les Européens et avait au bout d'un mois, tout son monde sur le flanc. Les travaux, sans cesse contrariés par les sorties et reconnaissances, le temps, les entreprises des pirates, étaient arrêtés ou marchaient avec une lenteur déplorable, et, un an après, le poste était dans le même état. Les plus heureux étaient arrivés à fabriquer quelques milliers de briques.

» L'habillement n'était jamais renouvelé. Les soldats européens expédiés, tout à coup, à de grandes distances des postes de ravitaillement et des magasins, par les plus mauvais chemins qui soient au monde, avaient fait la route avec, suivant la saison, leurs vêtements d'été ou d'hiver : ils étaient donc arrivés pourvus de peu et n'ayant que ce qu'ils avaient sur le dos. Des ballots contenant les sacs et le reste des effets étaient déposés au transit et devaient monter par convoi. Ils arrivaient un mois, six semaines après les détachements, toujours à moitié vides, et les effets pourris par la pluie, le soleil et l'humidité, étaient vite achevés et usés au poste par les reconnaissances, les passages des arroyos, et enfin les rats, qui pullulent et auxquels rien ne résiste. Trois mois après leur arrivée dans ces postes, les hommes n'avaient plus rien à se mettre. Le remplacement des effets perdus ou arrivés au terme de leur durée s'effectuait mal, ou ne s'effectuait pas du tout. Il n'y avait pas un seul magasin d'habillement dans toute la onzième région.

» Cette région, qui comprenait les territoires de That-Khé et de Cao-Bang, avait ses postes extrêmes à au moins vingt-deux jours, — souvent davantage à la saison des pluies — de Phu-Lang-Thuong, d'où partaient tous les convois de ravitaillement. Les distances et les difficultés étaient encore plus considérables sur le Sung-Gam et la rivière Claire, et, enfin, pour certains postes de la rivière Noire et du Sung-Ma, il fallait jusqu'à six semaines.

» Au delà de Son-La, la rivière Noire n'est plus que très difficilement navigable, même par les pirogues, sur lesquelles les barrages, les rapides, les tourbillons exercent une sélection terrible. Le premier convoi qui remonta au delà de ce point, composé de trente et une pirogues, en perdit dix-sept. Le deuxième, composé de quinze, coula en entier à la suite d'une crue subite.

» Encore sur Cao-Bang pouvait-on organiser des convois libres qui arrivaient le plus souvent. Mais, sur les autres lignes de ravitaillement, il n'y fallait pas songer; les pirates interceptant les communications, pas un ne serait arrivé. »

Pour ravitailler ces régions, on mettait alors en mouvement, chaque année, à l'automne, de fortes colonnes, qui, traînant à leur suite des convois considérables, faisaient la tournée des postes et les ravitaillaient pour un an. Ces colonnes passaient souvent ainsi à quelques kilomètres de bandes pirates dont on feignait d'ignorer le voisinage, et celles-ci, de leur côté, qui ne se risquent que rarement à nous attaquer quand nous sommes en forces, nous laissaient passer.

C'était jour de joie et de fête pour ces postes perdus dans les régions extrêmes que l'arrivée de ces colonnes. La satisfaction de recevoir des vêtements, du linge, des vivres s'ajoutait au plaisir de voir des figures nouvelles. Souvent aussi, on profitait de leur présence et de la sécurité momentanée qu'elles assuraient pour faire, en leur empruntant quelques hommes, une opération contre une bande voisine devenue trop gênante et élargir un peu le cercle dans lesquel les pirates vous emprisonnaient. On échangeait enfin ses malades contre des hommes bien portants. Puis la colonne repartait. On la regardait s'écouler lentement, prodigieusement allongée par son convoi, ses malades, et, quand le dernier homme avait disparu, on songeait, non sans un serrement de cœur, que l'on en avait pour une nouvelle année à lutter, sans trêve ni merci, contre les éléments, les hommes, les privations, les fatigues et la maladie.

« Plus encore que l'habillement — dit Mat Gioï dans son *Tonkin actuel* — les vivres avaient à souffrir des mauvaises conditions de transport et de conservation. On comprendra sans peine que l'eau, le soleil, le trimbalement sur de longues routes par des mains inexpérimentées, les bains forcés dans les gués ou dans les rapides produisaient un déchet considérable sur les vivres que l'on recevait. Une grande partie du vin était aigri et imbuvable, la farine fermentée; le biscuit, le café ne valaient guère mieux; le sucre était à moitié fondu : la viande de conserve seule restait bonne. Dès l'arrivée des convois, il fallait donc condamner tout ce qui n'était plus consommable; et, bien que ce déchet fût prévu et le nombre de rations majoré en conséquence, comme les denrées continuaient à s'avarier sous les mauvaises paillotes qui servaient de magasins, il n'était pas rare de se trouver, avant l'arrivée du convoi suivant, sans pain, ni vin, ni café, pendant quinze jours, un mois quelquefois, n'ayant plus que du biscuit et de la conserve. On vivait alors à la mode annamite, on mangeait du riz rouge de montagne, du pourpier, de l'aréquier, du bananier, du bambou. On buvait du thé ou bien de l'eau, ce qui n'empêchait pas de travailler aux terrassements du poste, de faire les étapes, de gravir les montagnes et de passer dans les arroyos jusqu'à la ceinture, pour se battre après.

» Sans vêtements, sans vivres suffisants, on était aussi sans médecins et sans médicaments. Il n'existait d'hôpitaux que dans le delta, et de médecins que dans les postes chefs-lieux de région, d'où ils ne pouvaient sortir pour visiter leur circonscription sanitaire, par suite de l'impossibilité où l'on se trouvait, le plus souvent, de leur assurer une protection efficace. Dans les autres, c'étaient donc les officiers commandants de poste qui, armés d'une circulaire médicale du docteur Dujardin-Beaumetz en faisaient l'office, passant les visites, distribuant les médicaments, décidant les évacuations.

» Quelle que soit sa bonne volonté, et même son expérience de la colonie, s'il a eu le temps d'en acquérir, on ne peut pas exiger d'un officier qu'il connaisse et sache traîter les mille sortes d'accidents palustres si fréquents dans ces régions, ni surtout les maladies d'intestins, contre lesquelles il ne lui reste qu'une ressource, l'évacuation. Aussi, à combien d'erreurs involontaires et innocentes, quantité d'Européens et d'indigènes n'ont-ils pas dû la mort dans ces postes abandonnés !

» L'évacuation elle-même n'était qu'un moyen extrême, car un homme encore assez fort pour supporter les fatigues d'un voyage de quinze à vingt jours, plié en deux dans un hamac porté à dos de coolies n'était pas jugé suffisamment malade pour être évacué. Puis c'était un fusil de moins : on espérait toujours le voir se remettre; de sorte que trop souvent on évacuait trop tard, à un moment où l'évacuation tuait presque infailliblement.

» Avec cela les médicaments n'arrivaient qu'en petite quantité et en mauvais état. Les plus usuels même, tels que laudanum, bismuth, quinine, sulfate de soude, manquaient souvent. Aussi, quelle que soit la route que l'on fasse dans ces hautes régions, partout, sur le bord des sentiers, sur la route même, sur les plateaux, dans le lit des ruisseaux, sous les forêts noires d'ombre, on rencontre des croix grossières, ou de légers renflements du sol cachés dans les hautes brousses, sous lesquels ceux qui sont restés en arrière — et sur la tombe de qui personne ne peut plus mettre de nom — montent une garde funèbre. Jamais tant de dévouement ignoré n'aura été dépensé avec autant de gaieté de cœur, et jamais plus inutilement n'auront disparu tant de braves gens.

» Les caisses des hautes régions étaient toujours vides, le plus clair résultat de l'union indo-chinoise ayant été la suppression de la subvention de la métropole. Dès lors, il devenait impossible, malgré les réductions faites sur tout, d'équilibrer le budget, qui, chaque année, était en déficit.

» Mais, comme le pays était, paraît-il, pacifié, et qu'il fallait avant tout donner aux résidents des traîtements de ministre, leur bâtir des palais, créer un champ de courses et des boulevards à Hanoï, y subventionner une troupe théâtrale, c'était sur le budget militaire, déjà très insuffisant, que l'on rognait sans cesse.

» Quand il y avait manque d'argent, la règle eût été de ne rien acheter. Mais cela durait parfois si longtemps que, bon gré mal gré, il fallait acheter quand même. Il fallait bien des bœufs, des coolies, du riz. On s'adressait alors aux autorités indigènes, qui, étant annamites, étrangères par conséquent à cette population tho, qu'elles traitaient toujours en peuple conquis et pressuraient sans pitié, razziaient et prenaient sans rien payer, disant — ce qui était vrai — qu'on ne leur avait pas donné d'argent. Puis, quand le jour du payement arrivait, elles se partageaient les piastres, de sorte qu'aux yeux des habitants réquisitionnés nous passions pour les avoir volés. »

Cela n'était pas fait pour nous attacher une population déjà ruinée par la piraterie, et aux yeux de laquelle nous n'agissions pas autrement. Trop fiers pour se plaindre, trop loyaux aussi pour se venger, les habitants se contentaient alors d'abandonner leurs villages et de se retirer dans l'intérieur, si même ils n'allaient pas rejoindre le chef pirate voisin, qui ne les volait pas plus et les protégeait mieux. Et le vide se faisait ainsi autour de nos postes.

Brusquement, au moment où l'on n'avait plus ni argent ni homme, sous la pression de la Chine, on avait occupé un territoire immense sans avoir, au préalable, rien fait, rien organisé, rien prévu, pour y loger et y faire vivre les troupes que l'on y envoyait. Et, quant au régime de fraternité, de civilisation et de miséricorde que les résidents avaient substitué au régime militaire, il ne pouvait pas encore être compris et ne pouvait être interprété que comme une preuve de faiblesse par un peuple qui est esclave ou tributaire depuis l'ouverture de ses annales, qui n'admet comme pénalité que le bâton ou les supplices, et qui méprise celui qui ne sait pas frapper.

« Le double courant qui caractérise, à cette époque, tous les services militaires au Tonkin, dit encore le *Tonkin actuel*, fut : dévouement de l'homme isolé, indolence et indifférence des centralisateurs. »

CHAPITRE V

M. Piquet était arrivé à la fin de l'année 1889, et
presque en même temps les généraux Bichot et Godin
avaient remplacé les généraux Bégin et Borgnis-Desbordes.

Le nouveau gouverneur général inaugura son commandement par l'envoi d'une circulaire qui défendait
formellement à tout commandant de poste militaire de
rayonner à plus de 10 kilomètres. Au delà de cette distance, si l'on voulait courir sus à un Chinois ou à un
pirate, il fallait auparavant en informer son chef de
région, qui, à son tour, informait le résident de la province, lequel signait on ne signait pas le « bon à combattre ». Quand l'autorisation arrivait, Chinois ou pirates avaient tout pillé et étaient déjà loin. Cette circulaire était complétée par une autre interdisant aux officiers de recruter eux-mêmes les coolies nécessaires aux
troupes en marche : il fallait les demander à l'autorité
civile. De cette façon les commandants de postes avaient
les mains complètement liées.

Du reste, depuis 1888, on n'avait plus eu de troupes
en quantité suffisante; on avait donc forcément abandonné tout plan, toute méthode dans la répression de
la piraterie et de la rébellion. Quand on était serré de
trop près sur un point ou un autre, on autorisait le chef

de région à marcher. Celui-ci, avec ses ressources, toujours insuffisantes, organisait tant bien que mal une colonne qui déblayait un peu le terrain; mais, comme elle se retirait ensuite, un mois après tout était à refaire. C'est ainsi que, faute de moyens pour occuper sérieusement le Yen-Thé dès 1890 (général Godin), on dut y retourner en 1891 avec le colonel Frey; en 1892 avec le général Voyron, en 1895 avec le commandant Valence, enfin, en 1896 avec le colonel Galliéni, trouvant chaque fois un ennemi plus nombreux, plus audacieux, mieux fortifié et armé. C'est ainsi également que, dans le cercle de Cao-Bang, la campagne du commandant Prétet, en 1890, dut être reprise par le commandant Famin en 1892, et le commandant Lamary en 1893. Quelquefois aussi, la colonne n'avait pas encore achevé sa besogne qu'on la rappelait déjà pour la lancer dans une autre direction, où un danger plus pressant venait de se déclarer. Et c'était ainsi toujours à recommencer. La circulaire de M. Piquet vint mettre le comble à cette situation. On pense si un pareil état de choses était éminemment favorable au développement de la piraterie. Aussi, de tous côtés, apparaissaient de nouvelles bandes formées de la lie de la population des deux Quangs, sans compter les bandes annamites qui, se décorant toujours du titre de rebelles, n'étaient, ni plus ni moins que les autres, que de vulgaires pillards, sans autre mobile que de profiter de la situation troublée du pays.

Au commencement de 1890, les principaux chefs qui tenaient la campagne étaient :

Dans le delta : Luu-Ky, opérant dans le Bao-Day et le Dong-Trieu ; le Caï-Kinh, dans le massif rocheux à l'ouest de la route de Lang-Son; le Dé-Nam et Ba-Phuc, dans le Yen-Thé; Luong-Tam-Ky et Ba-Ky, dans le Nui-Tam-Dao; le Dé-Kieu, dans la province d'Hung-

Hoa; le Doc-Nghu, sur la basse rivière Noire; Cam-Ba-Thuoc, dans la région de Than-Hoa.

Dans les hautes régions : A-Kham-Sin, opérant dans la région de That-Khé; Dong-Ha-Hop, Mac-Cuoc-Heim, Ly-Ty-Thuong, Mac-Bin-Giam, Pacung-oi-Nhi, dans la seule région de Cao-Bang; A-Coc-Thuong, vers Ha-Giang et Bao-Lac; le Bo-Giap, sur le Sung-Chaï, Nguyen-Trieu-Tong et Hoang-Than-Loi, sur la rive gauche du fleuve Rouge; Hoang-Mam, sur la rive droite du même fleuve; Déo-Van-Tri, sur la haute rivière Noire.

Auxquels il faut ajouter nombre d'autres seigneurs de moindre importance.

Parmi ces bandes, armées presque exclusivement de carabines Winchester à répétition, les unes étaient établies à poste fixe dans le pays, ayant comme centre des repaires inaccessibles où elles pouvaient défier nos attaques. Celles-là ne pillaient pas chez elles, cherchant au contraire à se concilier les habitants en n'exigeant d'eux que des impôts en nature, les défendant contre nous et aussi contre les entreprises des bandes voisines, créant ainsi autour d'elles une zone protectrice qui les mettait à l'abri d'une surprise et rendait nos opérations extrêmement difficiles et souvent infructueuses.

Les autres, installées, en territoire chinois, tout près de la frontière, poussaient des pointes dans l'intérieur, puis, le coup fait, repassaient en Chine, en emmenant leur butin. Une fois les femmes et les buffles vendus et le partage fait, on mangeait ce qu'on avait gagné, puis on repartait pour une nouvelle expédition. Ces bandes pillaient et détruisaient tout sur leur passage; elles étaient la terreur des populations.

Contre les premières, nous ne pouvions et ne tentions rien, ou pas grand'chose. Contre les secondes, nous arrivions le plus souvent trop tard. Cependant, avec l'aide des habitants, nous réussîmes quelquefois à leur tendre des embuscades heureuses, lorsque, par exemple, elles rentraient en Chine alourdies par leur butin.

Luu-ky. — Enlèvement des frères Roques. — C'est au commencement de 1888 que Luu-ky avait fait son apparition en infligeant de nombreux échecs aux garnisons de nos postes (mort du lieutenant de Mariens, affaires de Lac-Dao et de Bien-Dong).

A la tête de nombreux partisans et disposant de 400 à 500 fusils au moins, il s'était établi dans le Dong-Trieu, d'où il avait été chassé une première fois par le colonel Servière, en 1889. Il y reparut en janvier 1890 et débuta par un coup de maître : l'enlèvement des frères Roques, vieux colons saïgonnais, à Ben-Chau, où ils avaient des plantations. Ceux-ci furent rendus un peu plus tard contre une forte rançon, que leur fortune leur permit du reste de payer facilement.

Ce fut une véritable révélation pour la gent pirate, et ce genre d'opérations fructueuses fut souvent renouvelé par la suite, toujours avec succès.

Après la délivrance des frères Roques, une nouvelle expédition, sous les ordres du commandant Prétet, fut dirigée contre Luu-Ky. Mais toutes ces colonnes n'avaient d'autre résultat que de le forcer à se déplacer, pour revenir quand nous étions partis.

En 1891, son audace grandissant toujours, il poussait ses incursions jusqu'aux environs de Phu-Lang-Thuong et de Sept-Pagodes. Le colonel Dominé fut alors chargé de diriger contre lui des opérations d'ensemble auxquelles concoururent plusieurs colonnes. Entreprises en pleine saison chaude, vu l'absolue nécessité, et faites en grande partie avec des troupes indigènes, elles ne furent pas heureuses et prirent fin sans avoir obtenu de résultat décisif, après qu'une des colonnes eut même subi un sérieux échec (colonne des Deux-Songs).

CAM-BA-TUOC ET LE DÉ-KIEU. — Le début de l'année 1890 avait encore été marqué par une dernière convulsion de l'Annam, où le chef rebelle Cam-Ba-Tuoc, qui avait fait sa soumission l'année précédente, releva dans le Than-Hoa l'étendard de la révolte. Les colonels Lochert et Jorna de Lacale n'en vinrent à bout qu'après deux sérieuses affaires à Van-Laï. Ce furent les dernières opérations militaires en Annam.

En même temps, le Dé-Kieu, établi depuis 1889 non loin d'Hung-Hoa, tracassait la garnison de cette place, ainsi que celle de Son-Tay, dont il attaquait sans cesse les détachements (affaire de Ngoï-Duong, mort du lieutenant Margaine, en juillet 1889).

SOUMISSION LUONG-TAM-KY. — Mais de tous les chefs pirates ou rebelles que nous avions à combattre à cette époque, les plus redoutables, et de beaucoup, étaient Luong-Tam-Ky et Ba-Ky. Leur échec de 1889 ne les avait nullement entamés. Le premier, chassé de Cho-Chu, s'était établi à Lyn-Dam; le second, mis à la porte de Cho-Moï, s'était retiré à Ké-Tuong. Tenant bloquées et prisonnières les faibles garnisons qui occupaient leurs anciennes résidences, ils n'en continuaient pas moins à former un Etat dans l'Etat, attaquant sans cesse nos postes et nos reconnaissances, étendant chaque jour le cercle de leurs déprédations et constituant une menace constante pour la sécurité du delta.

L'état-major faisait tous ses efforts pour obtenir l'autorisation d'organiser contre eux des opérations sérieuses. Mais le gouverneur refusa et décida que, pour en finir, on traiterait avec Luong-Tam-Ky (Po-Tao-Luong, le puissant Luong comme l'appelaient les indigènes), le plus redoutable des deux, espérant ensuite obtenir son concours pour venir à bout de Ba-Ky.

On apprit donc un beau jour que le célèbre chef avait fait sa soumission. C'était un aimable euphémisme; si, en effet, un des deux partis se soumettait à l'autre, c'était bien plutôt le nôtre, car nous acceptions toutes ses conditions. En réalité, on avait conclu un traité de puissance à puissance, dont les clauses nous enlevèrent encore un peu de notre prestige auprès des indigènes et consternèrent toute la colonie française, que cette situation conduisait peu à peu à la ruine.

On supprimait la garnison de Cho-Chu, place qui était rendue à Luong-Tam-Ky; on abandonnait à ce dernier en toute souveraineté, les cantons sur lesquels il exerçait déjà son pouvoir, avec le droit de hausse et basse justice, celui de percevoir les impôts, etc., sans avoir de comptes à rendre à personne.

Enfin, pour faire la police de son territoire, il était autorisé à entretenir une force de 500 fusils divisée en cinq compagnies commandées chacune par un de ses lieutenants et pourvues d'une équipe de coolies. La solde des chefs, des hommes, des coolies était fixée et formait un total de 3.500 piastres par mois — 14.000 francs — que nous lui donnions.

Aucune reconnaissance, aucun officier, aucun administrateur ou colon, même isolé et sans escorte, ne pouvait pénétrer sur son territoire.

A ces conditions, Luong-Tam-Ky s'engageait à rester tranquille chez lui, à ne plus nous attaquer et à créer un réseau de routes dans la principauté dont nous lui reconnaissions la possession.

Ce traité, signé en juin ou juillet 1890, était fait pour trois ans. Et, pendant trois ans, on put voir, au commencement de chaque mois, 50 pirates de Luong-Tam-Ky, pavillons en tête, arriver à Thaï-Nguyen et se rendre chez l'agent du Trésor pour toucher leurs piastres. Ils choisissaient toujours un jour de marché, afin de bien se montrer à la population. Pendant toute la journée, ces bandits allaient et venaient dans la ville l'arme en bandoulière et la ceinture à cartouches bien garnie, et ces jours-là, pour éviter des rixes qui n'auraient pas manqué d'éclater, la petite garnison était rigoureusement consignée dans ses cantonnements.

Luong-Tam-Ky resta installé à Lyn-Dam, où, à tout hasard, il continuait à se rendre inexpugnable. Il empochait consciencieusement chaque mois ses 3.500 piastres, dont une partie était employée à l'achat d'armes et de munitions; quant à ses gens, il les envoyait se payer eux-mêmes en les laissant se joindre à d'autres bandes pour piller. Dans le concours qu'il devait nous prêter contre Ba-Ky, il se borna à engager celui-ci à accepter une sorte de trêve moyennant l'abandon des cantons sur lesquels il vivait, mais sans subvention. Ba-Ky, vieillard âgé et fatigué, partant peu entreprenant, accepta ces conditions. Il se dédommagea lui aussi, du reste, en envoyant ses bandes piller, sous d'autres noms, hors du delta.

Il n'y eut donc, en réalité, rien de changé, si ce n'est une dépense de 150.000 francs de plus inscrite au budget, sans profit pour personne.

Cependant, après ces incidents, le nouveau gouverneur déclarait que, la pacification progressant chaque jour, on pouvait sans inconvénient diminuer encore les troupes; et il proposa le rapatriement du 2ᵉ bataillon d'Afrique et le licenciement du 4ᵉ tonkinois. Ne fallait-il pas trouver quelque part les 150.000 francs de rente que l'on faisait à Luong-Tam-Ky?

Le général Bichot, commandant les troupes, s'opposa d'abord à cette diminution, mais il dut bientôt céder.

Au mois de septembre, le 2ᵉ bataillon d'Afrique et le 4ᵉ tonkinois, qui tenaient la région depuis Lang-Son jusqu'à Cao-Bang, disparurent; et, comme il fallait absolument les remplacer, les dernières troupes qui occupaient encore quelques points importants dans le Dong-Trieu, le Than-Hoa et la rivière Noire furent retirées.

Par la suppression du 4° tonkinois, on se privait, en outre, des services du colonel Servière, commandant de ce régiment, un des officiers qui s'étaient fait le plus remarquer depuis cinq ans par son entente de la lutte contre la piraterie et par ses qualités d'administrateur. Heureusement, son absence ne fut pas de longue durée, et il revint l'année suivante comme commandant de territoire.

On ne tarda pas à s'apercevoir du vide énorme causé par la disparition de ces 3.500 fusils. Les pirates devinrent maîtres absolus du pays. Dans le delta, Luu-Ky et le Doc-Ngu poussèrent des pointes audacieuses jusqu'à Phu-Lang-Thuong et Son-Tay, et Cao-Bang fut de nouveau menacé.

En même temps, les tirailleurs, fortement travaillés, vendaient leurs armes et leurs munitions, et les désertions se multipliaient parmi eux. En 1889, c'étaient ceux de Huong-Son qui assassinaient le sergent européen commandant le poste et passaient aux pirates, et, en 1890, soixante-dix-huit d'entre eux abandonnèrent en une seule nuit un poste de la région de Lang-Son, emportant avec eux un véritable arsenal.

Il se produisit alors une invasion de pirates auxquels se mêlèrent quantité de réguliers chinois, qui ne prenaient même plus la peine de retourner leur casàque d'uniforme. Ils proclamaient partout qu'ils allaient nous forcer à abandonner le pays, terrorisant par des exécutions sommaires la population indécise et n'ayant aucune confiance dans l'efficacité de notre protection. Ce fut l'âge d'or de la piraterie.

Les artilleurs demandaient à cor et à cri des obus à mélinite : on leur envoyait de vieilles boîtes à mitraille, assez inutiles contre un ennemi toujours invisible derrière des rochers, et de vieux obus tirés des arsenaux, dans lesquels ils se trouvaient depuis de longues années. De même, on faisait consommer par les troupes encore armées du modèle 1874 (tirailleurs et bataillons de la légion) (1), des munitions qui avaient quinze ans d'existence et qui donnaient 10 à 15 p. 100 de ratés.

Le tir de l'artillerie de montagne était sans grande efficacité contre les repaires des pirates, cirques entourés de hautes murailles rocheuses, par-dessus lesquelles il fallait envoyer les projectiles. On finit par trouver, à Haï-Phong, une demi-douzaine de vieux mortiers; mais les bombes n'éclataient pas et les charges de poudre n'avaient plus la force nécessaire pour actionner les projectiles. On avait envoyé cela tel qu'on l'avait trouvé; et, dans les postes, on n'avait ni le temps ni surtout les moyens de faire des vérifications.

Nous avons vu, à Luong-Kett, des bombes ne pas pouvoir franchir des crêtes rocheuses de 100 à 150 mètres, et, roulant sur les parois verticales des rochers, revenir à leur point de départ. Du reste, elles n'éclataient pas, et ce jeu de tonneau d'un nouveau genre faisait rire aux larmes les autorités, les tirailleurs, les coolies et tous les indigènes qui nous suivaient à un titre quelconque. Il en fut de même au Yen-Thé, au fort de Huu-Thué, où, pendant un bombardement de trois heures, quatre ou cinq bombes seulement éclatèrent (1).

---

(1) Les quatre bataillons de la légion ne furent armés du modèle 1886 qu'en 1892. Il est pourtant à peine besoin de dire que c'était la seule troupe européenne occupant les postes de la haute région.

(1) Là, comme toujours, il y avait une question d'argent. Le protectorat payait ses munitions. Il ne se hâtait pas, par conséquent, de donner suite aux demandes de l'artillerie, et trouvait son compte à acheter à bon marché des munitions mauvaises. C'était bien assez bon pour combattre les pirates, disait-on.

Il faut rendre cette justice aux officiers subalternes de l'artillerie de marine qui occupaient les postes des hautes régions, c'est que, malgré les énormes difficultés qu'ils avaient à vaincre, ils rendirent d'immenses services aux colonnes avec lesquelles ils marchèrent. Hissant leurs pièces sur des sommets élevés et par des sentiers presque à pic, passant partout, se mettant en batterie souvent à quelques centaines de mètres seulement des positions, ils aidèrent toujours puissamment l'infanterie à venir à bout d'un ennemi toujours très supérieur en nombre et bien armé.

OPÉRATIONS DANS LA RÉGION DE CAO-BANG. — Cette région de Cao-Bang, formant une pointe en territoire chinois, avait toujours été une des plus éprouvées par les bandes qui y pénétraient par le nord et l'est. Cette nouvelle diminution de troupes, qui l'affectait plus particulièrement, la mit dans une situation des plus précaires, et, son nouveau chef, le commandant Pretet dut, à peine arrivé, entamer une série d'opérations pour élargir le cercle qui l'enserrait. En novembre avait eu lieu la reconnaissance malheureuse de Lung-Kett, contre A-Khan-Sinn, qui coûta la vie au capitaine Ramadié. Ce fut la goutte d'eau qui fit déborder le vase et qui décida la mise en mouvement d'une colonne.

En prélevant tout ce qui n'était pas absolument indispensable à la défense des postes, le commandant parvint à former une colonne forte de 200 tirailleurs et 100 légionnaires, divisée en quatre groupes mixtes, et d'une section d'artillerie — effectif inférieur à celui de chacune des bandes qu'on avait à combattre.

Nous avons énuméré plus haut les bandes qui infestaient la région de Cao-Bang. Lorsque le colonel Servière l'avait occupée, il avait établi à côté de chacune d'elles un poste ayant pour mission de la surveiller, de la harceler, de manière à la détruire peu à peu, ou à la

forcer à repasser en Chine. Mais, par suite des continuelles réductions d'effectif, les rôles n'avaient pas tardé à
être renversés, et c'étaient les pirates qui nous tenaient
prisonniers et nous empêchaient de sortir de nos postes.

Dans toute cette région, le rocher se présente sous
forme de masses calcaires très élevées, escarpées, souvent même taillées à pic, recouvertes de bois et de brous-
sailles, qui sortent avec abondance des moindres cre-
vasses et qui sont percées de grottes nombreuses, qui
deviennent en certains endroits d'immenses cavernes,
capables de donner asile à des bandes entières.

C'est un pâté ininterrompu couvrant tout un pays, et
découpé en une succession de pics, dents, gorges presque
inaccessibles, de cirques plus ou moins étendus auxquels
on n'accède que par des cols rocheux étroits et abrupts.
C'est dans ces cirques que les bandes élisaient domicile,
ajoutant encore aux difficultés naturelles presque insur-
montables du terrain, de nombreuses palissades et bar-
ricades interceptant complètement les couloirs étroits et
tortueux et les cols dans lesquels on était obligé de
s'engager.

Le poste d'Ha-Lang, placé à trois jours de marche
à l'est de Cao-Bang, et qui avait pour voisin immédiat
Mac-Cuoc-Hein — dont les troupiers avaient fait Mât-
de-Cocagne — était le plus menacé. Ce fut à lui d'abord
que s'attaqua la colonne.

Après les combats du 28 et du 29 décembre, Mac-
Cuoc-Heim dut abandonner son repaire de Lung-Phaï
(1); et, vigoureusement traqué et poursuivi par une petite colonne sous les ordres du capitaine Bec, il fut obligé de repasser en Chine. Nous avions perdu environ
20 hommes.

---

(1) *Lung* signifie cirque.

Ly-Sam ne nous attendit pas : il brûla ses villages et disparut momentanément.

Ly-Ty-Tuong, dont le repaire était installé tout contre la frontière, fut également bousculé, après un engagement peu important.

Dong-A-Hop nous traita par le mépris. Le cirque qui lui servait de repaire n'avait que deux issues, l'une formée par une grotte s'ouvrant dans une muraille à pic et que l'on ne pouvait atteindre qu'avec des échelles, l'autre par une espèce de passage dans lequel on ne pouvait passer qu'en rampant.

Lorsque, après une forte canonnade, le groupe d'attaque dut s'arrêter dans un étroit couloir, devant la paroi rocheuse dans laquelle se trouvait l'ouverture de la grotte, percée à 20 mètres au-dessus, les pirates ne tirèrent pas un coup de fusil et se contentèrent de faire rouler du haut des crêtes inaccessibles qu'ils occupaient quelques blocs de rochers. Il n'y avait rien à faire, et l'on dut renoncer à la lutte, en leur sachant gré de leur modération. La veille du reste, Dong-Ha-Hop avait envoyé un bœuf au commandant de la colonne, avec une lettre disant qu'il ne demandait qu'à vivre en bons termes avec nous, et qu'il nous conseillait de ne pas perdre notre temps à l'attaquer, parce que nous ne pouvions rien contre lui.

Le laissant donc tranquille dans son inexpugnable forteresse, la colonne continua sa route.

Le plus difficile à enlever était le point de Tap-Na, où s'étaient réunies, pour mieux nous résister, les deux bandes les plus importantes (environ 700 fusils) commandées par Mac-Bin-Gian et Pacung-Oi-Nhi.

Les premières opérations avaient déjà demandé deux mois, et ce ne fut que dans les premiers jours de mars que la colonne, ravitaillée et légèrement renforcée, s'engagea dans le massif rocheux conduisant à Tap-Na.

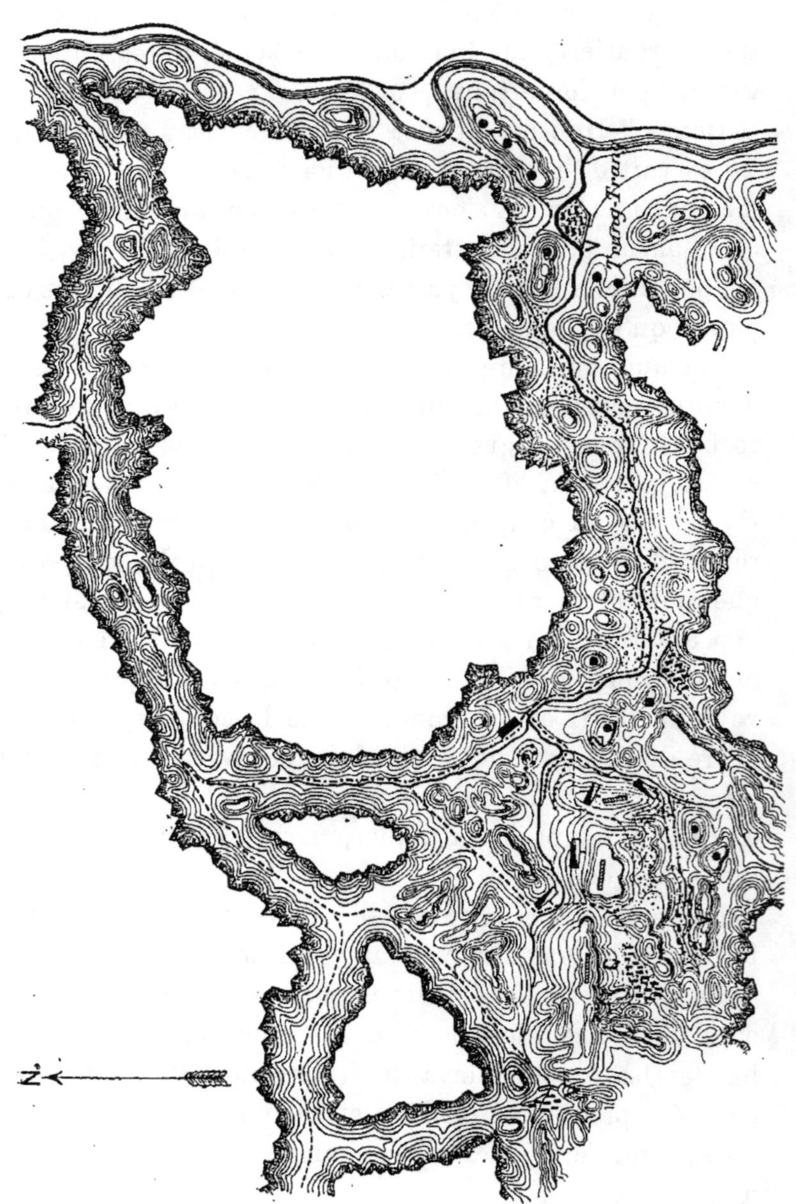

Combat de Tap-Na.

Après un premier engagement et deux jours de marche dans un pays très difficile, pendant lesquels elle ne cessa pas d'être harcelée jour et nuit, la colonne arriva devant le cirque de Gia-Heo, réduit de la position. Le combat dura huit heures; il fut impossible de déloger les pirates, et l'on dut battre en retraite. Celle-ci s'opéra en bon ordre, malgré une énergique contre-attaque des Chinois qui cherchaient à isoler un groupe de la colonne dont la mission était de tourner la position. Ce groupe s'était engagé dans un bois inextricable, d'où il eut toutes les peines du monde à sortir (1).

La résistance d'un autre groupe qui, à ce moment critique, soutint le choc de l'ennemi venant planter ses pavillons à 100 mètres de lui, permit à la colonne de se dégager complètement, de ramasser ses morts et ses blessés, et d'aller occuper en arrière une bonne position au delà du ruisseau qui servait en quelque sorte de fossé à la ligne ennemie, et que les Chinois ne dépassèrent pas. Ceux-ci étant rentrés dans leur cirque, la colonne put, sans être inquiétée, regagner son campement de la veille, à environ 2 kilomètres plus loin.

Mais nous étions hors d'état d'engager le lendemain un nouveau combat, et il était facile à l'ennemi de nous enfermer dans le massif rocheux et de nous y détruire complètement. Le commandant décida donc de retourner à Cao-Bang.

La colonne, alourdie par ses morts et ses blessés, se mit en route vers 10 heures du soir. Pour dépister les pirates, on prit un autre sentier beaucoup plus court que l'on n'avait pas voulu suivre à l'aller, en raison des difficultés inouïes qu'il présentait. Après une marche ininterrompue de vingt heures, nous sortîmes de ce dédale de rochers et de bois sans avoir été poursuivis ni attaqués.

____

(1) Capitaine Lacarrière ; lieutenants Rouyer et Veymel.

Dix jours après, le commandant (1) ne voulant pas rester sur cet échec, repartit avec les mêmes troupes. Cette fois, on trouva les positions abandonnées. Malgré leur succès, les pirates avaient éprouvé de telles pertes au combat précédent qu'ils n'avaient pas osé attendre une nouvelle attaque, et, apprenant notre retour, ils étaient partis.

Ces opérations se terminèrent par l'attaque de Lung-Kett, pour venger la mort du capitaine Ramadié. Tout ce qu'on put faire fut de forcer l'entrée du cirque et de brûler les cases sous le feu même des pirates, qui garnissaient les crêtes rocheuses et ne cessèrent pas un instant de tirer.

Enfin, le 10 avril 1891, la colonne rentrait définitivement à Cao-Bang, d'où elle était partie le 20 décembre 1890, et était disloquée.

Ces opérations donnent une physionomie assez exacte de la plupart de celles qui se faisaient à cette époque, avec leurs alternatives de succès et de revers, mais qui toutes étaient rendues inutiles par l'impossibilité où l'on se trouvait d'occuper les points d'où l'on avait chassé les pirates, quand toutefois on les avait chassés. Le plus souvent, ce qu'on appelait « enlever un repaire » consistait simplement, comme à Lung-Kett, à en forcer l'entrée avec quelques pertes, puis à envoyer quelques hommes résolus, incendier les habitations sous le feu des défenseurs embusqués à une certaine hauteur dans les grottes ou derrière les anfractuosités de rochers. L'évacuation complète était rarement obtenue (2).

---

(1) Commandant Tournier, qui était venu dans l'intervalle remplacer le commandant Prétet, rapatrié pour fin de séjour.

(2) Lung-Kett présente un exemple frappant de ces opérations toujours à renouveler, faute de pouvoir occuper le pays.

1re *affaire (24 novembre 1890)*. — Capitaine Ramadié tué, 10 légionnaires et 4 tirailleurs hors de combat. Position enlevée.

La faute n'en était ni aux chefs ni aux troupes, mais à l'insuffisance des effectifs. Les Chinois, pirates comme réguliers, tiennent bon tant qu'ils sont assurés de leur ligne de retraite.

On ne pouvait songer à menacer celle-ci qu'à la condition de former des fractions assez fortes pour pouvoir opérer isolément, car la forme du terrain rendait la liaison difficile, souvent même impossible entre des groupes très rapprochée. Des effectifs de 200 à 300 hommes étaient complètement insuffisants pour cette manœuvre.

L'absence à peu près complète de renseignements était également très préjudiciable à la conduite de l'opération. Les commandants de région n'avaient pas 50 francs à dépenser par mois pour solder les émissaires et espions indispensables à ce service. Aussi ne savait-on jamais rien sur l'adversaire.

Néanmoins, après chacune de ces expéditions, une tranquillité relative régnait pendant quelques mois. Mais bientôt les bandes, reformées et ravitaillées en munitions venaient réoccuper leurs anciens repaires, ou en organisaient d'autres encore plus inaccessibles, et il fallait recommencer à marcher contre elles.

ENLÈVEMENT DE CHO-BO. — OPÉRATIONS DANS LE YEN-THÉ ET SUR LE HAUT-FLEUVE ROUGE.

En février 1891, le Dé-Kieu se joignit au Doc-Ngu. Tous deux inaugurèrent une nouvelle campagne par l'en-

---

2e *affaire (3 avril 1891).* — Lieutenant Betselère blessé, 7 légionnaires et 1 tirailleur hors de combat, Position enlevée.

3e *affaire (5 avril 1893).* — Le lieutenant Chenard surprend, par une marche de nuit audacieuse, les pirates, qui une troisième fois abandonnent leur repaire.

4º *affaire (25 mars 1895).* — Le lieutenant Vacher échoue devant le repaire réoccupé, avec des pertes sérieuses.

5e *affaire (15 avril 1895).* — Le commandant Le Ny enlève le repaire, perdant 15 tués et 18 blessés. Cette fois, enfin, un poste est établi, et c'est fini, les pirates n'y reparaissent plus.

lèvement du poste de Cho-Bo. Ce poste, évacué trois mois auparavant par les troupes régulières, n'était défendu que par des miliciens. Le plus grand nombre de ces derniers périrent, ainsi que le résident, M. Rougery, et les deux ou trois commis qui composaient ses bureaux; le poste fut complètement détruit.

Une colonne se mit à la poursuite des pirates et, le mois suivant, les chassa de leur repaire de Hom-Giong.

Cette campagne de 1890-91 fut encore marquée par des opérations dans le Yen-Thé. Déjà, en février 1890, le général Godin avait chassé le Dé-Nam de Cao-Thuong (mort du lieutenant Plat); mais celui-ci était revenu s'établir, un peu plus solidement encore que la première fois, sur de nouvelles positions à Huu-Thué.

Après la reconnaissance du mois de décembre 1890, dirigée par le capitaine Plessier de la légion, et les deux attaques qui suivirent sous les ordres du commandant Tane et du lieutenant-colonel Vinckel-Mayer, de l'infanterie de marine, attaques qui échouèrent du reste, après nous avoir coûté 12 tués, dont le lieutenant Blaise, et 31 blessés, on fut obligé d'en venir aux opérations d'un siège régulier. La direction en fut confiée au colonel Frey, avec un millier d'hommes et de l'artillerie.

Après quinze jours d'investissement et de travaux d'approche et un premier assaut qui échoua, on pénétra dans les ouvrages, qui furent trouvés évacués.

En 1890, on avait également commencé des opérations contre les bandes de la rive gauche du fleuve Rouge. Celles-ci, harcelées, mais non détruites, n'avaient pas tardé à revenir, et, en janvier 1891, il fallut de nouveau opérer contre elles pour les chasser de leur repaire de Ké-Dinh.

On les y retrouvera l'année suivante, et là, comme à Cao-Bang, comme dans le Yen-Thé, comme sur la rivière Noire, il faudra procéder à un nouveau nettoyage.

Comme on le voit, de quelque côté que l'on se tournât, c'était la même impuissance, le même travail de Pénélope. On se demande comment, dans une situation pareille, ceux qui tenaient en mains les destinées de la colonie avaient pu songer à de nouvelles réductions de troupes.

Mais les choses ne pouvaient pas aller ainsi bien longtemps, et de l'excès du mal naquit le bien.

En juillet 1891, peu de jours avant la Fête nationale, le Doc-Ngu, qui s'était tenu tranquille depuis son échec de Hom-Giong, rentrait en scène et, faisant une pointe hardie, venait, par une belle nuit, piller et brûler des villages au cœur même du pays, sur la rive gauche du fleuve Rouge, en face d'Hanoï. Puis, suprême bravade, un groupe de ses partisans, prenant position sur la rive même, ouvrirent le feu à 800 mètres sur le groupe des bâtiments de la concession, qui, bien éclairés par un superbe clair de lune, offraient un but facile.

La journée avait été très chaude. Tous les gens d'Hanoï étaient dehors, respirant l'air frais de la nuit, quand, vers 11 heures, les sons lugubres de la trompe chinoise retentirent de l'autre côté du fleuve, en même temps qu'une grêle de balles s'abattaient sur la concession et les abords de la ville.

On juge de l'émotion produite. Il n'y avait pas, ce soir-là, à Hanoï, 200 hommes de troupe, occupant, pour la plupart, la citadelle et les blockhaus qui défendaient la ville du côté opposé au fleuve. Il fallut une heure pour en rassembler 50, qui, sous le commandement d'un officier de pontonniers, passèrent sur l'autre rive, ce que voyant, les pirates, qui n'avaient voulu que s'amuser un peu, décampèrent.

Ce fut un affolement général. Pendant deux jours, les résidents, qui avaient provoqué les réductions d'effectifs, et les colons, dont beaucoup, au début, avaient applaudi à ces mesures vinrent offrir leurs services à l'état-major pour concourir à la défense de la ville.

Le général Godin, qui commandait depuis le départ du général Bichot, embarqué en avril, prit aussitôt la seule mesure qu'il y avait à prendre, et, six jours après, un bataillon d'infanterie de marine, mandé par télégramme à Saïgon, et amené par le meilleur marcheur des Messageries maritimes, débarquait à Hanoï, où il est toujours resté depuis.

Enfin, on commençait en même temps, sur la rive gauche, la construction d'un solide blockhaus occupé par une petite garnison européenne.

Ici s'arrête cette triste période de l'histoire du Tonkin. Elle ne contribua pas peu à jeter sur la colonie naissante le discrédit qui l'entoura si longtemps, et dont beaucoup d'officiers se firent eux-mêmes les propagateurs inconscients.

Il arrivait, en effet, que des officiers venus à cette époque étaient expédiés d'une seule traite du transport qui les avait amenés jusque dans les postes extrêmes. Ils passaient là leurs deux années à se débattre dans une situation difficile, privés de tout moyen de se rendre utiles et manquant de tout; puis ils tombaient malades, et, souvent rapatriés avant d'avoir terminé leur séjour ils étaient repartis n'ayant vu que le petit coin de terre où ils avaient été malheureux. Il est évident que dans ces conditions, ils ne pouvaient juger le pays qu'à travers leurs souffrances, leurs déceptions, et ne rapporter que des idées fausses et des appréciations inexactes, qu'ils répandaient autour d'eux.

L'épilogue des événements malheureux que nous venons de raconter, fut le rappel du gouverneur général — comme cela avait déjà eu lieu pour son prédécesseur deux ans auparavant.

TROISIÈME PERIODE (1892-96)

CHAPITRE VI

Arrivée de M. de Lanessan et du général Reste. — Formation des territoires militaires. — Campagne de 1891-92. — Opérations dans le Dong-Trieu et le Yen-Thé. — Départ du général Reste.

A M. Piquet succéda M. de Lanessan, et les généraux Reste et Voyron remplacèrent les généraux Bichot et Godin.

Les titres du nouveau gouverneur à cette haute situation consistaient en un voyage qu'il avait fait en Indo-Chine en 1888, sous le proconsulat de M. Constans, sorte de mission officielle dont le gouvernement l'avait chargé à cette époque, et à la suite de laquelle il avait publié un ouvrage sur notre empire indo-chinois : *L'Indo-Chine française,* paru en 1889.

C'était déjà quelque chose. Mais, dans son voyage, M. de Lanessan n'était pas sorti des principales villes de l'Indo-Chine, allant de fête en fête, de banquet en banquet, et n'avait vu que ce que le gouverneur d'alors avait bien voulu lui laisser voir.

Il arrivait donc imbu des mêmes idées fausses sur la colonie que ses prédécesseurs, persuadé que l'œuvre militaire était achevée et que le désir de gagner des croix et des galons était l'unique cause qui poussait les officiers à voir des pirates là où il n'y en avait plus, et à vouloir guerroyer quand même.

Cependant, en homme avisé, il avait, sur sa demande

expresse, ramené avec lui deux officiers du plus grand mérite, les lieutenants-colonels Pennequin et Servière, les seuls qui pendant la dernière période avaient su obtenir quelque résultat, l'un sur la haute rivière Noire, l'autre dans la région de Cao-Bang, par des moyens identiques suggérés par une étude approfondie du pays, des races, et des causes de la piraterie chinoise. Mais ils n'avaient pu toutefois appliquer ces mesures en grand, ni faire partager à Hanoï leur manière de voir.

Dès 1888 et 1889, ces officiers avaient demandé qu'on rendît aux habitants des hautes régions leur ancienne organisation féodale, qu'on les armât même et qu'on leur retirât les mandarins annamites, qui étaient cordialement détestés. Ces demandes avaient été accueillies dans les bureaux, tant militaires que civils, d'Hanoï, avec un sourire de pitié. Enlever les mandarins annamites ? Mais que dirait la cour d'Annam ! — Armer des Annamites ? Y pensait-on, pour que ces armes se retournassent un jour contre nous ! Il n'y avait qu'une chose que l'on ignorait complètement à Hanoï, c'est qu'il ne s'agissait en aucune façon d'armer des Annamites, mais un autre peuple et une autre race, aussi différents des premiers que leur pays lui-même l'était du delta.

Mais, dès que le nouveau gouverneur général eut pris en mains la direction des affaires, quand il put se rendre compte par lui-même d'une situation que, sans doute, on lui avait soigneusement cachée à son précédent voyage, il vit bien qu'il fallait changer la méthode en usage. On était allé si loin qu'à moins de compromettre irrémédiablement l'existence de la colonie, il devenait nécessaire de faire machine en arrière, d'étudier la situation et, comme dit fort justement le gouverneur lui-même, de remettre « chacun à sa place ».

Il chargea alors le général Reste et les officiers qui

connaissaient le mieux le pays d'étudier et de lui proposer un ensemble de mesures politiques et militaires dont l'application serait de nature à amener une amélioration dans la situation. La première de ces mesures — appliquée presque immédiatement — fut la création des territoires militaires.

Cette création s'imposait, et le principe en avait déjà été admis entre le ministre et le gouverneur avant le départ de France de ce dernier. On ne pouvait songer à maintenir plus longtemps des administrateurs qui touchaient 12 ou 15.000 francs d'appointements par an, dans des territoires où il n'y avait absolument rien à administrer et où l'on ne percevait pas un centime d'impôt.

On partagea donc toute la frontière de Mon-Cay à Muong-Mé en quatre territoires militaires, qui comprenaient presque la moitié de la superficie totale du pays, et dans lesquels les pouvoirs civils et militaires étaient réunis entre les mains des officiers commandants. Chaque territoire était commandé par un colonel et subdivisé en cercles confiés à des lieutenants-colonels ou à des chefs de bataillon. Ces officiers étant les chefs des régiments et bataillons stationnés dans la région, la création n'occasionnait, dans les cadres, qu'une augmentation de quatre colonels, qui furent :

Au 1er territoire, le colonel Terrillon ;

Au 2e territoire, le colonel Servière ;

Au 3e territoire, le colonel Monségur (1);

Au 4e territoire, le colonel Pennequin.

Enfin, après bien des discussions et des tiraillements, les colonels Servière et Pennequin réussirent à faire admettre, en principe, l'application générale à toute la

---

(1) Pour être tout à fait exact, il convient de faire remarquer que deux officiers, le commandant Baudart et le colonel Beylié, avaient précédé en très peu de temps le colonel Monségur.

région montagneuse des mesures qu'ils avaient préconisées, c'est-à-dire l'armement des populations qui habitaient les pays de montagne et le rétablissement de leur ancienne organisation.

Outre les difficultés matérielles de toute nature auxquelles s'était heurté notre établissement dans la région frontière, il y en avait, en effet, d'autres d'ordre moral qu'on ne pouva't supprimer à coups de fusil, et qui consistaient dans les aspirations et les désirs de la population avec laquelle nous entrions en contact et qui, à ce point de vue, était sensiblement différente de celle du delta.

Les Manns ou Moïs, les Thos ou Taïs (l'appellation diffère un peu), qui habitent cette région, sont les plus anciens habitants du pays, les autochtones, refoulés peu à peu dans la région montagneuse par les invasions successives; car les débris des races primit'ves d'un pays se retrouvent toujours dans les parties les plus inaccessibles du territoire. Vaincus et conquis par 'es Annamites, ils occupèrent les hauts plateaux, tandis que le vainqueur s'établissait dans les riches pla'nes et les vallées du delta.

Ils étaient plus forts, plus honnêtes, plus loyaux et plus courageux que l'Annamite, dont ils se différenciaient encore par la couleur de la peau qui éta't presque blanche. Mais, en revanche, ils étaient moins tenaces, moins travailleurs, moins intelligents et moins ardents que lui. Le Tho et le Mann ne supportaient d'ailleurs que difficilement le joug du vainqueur, ma's n'avaient cependant pas assez d'énergie pour le secouer.

Ces populations avaient joui autrefois d'une organisation féodale dans laquelle le pouvoir appartenait de père en fils aux mêmes familles. Les Annamites supprimèrent ces anciens fiefs ou chaus, et leur imposèrent leur organisation territoriale et administrative, retirant le pouvoir aux descendants des Quan-Langs (anciens seigneurs du pays) et leur envoyant des fonctionnaires d'Hanoï et de Hué, qui ne comprenaient pas leur idiome, les traitaient avec mépris, et ne songeaient qu'à remplir leurs poches pendant leur court séjour dans ces régions lointaines.

Puis étaient venues les invasions des bandes chinoises et l'établissement de ces dernières dans le pays. Pris entre ces bandes et le mandarin annamite concusionnaire, détestant également les premières et le second, le Tho avait cependant fini par se rapprocher du Chinois, avec lequel il avait du reste plus d'affinité. Moyennant une certaine redevance lui permettant de vivre, le Chinois le laissait tranquille, ne lui imposant ni travail ni corvées, et le défendait contre le mandarin annamite. Si bien que, quand les habitants d'un village, las de la situation qui leur était faite par ces nouveaux venus, se décidaient à émigrer pour s'y soustraire, ils passaient la frontière — au delà de laquelle ils étaient assurés de la paix et de la tranquillité et trouvaient encore des gens de même race qu'eux — au lieu d'aller s'établir plus à l'intérieur, en territoire annamite, ce qui eût semblé normal.

Telle était la situation de cette population à notre arrivée. Une grande partie émigra en Chine, laissant inhabités et improductifs d'immenses espaces dans lesquels nos postes manquaient de tout. L'autre partie était très disposée à faire cause commune avec les bandes chinoises contre nous, en qui elle ne voyait guère, au début, que des mandataires du roi d'Annam chargés de lui assurer l'intégrité de son territoire et de faire respecter son autorité jusqu'aux extrêmes limites du pays.

On ne se rendit pas assez compte de cette différence de race et de caractère, qui nécessitait une différence de traitement. Mais si, d'une manière générale, la masse de la population ne nous manifesta qu'une hostilité latente, se traduisant surtout par son peu d'empressement à nous servir, quelques-uns des descendants des anciennes familles seigneuriales prirent cependant les armes contre nous et se joignirent aux bandes chinoises.

Vi-Van-Ly, dans la région de Lang-Son, et Déo-Van-Tri, dans celle de la rivière Noire, sont deux types remarquables de ces grands seigneurs féodaux. Le premier, habilement ménagé et entouré d'égards par le commandant Servière, qui sut avec une grande finesse voir clair dans cette question de races, ne nous montra jamais d'hostilité jusqu'au jour où il fut replacé dans son ancienne charge. A la moindre maladresse de notre part, il aurait pu nous créer de terribles embarras, n'ayant qu'un signe à faire pour lancer sur nous ses nombreux vassaux.

C'est ce qui était arrivé avec Déo-Van-Tri. Un beau jour, fatigué de nos tracasseries et de nos mauvais traitements, il prit les armes contre nous. Il lutta pendant deux ans, souvent battu mais jamais réduit, et restant toujours dangereux. Il fallut, pour en finir, toute l'habileté du commandant Pennequin, qui, en prenant le commandement de la région, vit bien qu'il n'avait pas à faire à un vulgaire chef de bande et entreprit d'attacher à notre œuvre ce redoutable adversaire. En 1889, le domaine de Déo-Van-Tri fut reconstitué et forma une sorte de marche frontière qui désormais nous garantit de ce côté de toute incursion pirate.

Il eût fallu marcher carrément dans cette voie. Mais cet exemple passa inaperçu, et, son séjour terminé, le commandant Pennequin repartit pour la France. Il revint, comme on sait, avec le colonel Servière, et, nous l'avons déjà dit, ces deux officiers supérieurs réussirent enfin à faire adopter leurs idées par le nouveau gouverneur général.

On tint donc aux montagnards le langage suivant :

« Vous n'aimez ni les Annamites qui vous ont enlevé vos libertés, ni les Chinois qui vous pillent. Aidez-nous à chasser ceux-ci, et nous vous débarrasserons de ceuxlà. En échange de votre concours, nous vous promettons de vous rendre vos anciennes coutumes et vos anciens chefs; vous n'aurez affaire qu'à nous, et nous ne vous demanderons que peu d'impôts, et encore moins de corvées. Nous occuperons solidement l'intérieur du pays et la frontière, afin de vous protéger, vous et vos biens; et nous donnerons des avances pour acheter des semences et des buffles à ceux qui, réfugiés en Chine, viendront reconstruire leurs villages à leurs anciens emplacements. Enfin, pour vous prouver notre confiance, nous vous donnerons des armes pour défendre vos villages et vous joindre à nous contre les Chinois. »

Ce langage fut compris, et une sorte de pacte fut conclu. Dès lors, ces populations s'attachèrent bien vite à nous, nous considérant toutefois moins comme des maîtres que comme des alliés, et elles tinrent leurs engagements avec la plus grande loyauté.

Chasseurs et marcheurs infatigables, courageux et n'ayant plus peur des Chinois dès qu'ils eurent une bonne arme entre les mains, connaissant admirablement leur rude pays, les Thos et les Manns nous rendirent d'inappréciables services comme émissaires, guides, éclaireurs, et cet appoint de forces nous fut d'un grand secours dans ces dernières années de lutte contre la piraterie.

Cette idée d'armer les populations en utilisant notre ancien armement modèle 1874 était précisément celle qui effrayait le plus les nouveaux venus en Indo-Chine, entre autres le gouverneur et le général. Le colonel

Servière, qui en était le promoteur, en avait déjà fait cependant une expérience concluante, et, lors de son séjour précédent, il avait distribué, dans la région de Cao-Bang, un assez grand nombre de fusils, dont pas un ne s'était perdu ni retourné contre nous. Néanmoins, elle ne fut appliquée qu'avec une assez grande réserve jusqu'à l'arrivée du général Duchemin, qui en dev'nt tout de suite le partisan résolu et ne craignit pas de lui donner son maximum d'extension.

Au point de vue militaire, il fut convenu que l'on reviendrait à une action progressive et méthodique. Comme il était impossible d'agir partout à la fois, on décida de commencer par les deux extrémités de la frontière — 1er et 4e territoires — dans lesquels on porterait d'abord ses efforts. On renonça à ces petites colonnes comme nous en avons tant vu, qui n'obtenaient aucun résultat; et, comme il importait avant tout de ne plus s'exposer à des échecs, il fut admis qu'on n'entreprendrait plus d'opérations qu'avec de gros effectifs et des moyens suffisants pour réussir.

Une bois les bandes chassées, de nouveaux postes seraient créés partout où les commandants de territoire le jugeraient nécessaire pour les empêcher de se reformer. Enfin, l'occupation serait complétée peu à peu par une ligne de blockhaus situés sur la frontière même, et assez rapprochés pour en rendre la surveillance possible.

Mais toutes ces mesures ne pouvaient être sanctionnées que par une augmentation des effectifs.

Demander des troupes en France eût été remettre en question notre occupation ou notre abandon de la colonie : il n'y fallait pas songer.

Le gouverneur général, frappé de l'anomalie, du danger même qu'il y avait à conserver dans le delta 12.000 miliciens qui, mal encadrés et mal commandés, se faisaient battre partout — si bien qu'on n'osait plus les sortir et qu'ils ne rendaient ainsi aucun service — décida le passage de 6.000 d'entre eux aux régiments de tirailleurs.

Cette mesure permit de porter à 300 hommes l'effectif des compagnies indigènes; et, comme la plupart avaient déjà servi dans ces troupes, il suffit de les remettre entre les mains de gens du métier pour les rendre en peu de temps aussi bons que les autres. En outre, on prit soin de maintenir constamment au complet l'effectif budgétaire prévu de 150 hommes par compagnie européenne, que pendant ces dernières années on avait souvent laissé tomber au-dessous de 100. Cela faisait, pour douze bataillons européens, une augmentation de 2.000 fusils.

On trouvait donc ainsi, rien que par un emploi plus intelligent des ressources dont on disposait dans la colonie même, le moyen de mettre à la disposition du général en chef 8.000 hommes de plus, qui furent répartis presque en entier entre les territoires militaires.

En même temps, tout un programme de travaux publics, routes, chemins de fer, remplacement des paillottes des postes par des constructions en maçonnerie, fut arrêté. Parmi eux figuraient au premier rang la voie ferrée de Phu-Lang-Thuong à Lang-Son, qui, commencée en 1890, dans de très mauvaises conditions techniques et pécuniaires, avançait péniblement, et la route carrossable de Lang-Son à la mer par Tien-Yen, à travers un pays encore peu connu. Cette dernière voie était indispensable pour la sécurité de cette portion de frontière; elle fut aussitôt commencée.

Telles furent les mesures que, de concert, arrêtèrent le gouverneur général, le général en chef, les commandants de territoire et aussi quelques hauts fonctionnaires civils qui, comme M. Rodier, résident de 1re classe nommé peu après résident supérieur, avaient su rester de tout temps au-dessus des querelles de personnes et de régime et n'envisager que l'intérêt supérieur de la colonie.

Certes, ces mesures s'imposaient.

Mais les suppressions de résidents et de mandarins, la réduction de la garde civile, l'extension des pouvoirs donnés aux commandants de territoire, la distribution des armes aux habitants, l'augmentation des effectifs militaires, allaient tellement à l'encontre de ce qui s'était fait jusqu'à ce jour, bouleversaient tellement les idées admises depuis quatre ans, lésaient tant d'intérêts particuliers, et devaient créer tant d'ennemis au gouverneur qu'il y eut pour M. de Lanessan un mérite très réel de s'être rallié à cette manière de voir, et, après avoir reconnu ces mesures nécessaires au rétablis-sement de l'ordre et de la sécurité dans la colonie, d'en avoir imposé l'application immédiate à tous, avec la plus grande fermeté.

Le gouverneur et le général étaient arrivés en août 1891. La fin de l'année fut employée à l'étude de ces différents projets, puis les commandants de territoire rejoignirent leur résidence, et se mirent immédiate-ment à l'œuvre.

Comme il fallait avant tout affirmer par des actes notre intention bien arrêtée d'en finir avec la piraterie, on décida que les opérations militaires commenceraient aussitôt dans le 1er territoire et le Yen-Thé.

Du reste, les pirates ne s'y trompèrent pas. Ils com-prirent, à l'application de ces différentes mesures, qu'une ère nouvelle allait commencer, que leur règne était menacé, et ils se préparèrent à une lutte désespé-rée, qu'ils soutinrent du reste avec la plus grande éner-gie et prolongèrent jusqu'à la dernière extrémité, de 1892 à 1896.

OPÉRATIONS DANS LE 1ᵉʳ TERRITOIRE. — Le colonel Terrillon, commandant le 1ᵉʳ territoire, organisa donc des opérations pour venir à bout de Luu-Ky. On mit sur pied de gros effectifs, et l'on engagea contre lui une action longue et méthodique.

La chasse dura six mois et donna lieu à plusieurs engagements très vifs, entre autres celui du 12 janvier, qui coûta la vie au capitaine Lemoine et au lieutenant Esterhazy, et, si les pirates ne furent pas détruits matériellement, ils furent du moins repoussés dans le 2ᵉ territoire et, vers le littoral, sur le Sung-Ba-Ché ; leur organisation fut disloquée et le delta dégagé.

Débarrassé de Luu-Ky, le colonel porta ses efforts sur cette dernière région. Chassés une première fois (affaires de Lung-Can et de Lang-Ra), les pirates se reformèrent bientôt, et, renforcés, ils établirent un nouveau repaire près de Tien-Yen, contre lequel une première colonne échoua, mais qui fut évacué ensuite devant une autre plus forte.

Vers la fin de l'année, leur nombre s'étant encore accru par l'adjonction d'anciens partisans de Luu-Ky, ils réoccupèrent, au nombre d'un millier de fusils, leur ancienne position. Chassés de nouveau et traqués par des colones légères, ils se dispersèrent enfin peu à peu et repassèrent la frontière.

Après ces colonnes, il n'y eut plus dans le 1ᵉʳ territoire de bandes sérieuses, et pendant deux ans on n'enregistra que de petits faits de piraterie sans importance. L'organisation de cette région fut aussitôt commencée.

OPÉRATIONS DANS LE YEN-THÉ. — Les bandes du Yen-Thé avaient été bousculées et dispersées l'année précédente par le colonel Frey. Mais, la région n'ayant pas été occupée militairement, elles n'avaient pas tardé à y reparaître à la barbe des postes de milice, impuissants, et y avaient organisé un véritable camp retranché composé de sept ou huit fortins désignés par les noms des principaux chefs : Dé-Nam, Ba-Phue, De-Tam, etc.

L'emplacement de ces forts, noyés en pleine forêt, n'était pas connu exactement, et le manque de points dominants, l'absence de tout débroussaillement autour des positions occupées, en rendaient le repérage à distance presque impossible. Les palissades extérieures de ces ouvrages étaient en effet contiguës au fourré, et, comme dans ces forêts la vue est absolument bornée à quelques pas par une végétation abondante et inextricable, on était obligé d'en chercher les emplacements en marchant à tâtons, et on ne les découvrait que quand on tombait le nez dessus.

Le général Voyron fut chargé de diriger ces opérations avec 2.000 hommes divisés en quatre colonnes et une nombreuse artillerie. L'investissement de la position eut lieu dans les premiers jours de mars.

Le 25, au cours d'une reconnaissance, un groupe se heurta sans s'en douter à un des principaux ouvrages. Il y perdit trois officiers (les lieutenants Holstein, Vigneron, Becquet) et eut 18 hommes tués; deux officiers (le capitaine Bouvier et le lieutenant Leclère) et 35 hommes blessés.

A la suite de cette surprise meurtrière, on resserra le blocus en cheminant à la sape contre le fort principal. Puis, après un bombardement de deux jours et une escarmouche qui nous coûta encore 3 tués et 12 blessés, cet ouvrage fut abandonné par l'ennemi, et son occupation amena la chute de tout le camp retranché.

Comme on le voit, toutes ces colonnes, qu'elles fussent faites dans les rochers ou les bois, présentaient le même caractère. Presque toujours elles débutaient par des surprises, que la nature du terrain, la difficulté,

l'impossibilité même de s'éclairer rendaient inévitables
et auxquelles les plus habiles et les plus prudents sont
sans cesse exposés au Tonkin, puis se terminaient par
l'abandon des positions, dû en partie à l'effet moral
produit par l'artillerie.

Cette fois du moins, la région fut occupée, rattachée
au 2ᵉ territoire militaire, et pendant quelque temps on
fut tranquille de ce côté.

Opérations dans le 4ᵉ territoire. — Le colonel
Pennequin ne restait pas non plus inactif. Les prin-
cipales bandes pirates de son territoire étaient celles de
Hoang-Man, Hoang-Than-Loï et du Doc-Ngu.

Ce dernier, après ses exploits de l'année précédente
à Cho-Bo et Hanoï, traqué de tous les côtés, n'avait pu
se maintenir sur la rivière Noire et avait disparu pour
quelque temps. Mais, peu après l'arrivée du colonel, il
avait repris la campagne et enlevé par surprise le poste
de Yen-Lang (février 1892).

Ce poste, précédemment supprimé comme étant trop
en l'air et trop exposé, avait été rétabli en 1891, après
les opérations contre Xom-Giong, et était occupé par
deux officiers et un peloton de tirailleurs. Un officier
et une cinquantaine d'hommes étaient absents ce jour-
là; le capitaine Pouligo et la plupart de ceux qui étaient
restés furent massacrés.

Le colonel porta donc ses premiers coups à cet adversaire redoutable, et de grosses colonnes furent mises
en mouvement, mais sans résultat appréciable. Se dé-
robant toujours, leur glissant sans cesse entre les doigts,
le Doc-Ngu réussit même, après de nombreuses marches
et contre-marches à leur faire subir un très grave échec
à Nien-Ky (mai 1892).

La saison étant trop avancée pour poursuivre les
opérations, le colonel les interrompit et chercha alors
à obtenir, par d'autres moyens, la disparition de ce chef.

Les bandes du Doc-Ngu étaient composées de deux éléments distincts : des Annamites du delta et des Thos. Les Annamites étaient de vrais pirates, les autres 'e simples mécontents poussés à bout par des antipathies de race et les exactions des mandarins annamites. Le colonel, qui savait tout le parti que l'on pouvait tirer de ces différences de nationalité et les avait déjà utilisées lors de son précédent séjour (Déo-Van-Tri), entama des négociations qui aboutirent à l'assassinat du Doc-Ngu, annamite lui-même, par ses partisans thos.

Sa fin tragique eut un grand retent'ssement dans le pays et amena la soumission de son ami et allié le Dé-Kieu et du Quan-Ao.

Avec lui disparaissait le dernier des quatre grands chefs annamites rebelles qui, depuis 1885, avaient lutté contre nous : Doï-Van, Doc-Tich, Dé-Kieu, Doc-Ngu. Désormais, sauf dans le Yen-Thé, nous n'aurons plus à combattre que des bandes chinoises.

Le colonel dota aussitôt le pays de l'organisation promise qui séparait nettement les Thos des Annamites, rendant ceux-là indépendants de ceux-ci. La pacification de la région d'Hung-Hoa et de toute la moyenne et basse rivière Noire fut dès lors un fait accompli, et les efforts du colonel se tournèrent vers le fleuve Rouge, et contre les bandes chinoises qui en infestaient les deux rives.

Celles de la rive gauche, déjà chassées en 1891 de Ké-Dinh, furent l'objet de plusieurs colonnes, qui les délogèrent successivement de divers autres repaires. Quelques reconnaissances furent seules dirigées contre celles de la rive droite, solidement établies dans le Phong-Du. Les unes et les autres ne furent attaqu'es sérieusement que l'année suivante et sout'nrent la lutte avec une énergie remarquable.

OPÉRATIONS DANS LE 2ᵉ TERRITOIRE. — MORT DE LUU-

Ky. — Le 2ᵉ territoire, dans lequel on devait, pour cette année 1892, se tenir tranquille, ne tarda pas lui aussi à reprendre la lutte.

Déjà, pendant les opérations dans le Dong-Trieu, une colonne avait fait la navette tout le long de la frontière de Lang-Son à Tien-Yen, protégeant en même temps les travaux de la nouvelle route. Ceux-ci, entrepris à la fois aux deux extrémités du tracé et menés avec une grande activité, étaient terminés en avril et la route jalonnée par le poste de Dong-But (repris à la milice) et ceux de Kéo-Co et de Na-Peo, de création récente, qui complétaient l'organisation militaire de cette partie de la frontière (1).

Mais les opérations du colonel Terrillon n'avaient débarrassé le 1ᵉʳ territoire qu'au détriment du 2ᵉ, sur lequel étaient passées la plupart des bandes pourchassées. Ce résultat, absolument conforme aux habitudes des pirates, était du reste prévu. Chassés d'un territoire et ne pouvant plus s'y reformer, ils devaient forcément passer chez le voisin, et ainsi de suite de proche en proche, jusqu'au jour où notre occupation de la frontière, progressant par le Nord et par le Sud, la tenaille menacerait de se refermer sur eux et de les isoler complètement de la Chine.

C'est ainsi que, dès le mois d'avril, une bande de 400 fusils, chassée du Dong-Trieu et ayant à sa tête quatre anciens lieutenants de Luu-Ky (Lee-Gny, Saï-Lao-Gny, Vuong-Pet et Vuong-Sam) était venue s'établir dans le Mau-Son, massif montagneux qui s'étend de Lang-Son à la frontière et s'était mise en devoir de piller le canton de Ban-Danh, encore dépourvu de poste.

---

(1) La moitié nord de cette route, de Lang-Son à Dinh-Lap, fut exécutée par le capitaine Weber, de l'infanterie de marine, ayant comme adjoints les lieutenants Chenard et Rouyer.

Le colonel Servière vint aussitôt l'attaquer. Le 22 avril, un peloton de légionnaires en reconnaissance sous les ordres du capitaine Chabrol se heurta, à Con-Tam, à un fort parti ennemi et dut se replier après avoir perdu 8 hommes tués et 33 blessés. Le 4 mai, le gros de la bande, établi à Koué-Luong, attaqué par deux colonnes, abandonnait ses positions après un nouvel engagement assez vif et passait en Chine. Un poste fut établi à Ban-Danh et les troupes envoyées dans une autre direction (1).

Mais, quelques jours après, le 16, la bande repassait la frontière, et, pour bien prouver qu'elle n'était pas encore détruite, venait attaquer et piller le gros village de Ky-Lua, à 800 mètres de Lang-Son, sur la rive droite du fleuve. Il n'y avait pas, ce soir-là, 50 fusils disponibles dans la place. Réunis à la hâte, ils ne purent franchir la rivière ni au gué, ni avec le bac, ayant en face d'eux sur l'autre rive 100 à 150 hommes embusqués le long de la berge, qui ouvrirent un feu violent sur la petite troupe dès qu'elle se présenta. Les pirates eurent ainsi tout le temps de piller Ky-Lua, bien que la population en soit entièrement chinoise et nung, et purent se retirer sans être poursuivis sérieusement. Outre l'argent, les marchandises, les bestiaux. ils enlevèrent 150 femmes, qui, rachetées ensuite au prix moyen de 200 piastres l'une, leur procurèrent un joli denier.

Un de leurs chefs, Lee-Gny, avait été tué à Koué-Luong; un autre, Saï-Lao-Gny, le fut à Ky-Lua; un troisième, Vuong-Sam, se retira des affaires après cette opération fructueuse, ainsi qu'un assez grand nombre

---

(1) Pendant ces opérations, le lieutenant Rouyer, commandant le poste de Kéo-Co, occupait, avec 100 fusils et de nombreux partisans, les principaux cols du Mou-Son, pour les empêcher de se rejeter dans l'intérieur.

de ses partisans. Vuong-Pet, devenu seul chef de la
bande ainsi diminuée, s'établit en Chine, tout près de
la porte d'Aï-Loa, et fit, jusqu'en 1894, de fréquentes
incursions, harcelant et inquiétant sans cesse les garnisons du poste de Ban-Danh et des blockhaus récemment créés le long de la frontière.

Il en fut de même des bandes de Luu-Ky, qui, en
juin, envahirent le Bao-Day, où les travaux de la voie
ferrée, en pleine activité, leur offraient de fructueux
coups de main à tenter. Et tout de suite, pour mettre
fin à la poursuite dont il était l'objet, Luu-Ky réédita
le coup qui lui avait si bien réussi en 1890, et en juillet
il enlevait M. Vézin, un des entrepreneurs de la voie.

Ces sortes d'opérations, dont l'initiative lui revenait,
offraient en effet aux pirates un double avantage.
C'était d'abord d'être absolument tranquilles et de pouvoir piller à leur aise pendant la durée des négociations, que leurs exigences rendaient fort longues, jusqu'au paiement de la rançon exigée; car la première
condition mise par eux au rachat des prisonniers ainsi
enlevés était la suspension de tout acte d'hostilité de
notre côté jusqu'à leur délivrance, sous peine de provoquer immédiatement la mort des malheureux dans
d'atroces souffrances. Puis, quand la rançon était tou-
chée, ils se ravitaillaient en armes, munitions, vivres,
et, plus forts qu'avant, reprenaient la campagne.

Certain donc de l'impunité tant qu'il tiendrait son
captif, Luu-Ky voulut en profiter et attaqua, quelques
jours après, sur la route mandarine, un fort convoi de
piastres et de munitions qui montait sur Lang-Son.
Mal lui en prit, car il fut tué dans cette rencontre, qui
coûta aussi la vie au commandant Bonneau, au capitaine Charpentier et à un assez grand nombre des nôtres (23 hommes tués, 8 blessés).

Après sa mort, ses bandes se divisèrent en deux tronçons. L'un alla s'installer dans les rochers du Caï-Kinh; l'autre, le plus important, sous le commandement de sa veuve, resta dans le Bao-Day jusqu'au paiement de la rançon de M. Vézin.

Pour les frères Roques, les pirates avaient demandé 50.000 piastres (200.000 francs), que ceux-ci purent payer avec leur fortune personnelle. Pour M. Vézin, ils en exigèrent 80.000, qui furent réduites à 70.000, et payées, pour les deux tiers, par le budget de la colonie au commencement d'août. Aussitôt l'argent touché, la bande abandonna le Bao-Day, où elle ne se sentait plus en sûreté, et alla rejoindre l'autre. Réunis au nombre de 700 à 800, les pirates se donnèrent un nouveau chef, Hoang-Taï-Ngan, et s'installèrent au cirque de Lung-Day.

Le colonel Servière, qui n'attendait que ce moment, marcha aussitôt contre eux, les chassa de Lung-Day (mort du capitaine Perrin), les battit successivement à Van-Mong, Lung-Can et Ban-So (mort du capitaine Vatrin et du lieutenant Huas, août 1892), mais ne put les empêcher d'organiser un nouveau repaire à Lung-Lat, position très forte, dans laquelle ses forces ne lui permirent pas de les attaquer. Tout ce qu'il put faire fut de confier à une colonne mobile, sous les ordres du commandant Barre, le soin de les contenir et d'empêcher de nouvelles tentatives de leur part contre les travaux du chemin de fer.

Ces opérations étaient à peine terminées qu'il fallut faire face d'un autre côté. Une véritable levée de boucliers avait en effet lieu en Chine à l'instigation des mandarins militaires de la frontière, inquiets de notre nouvelle façon d'agir, qui devait à bref délai les priver des petits bénéfices que leur procurait la liberté laissée par eux aux bandes de sortir de Chine et d'y rentrer à volonté.

Parmi ces chefs militaires chinois, deux méritent une mention particulière : le maréchal Su et le général Ma. Tous deux avaient acquis une grande réputation pendant la guerre franco-chinoise. Le premier, auquel on attribuait notre échec de Bang-Bo, fut, après la signature de la paix, comblé d'honneurs et de dignités. Il reçut le commandement du corps d'armée de la frontière, ainsi que la mission d'organiser celle-ci contre une attaque possible de notre part. Le général Ma occupait aussi, en sous-ordre, un commandement important.

Ces deux chefs ne nous aimaient pas, et, en présence de toutes les difficultés que rencontrait notre établissement dans le pays, croyant fermement à un abandon prochain de notre part, ils s'étaient employés de toutes leurs forces, depuis sept ans, à nous en créer de nouvelles. Cette mauvaise volonté s'était surtout manifestée dans les questions de délimitation de frontière : Su était chef de la commission chinoise, et les travaux, souvent interrompus par suite de la mauvaise foi qu'il y apportait, avaient failli se terminer l'année précédente par le massacre de la commission française que présidait M. Frandin, ancien consul en Chine.

Au dîner de cérémonie qui clôturait les opérations de l'hiver 1890-91, réunissant les deux commissions à la même table à Long-Tchéou, le maréchal, irrité par la présence du mandarin annamite commandant la province de Lang-Son, que nous lui avions imposée, se grisa abominablement et fut de la dernière inconvenance, allant même, dans un accès de colère, jusqu'à briser une partie de la vaisselle qui était sur la table. Sans la présence d'esprit et le sang-froid de notre consul à Long-Tchéeou, M. Bons d'Anty, les choses auraient certainement mal tourné, et la mission, sans escorte et sans défense au milieu d'une ville chinoise de 50.000 âmes, eût été perdue.

Le moins que nous eussions dû exiger après cela eût été le déplacement du mandarin. Mais on se contenta des vagues excuses que le maréchal présenta au président de notre commission.

Su pouvait donc après cela se croire tout permis. Aussi, quand il nous vit décidés à en finir avec la piraterie, il tenta un nouvel effort, et, au commencement de septembre, une véritable invasion se produisit : pirates et réguliers inondèrent la plaine de That-Khé et coupèrent les communications de cette place avec Cao-Bang et Lang-Son. Il fallut rappeler en toute hâte les troupes qui parcouraient encore le Caï-Kinh, pour faire face à ce nouveau danger, et une colonne sous les ordres du colonel Servière partit au secours de That-Khé.

A son approche, les bandes se retirèrent et occupèrent le cirque de Lung-Xa, où le colonel les tint bloquées pendant quelques jours. Mais e¹les réussirent à s'en échapper, et se jetèrent dans le cercle de Cao-Bang, où le commandant Famin leur donna une chasse vigoureuse pendant les mois de novembre et décembre 1892 (engagements de Lung-Noï, Kéo-Mac, Lung-Po).

Indépendamment des opérations ci-dessus résumées, de nombreux engagements avaient eu lieu un peu partout entre les pirates et les garnisons des postes qui avaient à ce moment l'ordre de marcher toujours et quand même, et de tout tenter pour protéger efficacement le pays.

C'est ainsi que le capitaine Magnenot se faisait tuer avec dix hommes devant le repaire de Dong-A-Hop, qui cette fois ne s'était pas contenté de faire rouler quelques pierres. A Bac-Phiet, le lieutenant Ginalhac trouvait la mort dans une embuscade, et le capitaine David, parti pour le venger, était lui-même attaqué, et complètement enfermé dans un cirque. Prise entre les pirates et la frontière, la troupe de cet officier n'échap-

pait à une destruction complète qu'en demandant asile
au commandant du fort chinois de Bo-Cup. Nous perdions, dans ces deux dernières rencontres, 37 tués et
17 blessés.

La lutte avait donc été très dure pendant cette année, et l'on avait guerroyé un peu partout. Les pirates,
comprenant qu'ils jouaient leur va-tout et que leur
existence même était en jeu, ne s'étaient pas contentés
de se défendre et avaient souvent attaqué. Partout, dans
le Dong-Trieu, le Yen-Thé, le Mauson, comme à Nien-
Ky et à Lung-Day, ils avaient montré autant d'audace
dans l'attaque que d'énergie dans la défense, et nos
succès avaient parfois été chèrement achetés. Pendant
cette année, en effet, dix-neuf officiers avaient été tués
à l'ennemi, ce qui supposait un nombre au moins égal
de blessés. C'était énorme, car depuis 1885 le chiffre
le plus élevé avait été de dix atteint deux fois, en 1886
et 1890.

Mais au moins ces sacrifices n'avaient pas été perdus;
nous avions fait un pas considérable en avant, et la
situation s'était sensiblement améliorée. Le 1er et le
4e territoires ainsi que le Yen-Thé étaient nettoyés
et organisés, le 2e en partie dégagé : c'était un résultat
appréciable qui attestait la vigueur de l'effort accompli.

Départ du général Reste. — Le général Reste, en
arrivant au Tonkin, avait recueilli une succession très
lourde. Il chercha à remédier immédiatement, dans la
mesure du possible, à la situation pénible dans laquelle
il avait trouvé les troupes.

Il avait fait, au commencement de l'année, une assez
longue tournée hors du delta. Venu par la route mandarine jusqu'à That-Khé, il était redescendu par celle
récemment construite le long de la frontière, après

avoir visité tous les postes, tous les gîtes d'étapes du cercle de Lang-Son. C'était la première fois, depuis la colonne de Cao-Bang, qu'un général se rendait dans ces parages peu sûrs et dépassait Phu-Lang-Thuong.

Cette tournée fut féconde en résultats. Le général revint stupéfait de ce qu'il avait vu et entendu ; et, ayant trouvé de magnifiques magasins en fer à Haï-Phong et à Hanoï, où ils n'étaient utilisés que comme remises pour les vieilles ferrailles et le matériel d'artillerie hors de service, les fit transporter pour servir de casernes dans les postes extrêmes.

L'audace des pirates, leur nombre, l'acharnement avec lequel ils luttaient contre nous, l'avaient aussi étonné et inquiété, et, après les événements militaires dont il avait été témoin, il lui sembla indispensable, pour maintenir les résultats acquis et pour poursuivre l'œuvre entreprise, d'obtenir une augmentation d'effectif. Aussi, quand vint le moment d'établir son budget, demanda-t-il pour l'année suivante les crédits nécessaires au maintien des compagnies européennes à l'effectif de 200 hommes et à la création du 4ᵉ tonkinois, supprimé deux ans auparavant. Le gouverneur refusa catégoriquement.

Peut-être le général s'exagérait-il un peu les dangers de la situation. Mais, très entier, ayant au plus haut degré le souci de sa dignité d'officier général commandant les troupes et conscience de sa responsabilité, il ne voulut pas céder sur un point aussi essentiel, qu'il considérait comme indispensable à l'accomplissement de la tâche dont il était chargé. Il renonça cependant à l'augmentation d'effectif des compagnies européennes, mais il resta inflexible en ce qui concernait la création du 4ᵉ tonkinois, dont il fit même la condition expresse de son maintien au commandement des troupes.

Le gouverneur général qui, malgré tout son désir

d'en finir avec la situation de sécurité précaire dans laquelle il avait trouvé la colonie, était limité par ses ressources financières, ne put y consentir. La presse s'en mêla à son tour et prit à partie ce général qui, paraît-il, ne plaisait pas aux colons ; n'admettait pas qu'on lui refusât de l'argent pour les besoins de la défense du pays, alors qu'on en trouvait pour embellir Hanoï et Haïphong et y subventionner des troupes théâtrales ; avait enfin supprimé toute communication aux journaux sur les opérations.

Les rapports se tendirent de nouveau entre l'autorité civile et l'autorité militaire ; et, personne n'ayant voulu céder, le général demanda son rappel et partit en novembre.

De tous les généraux de l'infanterie de marine qui commandèrent en chef au Tonkin depuis 1888, le général Reste est le seul auquel fut refusé le grade de divisionnaire.

CHAPITRE VII

Campagne de 1893. — Arrivée du général Duchemin. — Opérations dans le 4e territoire. — Attaque du poste de Pho-Bin-Gia — Expiration du traité conclu avec Luong-Tin-Ky. — Reprise des opérations. — Nouveaux enlèvements d'européens. — Mutations dans les commandements de territoire.

Campagne de 1894. — Opérations dans le 2e territoire et le long de la frontière (Ban-Danh, Po-Mou, les Lung-Khé). — Opérations contre Hoang-Taï-Ngan (Len-Day, Lung-Lat).

CAMPAGNE DE 1893

Arrivée du général Duchemin. — Le général Duchemin débarqua en janvier 1893. Il sut très habilement profiter de la situation qu'avait fait naître le brusque départ du général Reste.

Le gouverneur et son entourage avaient, en effet, été très affectés de ce départ. Ils avaient pensé que le commandant des troupes, après avoir protesté suffisamment contre le refus opposé à ses demandes, finirait par en prendre son parti et s'incliner. Mais, à leur grand étonnement, celui-ci, loin de céder, était parti, et il était évident que, si un nouvel incident de ce genre se produisait, cela pourrait produire une fâcheuse impression en France, et même porter atteinte au prestige du pouvoir civil.

Le gouvernement général était donc disposé à accorder au nouveau venu tout ce qu'il serait possible. Et le général Duchemin sut admirablement tirer parti de ces bonnes dispositions dans l'intérêt général.

Partisan résolu des mesures déjà arrêtées et appliquées, il n'hésita pas à leur donner leur maximum d'extension et parvint ainsi, pendant ses trois années

de commandement, à achever à peu près complètement
la pacification du pays.

Aux opérations faites dans le 2ᵉ territoire (Yen-Thé,
Caï-Kinh, That-Khé) avait succédé une période de
calme relatif, et le départ du général Reste avait re-
tardé la reprise de la campagne. Les seuls événements
militaires importants de cette fin d'année furent donc
les colonnes du commandant Famin dans le cercle de
Cao-Bang, dont il a été parlé plus haut. Mais dès l'arrivée du général Duchemin les opérations recommencèrent.

Opérations dans le 4ᵉ territoire. — Les bandes
de la rive gauche du fleuve Rouge, quoique pourchassées depuis 1890, tenaient toujours la campagne, sous
le commandement de Nguyen-Trieu-Tong; elles avaient
été peu entamées du reste, et, après leur échec de l'année précédente à Ngoï-Caï, elles éta'ent venues s'établir près de la frontière, dans la région de Lao-Kay.

Celles de la rive droite sous Hoang-Man avaient
effectué un mouvement de recul analogue, en venant
occuper le Phong-Du.

Cela résultait de ce que les deux gros rassemblements
de pirates en question obéissaient à un chef suprême :
Hoang-Than-Loï.

Ce fut dans ces situations que le colonel Pennequin
les retrouva, lorsque, en janvier 1893, le siège du 4ᵉ territoire fut transféré de Yen-Baï à Lao-Kay. Cet officier supérieur engagea tout de suite de nouvelles opérations contre elles. Il donna d'abord la chasse à
Hoang-Man, qu'il battit dans plusieurs rencontres. Mettant ensuite à profit le désarroi que ses succès avaient
causé dans les bandes, il appliqua au Phong-Du la nouvelle organisation et arma la population, qui rendit
bientôt l'existence impossible aux Chinois et les rejeta
vers Ba-Xat.

Pendant ce temps, les bandes de la rive gauche tentaient une diversion, et Nguyen-Trieu-Toug venait attaquer le poste de Muong-May. Repoussé par une petite colonne de secours, il se retira à Ngoï-Mac, d'où le colonel le chassa lui-même en avril.

Vers le milieu de l'année, les deux bandes épuisées se réunirent sur la rive gauche du fleuve Rouge et se retirèrent dans le canton de Tu-Long, que nous contestait la Chine et que, pour cette raison, nous n'occupions pas encore.

ATTAQUE DU POSTE DE PHO-BIN-GIA. — A la suite de ses opérations dans le Caï-Kinh l'année précédente, le colonel Servière, ne se trouvant pas assez fort pour attaquer Lung-Lat, avait créé les postes de Tri-Lé, Van-Linh et Pho-Bin-Gia, dont l'action, jointe à celle de la colonne du commandant Barre, devait maintenir Hoan-Taï-Ngan et ses partisans enfermés dans leur position.

Le chef pirate, se trouvant gêné par l'organisation des postes et par la présence des forces françaises dans la région, vint, en juin, mettre le siège devant Pho-Bin-Gia, qu'occupait un peloton de tirailleurs. Pendant huit jours, la petite garnison, privée d'eau, résista aux attaques de 300 à 400 pirates dans un poste à moitié détruit par l'incendie, et sans autre défense qu'une palissade en bambous et une tranchée. Elle fut débloquée par les mouvements combinés du commandant Barre et du capitaine Brulard. La bande rebelle n'eut que le temps de déguerpir pour ne pas être coupée de Lung-Lat ; elle subit des pertes sérieuses.

EXPIRATION DU TRAITÉ CONCLU AVEC LUONG-TAM-KY. — Les opérations du 4ᵉ territoire, qui était fort éloigné du delta, marquèrent seules, avec les affaires de Pho-Bin-Gia, les premiers mois de l'année 1893. Partout ailleurs, on attendait et l'on se tenait sur la réserve. On se trouvait en effet dans la perspective d'un événement dont les conséquences pouvaient être sérieuses et de nature à nous obliger à concentrer des forces imposantes dans l'intérieur du pays : c'était l'expiration du traité conclu avec Luong-Tam-Ky.

On se rappelle que cet accord avait été conclu en 1890 pour trois ans. La question de l'échéance allait donc se poser dès le mois de juillet; elle était envisagée déjà depuis le commencement de l'année et l'on se demandait, avec une certaine appréhension, ce qui allait se passer et ce qu'il faudrait faire.

Déjà, dès son arrivée, le général Reste aurait voulu que l'on rompît une paix aussi onéreuse que celle qui était imposée par cet accord, ce qui avait amené un premier différend entre le général et le gouverneur. Ce dernier s'y était absolument refusé, se réservant de prendre une décision quand le moment serait venu.

La question était assez grave pour qu'on y réfléchît sérieusement.

Luong-Tam-Ky et Ba-Ky, qui se serait certainement joint à lui, n'étaient pas les premiers venus. Outre les 500 hommes que nous entretenions pour le premier, nous savions en effet que l'un avait, à Lin-Dam, un magasin contenant 1.000 fusils neufs, dont le placement était assuré à la première alerte, et que l'autre en avait 600 dont il pouvait disposer. C'était donc un rassemblement d'au moins 2.000 fusils (sans compter ceux du Yen-Thé, du Caï-King, etc.,) qui se seraient indubitablement groupés autour d'eux dans un pays boisé et rocheux, où les travaux de défense accumulés depuis trois ans, s'ajoutaient encore aux difficultés naturelles du terrain. Un effort dirigé contre cette masse exigeait de nombreuses troupes et ne devenait possible qu'en dégarnissant la frontière, ce qui aurait eu immédiatement pour conséquence de créer un nouveau danger de ce côté.

Quand vint le moment de prendre une résolution, le gouverneur et le général furent d'accord pour écarter d'une manière absolue un renouvellement du traité sur les bases de celui qui expirait, et l'on s'arrêta aux conditions suivantes, qui furent notifiées à Luong-Tam-Ky sous forme d'ultimatum :

« Suppression de la subvention destinée à l'entretien de la bande. Maintien pour ce chef d'une subvention personnelle de 500 piastres par mois, qui prendrait fin sans autres négociations avec l'année 1894 ;

« Droit pour les colons et les officiers isolés de circuler sur son territoire avec ou sans escorte : les premiers pour faire le commerce des bois qui y abondent, les autres pour reconnaître et lever le pays.

« Enfin, installation à Cho-Chu même, sous la protection d'un poste de miliciens, d'un représentant du gouvernement français chargé de voir ce qui se passait et de nous renseigner. »

La réponse du chef se fit un peu attendre. Il faut dire que la situation n'était plus la même qu'en 1890. Depuis dix-huit mois, Luong-Tam-Ky avait été témoin de nos succès sur la piraterie vaincue et repoussée partout : il savait que nos frontières, déjà organisées, étaient occupées en partie, et que les Thos et les Mans étaient armés par nos soins; à l'intérieur, il avait constaté que la rébellion avait disparu et que les mandarins s'étaient franchement ralliés à notre cause; il sentait enfin que les forces situées sur les trois premiers territoires se trouvaient prêtes pour l'attaque. Il comprit dès lors que les beaux jours de la piraterie étaient passés et que le temps n'était plus aux rodomontades. et dut se résigner à accepter les conditions qui lui étaient imposées.

Quittant Lin-Dam, où il s'était prudemment tenu depuis 1890, il revint s'établir à Cho-Chu, auprès de notre représentant, et eut l'air de tenir ses engagements et de ne plus s'occuper que du commerce des bois, qui lui rapportait de beaux bénéfices. Mais il n'en continua pas moins, avec plus de discrétion toutefois, à envoyer ses partisans renforcer les autres bandes, à aider celles-ci et à leur donner refuge, de sorte que son territoire resta, jusqu'en 1895, le principal centre d'action de la piraterie au Tonkin.

REPRISE DES OPÉRATIONS. — Le règlement de la question Luong-Tam-Ky nous permettait de reprendre notre liberté d'action. L'organisation du 1er territoire était achevée, celle du 4e très avancée : on s'occupa donc du 2e, qui, à vrai dire, en avait grand besoin, car il avait hérité de toutes les bandes chassées du 1er territoire ou venues de Chine l'année précédente, et qui, répandues un peu partout à l'intérieur ou établies contre la frontière, harcelaient sans cesse nos postes.

Parmi elles, la bande de Vuong-Pet, qui nous avait résisté dans le Mau-Son et avait ensuite attaqué Ky-Lua, s'était particulièrement signalée. Elle voulait diriger ses efforts contre le poste de Ban-Danh, dont la création l'avait empêchée de revenir dans le Mau-Son. Et, en effet, de mai à octobre, elle concentra sur lui toute son action. Après avoir tenté des attaques contre presque tous les villages du canton, obligeant la garnison à des sorties continuelles, enlevant les convois, attaquant les reconnaissances, elle s'en prit au poste lui-même. Elle l'attaqua une première fois dans la nuit du 22 au 23 juin, après y avoir mis le feu au moyen de fusées incendiaires, et une seconde fois dans la nuit du 2 au 3 août (1).

____

(1) Le poste de Ban-Danh avait été créé et était commandé par le lieutenant Rouyer.

A la fin de septembre, enhardie par la faiblesse numérique de la garnison, elle vint s'établir et se fortifier sur les hauteurs voisines de Ban-Danh, dont elle commandait ainsi les communications avec Lang-Son. Le commandant du poste, ayant reçu du renfort, l'attaqua à son tour et la rejeta en Chine, après une série de petits engagements (affaires de Hoang-Phung du 1er au 4 octobre).

La bande remonta alors le long de la frontière et s'établit successivement dans les cirques de Lung-Khé, puis dans le massif du Po-Mou, d'où elle fut rejetée encore en Chine par les opérations combinées des postes de Dong-Dang et de Na-Cham (novembre et décembre 1893).

Pendant ce temps, le commandant Lamary soutenait une lutte très vive contre les bandes venues de Chine et qui, chassées de That-Khé, s'étaient rejetées dans le cercle de Cao-Bang.

Les pirates, qui sentaient leur puissance de plus en plus menacée chaque jour, se battaient en désespérés et imprimaient à la lutte un caractère d'atrocité et de sauvagerie inconnu jusqu'alors. C'étaient des massacres dans les villages attaqués; les populations de communes entières étaient enfermées et asphyxiées dans les grottes où elles avaient cherché un refuge. Cette vigoureuse campagne donna lieu à de brillants engagements, en particulier à Gia-Héo et à Na-Luong; elle rendit un peu de sécurité et de tranquillité à cette région si troublée depuis deux ans.

NOUVEAUX ENLÈVEMENTS D'EUROPÉENS. — La soumission (le mot cette fois était presque exact) de Luong-Tam-Ky avait laissé un peu à découvert les bandes du Caï-Kinh, dont il était le voisin. Aussi, après son échec devant Pho-Bin-Gia, Hoang-Taï-Ngan, supposant bien qu'on ne tarderait pas à agir vigoureusement pour en finir avec lui, prit-il encore une fois ses précautions. De petits détachements se glissant inaperçus à travers nos postes parvinrent jusque sur la ligne du chemin de fer, et en quelques jours enlevèrent coup sur coup trois surveillants européens (Roty, Bouillet et Humbert-Droz); ils en assassinèrent un quatrième, qui n'avait pas voulu se laisser emmener.

Mais, contrairement à ce qui s'était passé jusqu'à ce jour, ces enlèvements, au lieu de suspendre les opérations, les firent poursuivre avec une nouvelle vigueur. Le général Duchemin s'était, en effet, élevé contre cette manière de faire qui consistait à ne plus combattre les pirates, et à laisser tous leurs méfaits impunis jusqu'à la délivrance des prisonniers. Il estimait, non sans raison, que la vie de ceux-ci représentait pour leurs ravisseurs un capital trop précieux pour ne pas être ménagée quand même, et qu'une poursuite vigoureuse ne pouvait que les amener à composition.

On se mit donc aussitôt en campagne, et en octobre le commandant Barre enlevait le repaire de Len-Day, position avancée de la bande. Mais les prisonniers ne s'y trouvaient pas. Sous la garde de quelques hommes de confiance qui avaient pour consigne de les tuer plutôt que de les laisser délivrer vivants, ils menèrent pendant de longs mois une vie misérable et errante à travers monts et forêts, changeant de camp tous les trois ou quatre jours et dépistant toutes les poursuites. Le commandant Barre, avec une ténacité et une énergie remarquables, s'attacha à leurs pas, et, jusqu'à la fin de l'année, il les suivit avec acharnement. Souvent, sans s'en douter, il passa si près d'eux que les malheureux entendirent les voix de nos hommes, mais sans pouvoir révéler leur présence par le moindre cri, qu'un coup mortel eût aussitôt étouffé dans leur gorge; plus d'une fois, il faillit les prendre au gîte, mais il ne réussit pourtant pas à les délivrer.

MUTATIONS ENTRE LES COMMANDANTS DE TERRITOIRE. — Depuis plus d'un an déjà, le colonel Terrillon, commandant le 1er territoire, était rentré en France. Obligé par son état de santé de partir presque aussitôt après les opérations des colonnes du Dong-Trieu, il avait été remplacé pendant quelques mois par le lieutenant-colonel Clamorgan, puis par le colonel Galliéni.

Le colonel Pennequin, à son tour, ayant achevé sa période coloniale, était à la veille de s'embarquer. Malgré les grands progrès réalisés dans le 4e territoire, il restait encore fort à faire. La question de délimitation de frontière, qui n'avait pas encore reçu de solution dans cette région, exigeait que le commandement du territoire ne fût confié qu'à un officier possédant une connaissance approfondie des hommes et des choses du pays et familiarisé avec la politique dilatoire et tortueuse si chère aux Chinois. Les changements suivants eurent donc lieu :

Le colonel Servière alla remplacer au 4e territoire le colonel Pennequin. Il fut lui-même remplacé au 2e par le colonel Galliéni.

Au 3e, le colonel Thomasset succéda au colonel Monségur.

Quant au 1er, dans lequel il restait peu à faire, il fut confié au colonel Chapelet, puis au colonel Chaumont.

Ces changements furent les derniers événements de l'année 1893.

CAMPAGNE DE 1894

L'année 1894 marque une date décisive dans l'histoire de la pacification du Tonkin. Elle fut en quelque sorte le couronnement de l'œuvre entreprise et de la lutte soutenue contre les pirates. Les succès décisifs que remportèrent nos armes et notre politique assurèrent au pays une tranquillité définitive. Aussi nous étendrons-nous un peu plus longuement sur cette période.

EXPOSÉ DE LA SITUATION. — Avant de commencer le récit des événements qui s'y déroulèrent, voyons d'abord quelle était la situation à cette époque.

A la date du 1er janvier 1894, elle peut se résumer de la façon suivante :

1° Le delta proprement dit, sa lisière montagneuse nord, une partie du 4e territoire et tout le 1er moins le cercle de Mon-Cay sont tranquilles ;

2° Les autres régions sont encore troublées à des degrés divers, et en raison directe de leur proximité de trois régions que l'on peut considérer comme les centres d'action de la piraterie au Tonkin : le Quang-Tong et le Quang-Si, provinces chinoises limitrophes à l'est ; la région Cho-Chu (Luong-Tam-Ky) et Ké-Thuong (Ba-Ky).

L'influence des deux premiers centres se traduit par des incursions plus ou moins importantes le long de la frontière, et en particulier dans les cercles de Mon-Cay, Lang-Son et Cao-Bang.

Celle du 3e, beaucoup plus considérable, se manifeste par un état permanent de piraterie qui, le 1er janvier 1894, s'étend au sud jusqu'à Yen-Thé et à l'est jusqu'à la ligne du chemin de fer.

Cette influence se fait également sentir à l'ouest, et non de la façon la moins intense; mais, là, elle n'est pas seule et s'y trouve doublée, comme on le verra plus loin, d'une piraterie propre inhérente à la région.

Sur la frontière, la mise en état de défense du pays, l'armement et l'organisation de la population, l'ouverture des routes, la création de lignes télégraphiques ont déjà amené de grands progrès. Des relations meilleures commencent à exister avec les mandarins chinois et aboutiront sous peu à une entente favorable non seulement sur la question propre de l'abornement, mais aussi sur la question accessoire et non moins importante de la communauté d'efforts à exercer par les deux Etats en vue de la répression de la piraterie.

Le Yen-Thé, tranquille depuis 1892, recommence à s'agiter.

Enfin, dans le 3e territoire, où rien n'a encore été fait, la situation est restée stationnaire. Les bandes y sont plus nombreuses que partout ailleurs; néanmoins, on ne les combat pas, on vit côte à côte avec elles; confiantes dans notre tranquillité, elles permettent, par un échange de bons procédés, la circulation de nos détachements et de nos convois sans trop les inquiéter. On ne pouvait opérer partout à la fois, car les forces faisaient défaut. L'insuffisance des effectifs devait par suite se manifester quelque part, et c'est précisément dans la région de la rivière Claire, la moins intéressante au double point de vue de la productivité et des voies commerciales, que l'on maintint cette situation, d'ailleurs connue et voulue.

Dans ce territoire, nous ne tenons pas encore le pays; nous occupons seulement, et faute de mieux, les points stratégiques, d'où nous surveillons les bandes, en attendant que l'achèvement de l'organisation des autres rende disponibles les effectifs nécessaires pour agir efficacement.

Voici du reste le décompte des bandes qui y étaient stationnées au 1er janvier 1894 :

Mac-Que-An. . . ……….	600 hommes	500 fusils.
Hoang-Can. . . ………	600 —	400 —
Dong-Sam-Sum. . . . …	600 —	400 —
A-Coc-Thuong. . . . …	1.000 —	700 —
Lozet. . . ……….,…….	100 —	70 —
Can-Nhi. . . ………….	500 —	400 —
Luang-Tam-Ko. . . . …	600 —	300 —
Totaux……	4.000 hommes	2.770 fusils.

Opérations dans le 2ᵉ territoire. — Opérations contre Hoang-Taï-Ngan. — Dans le rayon d'influence du centre de piraterie Cho-Moï, Cho-Chu, la bande du Caï-Kinh était devenue, au commencement de 1894, de beaucoup la plus gênante, en raison de son voisinage avec la voie ferrée de Phu-Lang-Thuong à Lang-Son.

Dans le courant de 1893, trois Européens y avaient été capturés — comme nous l'avons dit — et, dans les derniers mois de cette même année, les actes de brigandage s'y étaient renouvelés d'une façon si continue que les chantiers furent abandonnés et les travaux suspendus pendant un temps assez long.

Malgré leur activité, les postes militaires et de miliciens échelonnés le long de la ligne en construction étaient impuissants à en assurer la sécurité complète. Différents systèmes de protection à plus grande distance avaient été expérimentés; mais tous n'étaient, en définitive, que des demi-mesures, et aucun ne produisit de résultat bien concluant.

Il fallait opérer d'une façon plus radicale, organiser une grosse opération, purger ces rochers, où les pirates trouvaient tout à côté un abri très commode, et les occuper.

Cette mission fut confiée au colonel Galliéni, qui venait de prendre le commandement du 2ᵉ territoire.

Les pirates, au nombre d'un millier environ, débris

renforcés des bandes de Luu-Ky, réunis sous le commandement de Taï-Ngan, s'étaient installés au cirque de Lung-Lat. On organisa contre eux une expédition comprenant trois colonnes qui convergèrent sur le cirque, devant lequel elles arrivèrent le 19 janvier.

Malgré sa forfanterie, Taï-Ngan jugea imprudent de risquer la partie et il commença par évacuer son repaire dès qu'il apprit la marche sur ses derrières de la colonne Famin. Dans la nuit du 19 au 20, les dernières fractions sortirent du cirque en s'ouvrant de vive force un passage à travers notre ligne. Ce fut la colonne du commandant Famin qui supporta le choc. Après une marche très pénible de plusieurs jours dans les rochers, cette colonne avait atteint, le 19 seulement, à la nuit, les positions qu'elle devait occuper sur la ligne de retraite de l'ennemi. On n'eut pas le temps de faire une reconnaissance complète des abords du cirque et de ses débouchés, de sorte que l'on s'éparpilla un peu pour couvrir le plus de terrain possible. Mais, cette fois, les pirates renoncèrent à leur façon habituelle de procéder, qui consiste à se glisser par petits groupes, à travers nos postes, en évitant soigneusement les chemins. Formés en une masse compacte de 400 hommes qui suivait le principal sentier, ils fondirent à l'improviste, et au milieu de la nuit, sur les postes qui gardaient cette voie, les bousculèrent et passèrent.

Cette attaque hardie amena chez les nôtres une assez grande confusion : les postes voisins n'eurent pas le temps d'accourir, des méprises se commirent au milieu des ténèbres épaisses de la nuit, et les hommes se tirèrent les uns sur les autres. Quand l'ordre fut rétabli, les pirates étaient déjà loin.

Malgré cela, ces derniers subirent des pertes sérieuses. En arrière des troupes d'investissement du cirque, plusieurs colonnes légères battaient en effet la campagne. Il en était de même de 400 ou 500 partisans thôs armés de fusils modèle 1874 et qui étaient alléchés par la promesse d'une prime de 2 piastres par tête de Chinois qu'ils rapporteraient. Les pirates, vigoureusement poursuivis par ces nouveaux adversaires sur lesquels ils ne comptaient pas, perdirent en détail un très grand nombre des leurs, et en particulier leur chef suprême, Hoang-Taï-Ngan, qui, resté le dernier dans le cirque, avait dirigé lui-même cette audacieuse sortie.

Ceux qui échappèrent se réfugièrent à Cho-Chu et chez Ba-Ky. Quelque temps après, la restitution des trois prisonniers européens fut négociée, par l'intermédiaire de Luong-Tam-Ky, contre une rançon sensiblement inférieure à celle de 100.000 piastres demandée tout d'abord.

Les opérations dont il vient d'être question furent suivies immédiatement de l'occupation du pays, qui fut érigé en cercle. Elles l'avaient complètement nettoyé jusqu'aux limites du domaine de Ba-Ky.

Opérations dans le Yen-Thé. — Après les opérations de mars 1892, conduites par le général Voyron, les soumissions avaient été nombreuses. Il restait pourtant encore un certain nombre de chefs insoumis autant qu'insisissables parmi lesquels se trouvaient De-Tham, Tong-Luan, Ba-Phuc.

Autour de ce petit noyau, dont le Dé-Tham était le chef, se groupèrent peu à peu des vauriens et des mécontents, qui arrivèrent à reconstituer une bande. D'autre part, l'autorité civile avait commis la maladresse de reprendre la direction d'une partie de cette région, et d'y supprimer les postes militaires : de sorte que la bande qui s'était reformée et tenue d'abord tranquille sur la limite du territoire de Ba-Ky revint, en janvier 1894, s'installer à Huu-Thué, d'où on l'avait déjà chassée trois ans auparavant (colonel Frey). Cette installation fut aussitôt suivie d'actes de pillages audacieux commis dans le delta même.

Le résident de Bac-Ninh entama alors des négociations avec le Dé-Tham dans le but d'amener sa soumission. Mais celui-ci les fit traîner en longueur pendant quatre mois, et vers le milieu de mai, le résident s'aperçut que, malgré toute sa bonne volonté, il n'arriverait à rien par ce moyen.

Mais il ne voulut pas encore passer la main à l'autorité militaire. La bande s'était établie dans l'ancien fort de Huu-Thué, dont elle avait restauré les fortifications. Le résident réunit une colonne de 200 à 300 miliciens ou partisans dont il prit en personne le commandement. Il organisa, en même temps, avec ses chefs indigènes, un complot destiné à faire sauter le Dé-Tham à la dynamite dans la nuit du 17 au 18. La bombe, en éclatant, devait tuer le Dé-Tham, mettre le feu aux paillotes du poste et permettre à la colonne d'y pénétrer à la faveur de la confusion qui en résulterait. La bombe éclata bien, mais elle avait été placée en un point où elle ne pouvait faire de mal à personne. Au bruit de la détonation, nos miliciens se précipitèrent sur le fort et furent accueillis par un feu rapide des pirates placés derrière leurs créneaux. La milice dut se replier après avoir eu 5 tués et 20 blessés, parmi lesquels le résident lui-même, M. Muselier. (1)

On dut alors appeler les militaires à l'aide, et le 1ᵉʳ juin le commandant Vallance enleva la position. Les pirates se réfugièrent chez Ba-Ky. Ils réapparurent

____

(1) Il est juste de reconnaître que M. Muselier, ancien lieutenant de réserve à la légion, se comporta très bravement dans cette affaire.

en juillet, fortifièrent de nouvelles positions et eurent
avec nos troupes une série d'engagements assez meurtriers (Cau-Ré, 22 juillet; Ao-Khua, 9 septembre).

Mais le Dé-Tham poursuivait toujours le but de se
soumettre aux conditions les plus avantageuses. Pour
y parvenir, il enlevait, quelques jours plus tard, M.
Chesnay, entrepreneur du déboisement, et un de ses
employés, M. Logiou, qui s'étaient imprudemment
aventurés, sans escorte, le long de la voie ferrée.

Le même jour, il attaquait le train descendant, qui,
par suite d'un oubli inexplicable, n'avait pas d'escorte.
C'est peut-être la seule fois où le fait s'est présenté,
preuve que les pirates étaient exactement renseignés.
La voie était obstruée. En arrivant près de l'obstacle,
le train stoppa, et le chauffeur et le mécanicien, tous
deux Chinois, descendirent de leur machine pour aller
reconnaître ce qu'il y avait. Les pirates s'attendaient à
cet incident, car, au moment où les deux Chinois arrivèrent sur le barrage, la fusillade éclata. Le mécanicien fut tué; le chauffeur, quoique blessé, eut encore
l'énergie et la présence d'esprit de se précipiter sur sa
machine, et de renverser la vapeur. Il sauva ainsi d'un
massacre certain les 7 ou 8 voyageurs européens et les
150 à 200 Annamites qui se trouvaient dans le train.
Il reçut, en récompense, une médaille d'honneur en or
et une forte somme d'argent.

Fort de la possession de ses deux prisonniers européens, le Dé-Tham renoua des négociations avec le résident. Elles aboutirent au traité du 23 octobre.

D'après ce traité :

Nos deux compatriotes étaient rendus à la liberté ;

Le Dé-Tham était chargé de la direction administrative des quatre cantons du haut Yen-Thé ;

On lui abandonnait en outre, pendant trois ans, les
impôts à prélever dans ces cantons.

Il se tint tranquille jusqu'en 1896, époque à laquelle ses agissements forcèrent à marcher de nouveau contre lui.

PÉNÉTRATION VERS L'OUEST. — L'occupation du Caï-Kinh nous avait mis en contact direct avec la frontière Est des Etats de Ba-Ky et Luong-Tam-Ky. Le colonel Galliéni chercha alors à isoler complètement ces Etats en les contournant par le nord et en occupant la vallée du haut Sung-Cau, dans laquelle vivaient et s'agitaient quantité de petits chefs qui, obéissant tous à Ba-Ky et à Luong-Tam-Ky, maintenaient et assuraient leurs communications avec la Chine. Le commandant Tournier, chef du cercle du Caï-Kinh, et le lieutenant-colonel Vallière, chef de celui de Cao-Bang, furent chargés de cette opération. Le premier occupa sans coup férir Tong-Hoa-Phu, à trois jours de marche au nord de Ké-Thuong, sur un affluent du Sung-Cau. Le second, faisant un mouvement parallèle et au nord du premier, occupa la région montagneuse comprise entre le bassin du Sung-Cau et celui du Sung-Bang-Giang, créant des postes à Bac-Mu, à Phia-Ma. Par ce double mouvement, la solution de continuité qui existait entre le 2ᵉ et le 3ᵉ territoire se trouvait considérablement réduite; les bandes, coupées en deux tronçons, étaient rejetées les unes vers le Sud, sur le territoire même de Cho-Chu et Cho-Moï, les autres vers l'extrême Nord, sur la frontière. Ba-Ky et Luong-Tam-Ky ne pouvaient plus avoir avec la Chine que des communications difficiles et incertaines, par la vallée du Sung-Gam, à travers le 3ᵉ territoire, encore insuffisamment occupé.

Tout en faisant ainsi tache d'huile vers l'Ouest, le colonel gagnait de proche en proche le long de la frontière, qu'il organisait au fur et à mesure, par la construction de nombreux blockhaus.

Opérations le long de la frontière. — Le mouvement commença dès que l'heureuse issue de la colonne du Caï-Kinh eut laissé quelques effectifs disponibles.

En mars, une colonne avait été mise en mouvement pour achever l'étude de la frontière et la dégager en certains endroits qui étaient encore occupés. Parti de Lang-Son le 12, le lieutenant-colonel Chapelet, qui commandait la colonne, refoula devant lui les bandes, qui se réunirent à Ban-Co pour tenter de l'arrêter. Il les attaqua et les rejeta en Chine, après un engagement sans importance qui ne nous coûta que un tué et trois blessés.

Mais, quelques jours plus tard, les pirates ripostèrent par l'enlèvement du douanier Carrère. Une nouvelle colonne, sous les ordres du lieutenant-colonel Clamorgan, qui, dans l'intervalle, avait remplacé le lieutenant-colonel Chapelet à la tête du cercle de Lang-Son, fut lancée à leurs trousses. Elle ne parvint pas à découvrir la retraite de notre compatriote parce que, au moment même où la bande nous occupait dans les cirques de Na-Lan, Carrère se trouvait en territoire chinois sous la surveillance d'un petit groupe d'hommes sûrs. La colonne rentra à Lang-Son le 18 juin, et, dans la nuit du 24 au 25 du même mois, Ma-Man traversa toute la région de That-Khé, exécutant une marche forcée pour aller mettre en sûreté, chez Ba-Ky, son prisonnier, dont les Chinois ne voulaient plus tolérer la présence chez eux. La marche de ces deux colonnes avait eu pour résultat principal de permettre une étude complète de la frontière, et de déterminer les points qu'il était possible d'occuper par des blockhaus. Ces colonnes avaient laissé des détachements qui commencèrent aussitôt les travaux, de sorte que, à partir du mois de juillet, le cercle de Lang-Son jouit à son tour d'une tranquillité à peu près complète.

L'occupation de la frontière se poursuivit alors sans incidents sérieux dans le cercle de Cao-Bang, jusqu'à la fin de l'année, époque à laquelle elle s'acheva par l'enlèvement du repaire de Lung-Sung. Le pays avoisinant fut immédiatement organisé.

Cette occupation de la frontière ne se fit pas sans donner lieu à de nombreux engagements, parmi lesquels on peut citer ceux de Na-Bo (capitaine Fehlman blessé) et de Na-Han (mort du lieutenant Laugrognet).

L'organisation d'ensemble des frontières du Quang-Tong et du Quang-Si, depuis la mer jusqu'aux limites des 2e et 3e territoires, était ainsi complétée.

Opérations dans le 4e territoire. — Nous avons vu que les bandes du haut fleuve Rouge avaient, en 1893, abandonné le 4e territoire pour venir s'installer dans le canton contesté de Tu-Long.

La conséquence de ce déplacement fut une entrée en lutte des pirates avec les réguliers chinois. Cette situation eut pour effet de donner une orientation nouvelle à la politique d'abornement des Chinois. Non seulement ils abandonnèrent les prétentions qu'ils avaient élevées jusqu'alors sur le territoire en litige, mais encore, en décembre, le vice-roi du Yun-Nan nous somma d'avoir à en prendre possession.

Cette question ne fut tranchée définitivement qu'en mars, par le gouverneur général. L'occupation fut confiée au colonel Servière, qui venait de prendre le commandement du territoire; elle eut lieu sans coup férir, car les pirates évacuèrent leurs positions. Mais l'organisation défensive de la région de Lao-Kay n'était pas complète; les bandes, au lieu de passer en Chine ou sur la rivière Claire, rétrogradèrent vers le Sud et, fortes de 1.400 à 1.500 fusils, envahirent à nouveau le 4e territoire. Elles furent vigoureusement reçues par nos troupes, et pendant toute l'année de nombreuses colonnes, sous les ordres du colonel Servière, des commandants Gouttenègre et d'Aubignose, leur donnèrent la chasse et les battirent à Dien-Quan (11 avril), Muong-Phuan (19), Nhat-Son (22 mai), Ma-Dinh (25 mai), Paché (19 octobre), Nam-Cong (3 novembre), Can-Ho (11 novembre), Cao-Ko (7 et 12 décembre), Nam-Kang (31 décembre), et furent battues elles-mêmes à Ta-Phin (30 mai), Kin-Noï (24 juillet) et Nam-Chay (15 décembre).

Les pirates, traqués et épuisés, étaient prêts à renoncer à la lutte quand, à la fin de décembre, une nouvelle bande venant de Chine entra en ligne, se joignit à eux et leur permit de prolonger jusqu'en 1895 cette interminable résistance.

OPÉRATIONS DANS LE 3ᵉ TERRITOIRE. — Comme il a été dit dans l'exposé de la situation du pays à la date du 1ᵉʳ janvier 1894, le 3ᵉ territoire était occupé par de faibles effectifs, et aucune opération n'y avait encore été entreprise. Les deux partis s'observaient et la région jouissait d'une tranquillité relative.

Mais, après l'occupation du Caï-Kinh et du haut Sung-Cau, quand Luong-Tam-Ky et Ba-Ky durent chercher à se frayer un passage pour établir une nouvelle ligne de communication avec la Chine, leurs partisans, sous les ordres de chefs secondaires, firent de nombreuses incursions dans ces pays pendant les derniers mois de l'année (attaque du poste de Bac-Muc, combat de Yen-Muc, 6 et 8 novembre).

Le colonel Thomasset, à la tête d'une forte colonne, les poursuivit et les refoula vers le Sud. Mais, en décembre, ils reparurent et attaquèrent le convoi de Cho-Ra, où nous perdions 13 tués et 18 blessés.

Cette première opération n'était que le prélude de

celles qui devaient, à leur tour, dégager le 3e territoire, au cours de l'année suivante.

LO-MAN. — ENLÈVEMENT DE Mme CHAILLET. — Depuis les opérations des grosses colonnes de 1892, le 1er territoire avait été tranquille. Mais, dans les premiers mois de l'année 1894, une certaine agitation se produisit de nouveau sur la frontière du cercle de Mon-Cay. Plusieurs petites bandes y parurent et commencèrent, en agissant d'abord isolément, à inquiéter les environs de Mon-Cay et d'Ac-Koï. Il se produisit ensuite un rapprochement entre ces bandes, si bien qu'à la date du 1er juillet 250 à 300 pirates installaient un repaire sur notre territoire, dans le massif du Ma-Tau-Son, sous le commandement de Lo-Man.

Dans la nuit du 26 au 27 août, un parti d'une centaine d'hommes quittait le repaire et, après avoir fait un circuit en Chine, pénétrait dans le Tonkin, près de la ville chinoise de Tong-Hin. Il se dirigea sur Mon-Cay, trompa la surveillance des sentinelles et vint attaquer, au milieu même de la ville, la maison du contrôleur des douanes Chaillet. Les pirates enlevèrent Mme Chaillet et sa petite fille et tuèrent M. Chaillet, qui, avec son poste de douaniers, essayait de défendre les siens.

Le coup fut exécuté en quelques minutes, et les pirates, repassant aussitôt la rivière qui forme frontière, avaient déjà gagné la Chine avant que la garnison fût réunie.

Des pourparlers furent immédiatement engagés en vue du rachat de Mme Chaillet; mais les prétentions excessives des pirates firent traîner les choses pendant près de quatre mois. Enfin, l'échange eut lieu en décembre, contre une rançon de 65.000 piastres (195.000 francs).

La mise en liberté de Mme Chaillet fut aussitôt suivie de l'envoi de colonnes qui parcoururent la frontière et y installèrent encore quelques postes. Mais elles ne trouvèrent personne, car les pirates, une fois l'argent en poche, étaient rentrés en Chine pour y prendre un peu de repos.

Ils devaient reparaître l'année suivante et renouveler leurs exploits.

L'organisation en confins militaires des frontières du Quang-Tong et du Quang-Si, l'occupation de la région de Tong-Hoa-Phu et du haut Sung-Cau, celle du Caï-Kinh, l'achèvement de la voie ferrée de Lang-Son, tel était le bilan de l'année 1894. Mais le fait le plus important fut la pacification du 2ᵉ territoire, obtenue en très peu de temps sous l'impulsion énergique et l'habile administration des colonels Galliéni, Clamorgan et Vallière. Le mois de novembre 1894 se passa sans qu'on vît un seul pirate opérer dans le cercle de Lang-Son. Une ville nouvelle s'était élevée, aux rues droites, larges et propres, aux coquettes maisons européennes, et nombre de colons étaient venus s'y établir, attirés par la douceur relative du climat et le désir d'entreprendre des exploitations agricoles, auxquelles cette région se prête admirablement.

Ces résultats décis'fs, qui rendaient la tranquillité et amenaient la reprise des affaires dans tout le pays, avaient été obtenus presque sans pertes, grâce au concours de la population et à la méthode qui consistait à n'entreprendre d'opérat'ons qu'avec des forces suffisantes pour attaquer de divers côtés à la fois. Et ils prouvaient, une fois de plus, que les mesures prises au début de l'année 1892 étaient excellentes, et que leur application en se généralisant avait produit son maximum d'effet.

Deux autres facteurs étaient aussi intervenus en notre faveur : la guerre sino-japonaise, qui avait eu pour effet l'enrôlement et la disparition d'une partie de la population louche dans laquelle se recrutaient les ban- des, et des dispositions plus conciliantes de la part de nos voisins les mandarins chinois. Ces dispositions étaient vraisemblablement inspirées par le résultat de nos efforts contre la piraterie et par l'occupation solide du pays. Personne ne pouvait plus douter de notre in- tention de conserver les régions occupées.

CHAPITRE VIII

Gouvernement et administration de M. de Lanessan. — Commandement du général Duchemin. — Inauguration du chemin de fer de Lang-Son. — Rappel du gouverneur.

Nous avons examiné l'action militaire et indiqué les luttes acharnées qui avaient amené la disparition à peu près complète de la piraterie.

Il nous reste à exposer la situation nouvelle qui était la conséquence de l'effort accompli, et à établir les ressources et les moyens mis en œuvre pour en rendre les résultats tangibles et définitifs.

L'établissement de la barrière opposée aux invasions perpétuelles des bandes du Quang-Tong et du Quang-Si reposait, comme nous l'avons dit, sur l'organisation de la zone frontière en confins militaires et sur la réalisation des mesures suivantes :

Poursuite incessante et méthodique des bandes de pirates, de façon à les détruire l'une après l'autre ;

Armement de la population par nos soins ;

Construction à l'intérieur du pays de petits ouvrages nombreux et solides, destinés à servir de points d'appui à la population ;

Etablissement sur la frontière même, en face de chaque ouvrage chinois, d'un ouvrage français occupé par les troupes indigènes et destiné à surveiller les actes de l'adversaire et à observer les points de passage les plus fréquentés ;

Répartition de la zone frontière en secteurs confiés chacun à un officier. Ce dernier devenait le mandataire du commandant du cercle auprès des populations, soit

au point de vue de l'administration, soit au point de
vue de la défense et du commandement militaire ;

Création de postes plus importants considérés comme
chefs-lieux de secteurs et comprenant surtout des troupes européennes ;

Ouverture de nombreuses voies de communication ;

Enfin au point de vue politique, retrait des mandarins annamites et réinstallation au pouvoir des descendants des anciennes familles seigneuriales du pays.

Ces mesures, en opposant à la piraterie une barrière
infranchissable, devaient ramener l'ordre et la tranquillité dans l'intérieur du pays. Il était évident en
effet que la piraterie ne pourrait plus subsister dès que
les pirates annamites ne trouveraient plus l'appui des
bandes chinoises, et dès que celles-ci, complètement
isolées de la Chine, ne pourraient plus s'y ravitailler
ni s'y renforcer.

Mais, pour réaliser ces mesures, il fallait des hommes
et de l'argent. Nous avons déjà vu comment on avait
recruté les hommes. L'argent était difficile à trouver :
on y réussit cependant en rapatriant une partie du personnel de l'artillerie de marine, ce qui permit d'alléger
le budget de la colonie et de rendre des fonds disponibles.

La création des territoires militaires permit aussi de
réaliser de notables économies. C'est ainsi que, dans le
2º territoire, pour ne citer qu'un exemple (provinces
de Lang-Son et de Cao-Bang), il ne fut alloué que
3.000 francs au commandant du territoire, 1.500 francs
à chacun des trois commandants de cercle et 1.000 francs
à chacun des dix officiers de renseignements ou chan-
celiers ; au total, 13.500 francs, au lieu des 100.000
francs que coûtaient les deux résidents qui jusqu'alors
dirigeaient les deux provinces.

Les milliers de Chinois qui vivaient chez nous, comme

coolies ou comme pirates, suivant les circonstances, n'étaient soumis à aucun contrôle ni à aucune taxe. Cette situation, qui n'était pas sans dangers, disparut : le gouverneur leur imposa, en effet, l'obligation de posséder une carte d'identité portant leur signalement et même leur photographie; notons que cette mesure, dont l'exécution semblait tout d'abord impossible, fut cependant appliquée sans soulever de difficultés. On appela du delta des photographes chinois, qui s'établirent dans les chefs-lieux de cercle, et qui, pendant un mois, ne cessèrent d'exercer leur art. Chaque cliché comprenait 20 individus, qu'on avait disposés sur deux rangs et suffisamment espacés pour qu'on pût découper isolément chaque tête, qu'on collait sur la carte. Une épreuve revenait à 3 piastres; elle devait être renouvelée chaque année, dans les mêmes conditions de prix. Un grand nombre de Chinois se soumirent à cette formalité ; d'autres repassèrent la frontière. Quelques-uns restèrent cependant, mais à leurs risques et périls; après un délai de trois mois, en effet, tout Chinois trouvé sans carte était immédiatement passé par les armes.

L'adoption de ces mesures obligeait tout nouvel arrivant à se rendre chez notre consul à Long-Tchéou pour prendre un passeport, qu'il échangeait ensuite, au cercle le plus voisin, contre la carte de rigueur. Ces formalités remplies, l'indigène pouvait vaquer tranquillement à ses affaires.

Les résultats de l'adoption de cette mesure furent de procurer quelque argent au budget et de nous débarrasser d'un grand nombre de malandrins.

On imposa, en outre, des patentes à tous les marchands chinois des hautes régions, lesquels n'avaient. jusqu'à ce jour, payé que des sommes dérisoires, quoiqu'ils réalisassent d'énormes bénéfices.

Enfin, le gouverneur autorisa l'ouverture de maisons

de jeu, mais exclusivement dans les territoires militaires. Cette mesure, empruntée à Paul Bert, souleva à nouveau en France un tolle général, qui ne peut s'expliquer que par l'ignorance complète dans laquelle on se trouve dans notre pays pour ce qui touche aux hommes et aux choses de l'Extrême-Orient. L'Annamite comme le Chinois a la passion du jeu développée à l'excès : il est inutile d'essayer de la réfréner. De tout temps, il y a eu des maisons de jeu en Annam et en Chine, et il faut remarquer que, quand la ferme des jeux établie par Paul Bert fut supprimée, quelques années auparavant, toutes les maisons de jeu ouvertement connues cessèrent d'exister; mais, en revanche, il s'en ouvrit clandestinement un très grand nombre, et, en fait, on joua partout. Qu'on suive une colonne en marche : la halte sonne ; à peine les rangs sont-ils rompus et les charges posées à terre, que les tirailleurs et les coolies se forment en petits groupes de cinq ou six hommes qui se tiennent accroupis en cercle et se mettent à jouer. Au camp, les uns et les autres passeraient la nuit à jouer si des rondes nombreuses n'étaient faites pour les en empêcher.

Il n'y avait aucun scrupule à établir un impôt sur cette passion et il était rationnel de n'autoriser l'ouverture, dans chaque ville, que d'une seule maison de jeu, surveillée par la police et payant une redevance. C'est ce qui eut lieu. Dans chaque localité un peu importante, l'autorisation de faire jouer fut donnée, après adjudication, à un seul individu. Les mécontents crièrent à l'immoralité et au scandale. On ne s'en préoccupa pas.

A Lang-Son seulement, la ferme des jeux rapporta, en 1894 et 1895, une moyenne mensuelle de 1.500 piastres (72.000 francs par an). Ce résultat dispose à excuser et même à approuver une pareille mesure, en raison des améliorations qu'elle permit de réaliser, surtout au point de vue de l'installation des troupes.

L'argent recueilli fut tout entier absorbé dans les opérations de colonnes, dans la construction de postes et dans l'organisation de magasins et d'un service de ravitaillement.

Il était urgent de s'occuper tout d'abord du logement des troupes européennes des hautes régions. On se mit de suite à l'œuvre. Dans les postes les plus importants, les travaux furent donnés à des entrepreneurs. Partout ailleurs les officiers commandants s'improvisèrent architectes et ingénieurs.

Les tirailleurs moulaient les briques et les tuiles ; les Européens fabriquaient la chaux et faisaient le terrassement; les bois étaient achetés dans de bonnes conditions aux indigènes.

Les ouvriers d'art des compagnies européennes étaient répartis entre les différents postes, et complétés par quelques ouvriers indigènes. Avec de modestes ressources et en usant de la main-d'œuvre militaire, on réussit à bâtir à très peu de frais tous les blockhaus de la frontière.

Les officiers de tous grades ne se montrèrent pas inférieurs à la tâche nouvelle qui leur incombait, et ceux mêmes qui avaient été le moins préparés à diriger des travaux de ce genre s'en acquittèrent très convenablement. Peu à peu, les hideuses masures en torchis et paillotes sous lesquelles les Européens vivaient depuis huit ans disparurent. On vit sortir de terre, tant à l'intérieur du pays que le long de la frontière, des bâtiments en maçonnerie, souvent coquets, parfois originaux, ayant chacun leur style particulier, mais toujours bien compris, solides et confortables. Les officiers en étaient les architectes et les entrepreneurs. Entourés de murs crénelés, ces bâtiments constituaient des postes à l'abri des coups de main de nos ennemis.

Pendant que les postes se construisaient, on se préoccupait de les relier entre eux par des voies de communication praticables en toute saison. Déjà, dans le delta, tous les points importants disposaient de routes carrossables de 8 à 12 mètres de largeur, et la grande route de Lang-Son à la mer, à travers le 2e et le 1er territoire, avait été livrée à la circulation (1). Les territoires militaires ne furent pas négligés : à la fin de l'année 1894, 6.000 kilomètres de bons chemins muletiers furent ouverts presque sans frais par la main-d'œuvre militaire et indigène, et l'on commença à rendre carrossable la route de That-Ké à Cao-Bang et à la doter de ponts en fer, de manière à assurer en tout temps le ravitaillement de cette dernière place.

Enfin les travaux de la voie ferrée, si souvent interrompus et même suspendus à la suite des entreprises des pirates, furent eux aussi poussés avec activité. Grâce aux mesures prises, la sécurité était revenue, et les travaux purent être terminés à la fin de l'année.

Nous avons signalé précédemment l'insuffisance du personnel administratif et sanitaire. La création d'un corps de commissaires et de médecins coloniaux au commencement de 1894 était venue combler cette lacune. Séduits par les sérieux avantages qui leur étaient offerts en échange du service très pénible auquel ils seraient astreints, beaucoup de jeunes gens d'avenir entrèrent dans ce corps. Placés sous la dépendance absolue des administrateurs civils ou des commandants militaires, les uns et les autres apportèrent le plus

----

(1) Commencée en octobre 1891, cette route, longue de 150 kilomètres fut achevée en avril 1892. L'exécution du secteur nord fut confiée au capitaine Weber, de l'infanterie de marine.

grand dévouement dans l'accomplissement de leur tâche.

Les services de ravitaillement et de santé purent dès lors être organisés de façon satisfaisante, suivant les projets du commandement. Un hôpital fut établi au chef-lieu de chaque territoire et une ambulance fut organisée dans chaque cercle; enfin, chaque secteur disposa d'une infirmerie du modèle des infirmeries régimentaires. Il en résulta que les malades n'eurent plus qu'un jour de route à faire pour trouver les soins d'un médecin, et deux au plus pour se rendre au chef-lieu du cercle, dans une ambulance suffisamment organisée. Les maladies étant ainsi prises à leur début, les décès et les évacuations sur les hôpitaux du delta, qui avaient été si nombreuses autrefois et si souvent fatales aux malades, diminuèrent dans de notables proportions.

Enfin, les hôpitaux du delta (Dap-Cau, Quang-Yen, Haï-Phong) furent agrandis, et l'on construisit à Hanoï un magnifique hôpital de 300 lits qui offrit tous les perfectionnements et toutes les ressources de la science moderne.

Tous ces travaux, toutes ces améliorations, jointes à une organisation politique répondant au vœu des populations et à l'énergie de l'action militaire, avaient complètement modifié la situation générale et grandement relevé notre prestige.

Sous le gouvernement de M. Picquet, on avait essayé de pratiquer l'administration directe des territoires et d'éliminer les mandarins des fonctions publiques. Le moment avait été assez mal choisi; les mandarins, menacés dans leurs prérogatives, et la bourgeoisie lettrée, qui bien plus que la cour oriente la politique du pays, s'étaient ligués contre nous et augmentaient encore, par leur sourde hostilité, les difficultés de toutes sortes auxquelles nous nous heurtions. Cette manière de faire fut abandonnée : on laissa aux mandarins la direction des affaires sous notre contrôle, et on leur rendit leur influence, mais à la condition expresse qu'ils l'utiliseraient à notre profit. La condamnation à mort et l'exécution de trois d'entre eux pour complicité de piraterie ramenèrent les plus hésitants et leur prouvèrent que le temps n'était plus où l'on pouvait nous faire des protestations de dévouement qui ne devaient pas être tenues dès que notre présence n'était plus effective. La Cour elle-même, entraînée par le mouvement, renonça à toute résistance, et Ngüyen-Trong-Hiep, celui des trois régents qui nous avait toujours été le plus hostile, vint apporter au gouverneur la promesse formelle du concours absolu du roi et des ministres à notre œuvre de pacification et de développement du pays.

Les Chinois eux-mêmes manifestaient de meilleures dispositions à notre égard.

M. de Lanessan, suffisamment édifié par les résultats négatifs que les précédentes commissions d'abornement avaient obtenus, avait jugé inutile de continuer cet important travail tant que nous n'aurions pas repris un peu de prestige sur nos voisins.

Les opérations de délimitation ne reprirent donc qu'en 1894 dans le 4e et le 2e territoire. Dans ce dernier en particulier, les négociations, habilement menées par le colonel Gallieni, aboutirent rapidement à une entente favorable, non seulement sur la question propre de l'abornement, mais aussi sur la question accessoire et non moins importante de la communauté d'efforts à exercer par les deux Etats, en vue de la répression de la piraterie. Il en résulta des relations fréquentes et presque amicales entre l'autorité militaire et les principaux chefs chinois de la frontière, le maréchal Su et le tao-taï de Long-Tchéou. Les commandants de secteur et ceux des blockhaus de la frontière échangèrent aussi des visites avec leurs collègues chinois.

Une entente très profitable aux deux pays s'établit peu à peu. Les Chinois prirent décidément leur parti de notre installation, qu'ils sentaient solide et définitive, et ils ne songèrent plus qu'à tirer profit de notre voisinage en commerçant avec nous.

Il faut dire aussi que les rôles étaient presque inversés. A mesure que la frontière se fermait, la piraterie devenait difficile et dangereuse, et nous lui avions porté le coup de grâce en supprimant la ferme de l'opium, qui rendait inutile la contrebande dont cette drogue était le seul aliment. Le pillage des populations indigènes, qui était l'opération journalière et normale des pirates, devint impossible chez nous après l'armement des villages et sembla être reporté en territoire chinois.

C'est ainsi que les bandes du 4e territoire cantonnées dans le canton de Tu-Long avaient été exécuter un pillage en Chine, et qu'une autre fois les Chinois durent disperser par la force des bandes qui, chassées de chez nous, menaçaient leurs villages. Mais l'événement le plus caractéristique fut l'attaque de Hay-Denh, en Chine, par nos partisans eux-mêmes.

Une bande commandée par un chef connu s'était concentrée, en septembre 1894, au village de Hay-Denh, prête à tenter une incursion chez nous. Les habitants des cantons menacés n'attendirent pas l'attaque. Utilisant les armes et les munitions que nous leur avions données, ils se réunirent, sans communiquer leur projet à personne, franchirent la frontière et attaquèrent la bande, à laquelle ils infligèrent un échec sérieux. Ils pillèrent ensuite le village de Hay-Denh, dont ils ramenèrent les buffles.

Les Chinois affectèrent la plus profonde indignation,

et il fallut leur donner une demi-satisfaction en rendant le bétail volé, et en ordonnant des punitions contre ceux qui avaient provoqué le mouvement. Cette affaire montre que nos sujets de la frontière avaient repris confiance; elle indique aussi que, si nous avions consenti à fermer les yeux, il n'eût pas été difficile d'intervertir les rôles joués jusque-là dans la piraterie de frontière par les deux pays voisins.

Les changements de personne moins fréquents et une stabilité plus grande dans l'exercice des diverses fonctions avaient aussi contribué à affermir notre autorité. Le gouverneur général touchait à la fin de sa troisième année de séjour; le général en chef avait deux ans de présence et ne songeait pas à partir; beaucoup d'officiers de la légion étaient là depuis quatre ans et ceux de l'infanterie de marine venaient d'être autorisés à prolonger sur leur demande leur séjour d'une année. Il était donc possible de conserver longtemps dans les fonctions importantes de commandants de territoire, de cercle, de poste, les officiers qui s'en acquittaient bien. Il en résultait une influence favorable sur la marche des affaires, et cet état de choses ne fit nullement regretter les changements fréquents de fonctionnaires et d'officiers qui avaient eu lieu jusqu'en 1891.

Ce changement radical dans la situation et les résultats obtenus étaient dus à M. de Lanessan et au général Duchemin.

Celui-ci, avec un grand tact et beaucoup de fermeté, sut obtenir beaucoup pour ses troupes. Il sut commander et, n'ayant pas la prétention de mieux connaître le pays que ceux qui s'y trouvaient depuis des années, il s'en rapporta à eux et adopta leurs propositions. Il eût le mérite plus rare qu'on ne pense de ne pas être jaloux des succès de ses subordonnés, leur laissa toujours une entière liberté d'action, ne s'occupant pas des détails d'exécution.

C'est lui qui, pendant les colonnes contre Ba-Ky, disait, moitié riant moitié sérieux, à un officier supérieur de son état-major qui critiquait la manière de faire du colonel Gallieni : « Je vous en prie, laissez Gallieni tranquille ; il sait ce qu'il fait. Il est en train de me gagner ma troisième étoile, n'allez pas l'embêter. » Et de fait, il la lui gagna.

Aux colonels Gallieni, Servière, Pennequin ; à M. Rodier, résident supérieur, revient aussi une grande part dans cette œuvre importante. Le concours de M. Bons d'Anty, notre consul à Long-Tchéou, nous fut également précieux. Il contribua dans une large mesure à régler toutes les questions irritantes, et à amener un rapprochement avec les autorités chinoises. Grâce à lui, le service des renseignements fut tenu au courant de ce qui se passait en Chine ; et souvent sur un avis transmis de Long-Tchéou on put faire un coup heureux ou au contraire éviter des pertes.

L'inauguration du chemin de fer de Phu-Lang-Thuong, le 24 décembre 1894, fut le couronnement de cette œuvre de pacification commencée en 1892 et si énergiquement poursuivie.

Le gouverneur et le général en chef vinrent à Lang-Son avec le premier train qui parcourut la voie en entier, et de là jusqu'à Na-Cham, le long de la frontière, dont ils visitèrent les postes nouveaux. Ils eurent avec le maréchal Su, sur la frontière même, une longue entrevue. Celui-ci protesta de ses bonnes dispositions à notre égard et renouvela ses promesses au sujet d'une action commune contre la piraterie, promesses qu'il tint par la suite.

Au banquet qui s'était donné à Lang-Son le jour de l'inauguration, le gouverneur avait donc pu, avec raison, s'applaudir de l'œuvre accomplie, en distribuant à chacun de ses collaborateurs une part d'éloges mérités.

Il semblait, après ce voyage, qui avait emprunté aux circonstances un caractère quasi triomphal et avait eu dans tout le pays un énorme retentissement, que M. de Lanessan dût rester longtemps encore à la tête de la colonie. Il n'en fut pas ainsi.

Le 28, il rentrait à Hanoï, où sa présence était réclamée par les présentations du premier de l'an, et le 29, il recevait, par télégramme, l'ordre de s'embarquer pour la France. Il était relevé de ses fonctions.

Quelles que soient les raisons qui motivèrent cette mesure, on ne doit pas oublier que si à la fin de 1894 le pays était en grande partie pacifié, nos hommes logés, habillés, nourris et soignés, c'est incontestablement à M. de Lannessan qu'on le doit.

CHAPITRE IX

Situation au 1er janvier 1895. — Colonnes du Haut-Sung-Cau. — Opérations dans le 4e territoire. — Enlèvement de la famille Lyaudet. — Opérations du 1er janvier au 1er juillet 1896 : 1º dans le Yen-Thé ; 2º dans le 3e territoire.

L'année 1894 avait porté à la grande piraterie et à l'influence chinoise un coup décisif, et la situation d'ensemble du pays au 1er janvier 1895 était la suivante :

1º Le delta, y compris le Yen-Thé, est tranquille ;

2º La frontière du Nord-Est, de Mon-Cay à Binh-Mang, complètement organisée et fermée, est tranquille partout, sauf dans le Ma-Tao-Son (cercle de Mon-Cay), massif aride et élevé, où la difficulté des communications et le manque total de ressources n'ont permis d'établir qu'un nombre de postes insuffisant, que l'on se préoccupe d'augmenter ;

3º La région Cho-Chu - Ké-Thuong est toujours la base d'opérations des bandes, mais son influence a été considérablement réduite vers l'Est et le Nord par les progrès incessants du 2e territoire, qui, à la fin de 1894, a occupé Tong-Hoa-Phu, Phia-Ma, Bac-Muc et Bac-Kem ;

4º Dans le 4e territoire, les bandes de Hoang-Man sont encore aux prises avec nos troupes. Mais la lutte tourne chaque jour à notre avantage, et il n'y a plus qu'un léger effort à faire, car les bandes épuisées ne peuvent plus la soutenir longtemps ;

5º Dans le 3e territoire, la partie située à l'est, au sud et à l'ouest de la ligne Yen-Tinh, Chiem-Hoa, Vinh-Thuy, rivière Claire, Ha-Giang est occupée et en voie d'organisation. Le reste est encore abandonné aux bandes, qui, chassées des autres territoires, y ont reflué et s'y préparent à une dernière résistance.

Comme on le voit, le système de nettoyages successifs, commencé en 1892 par le colonel Terrillon dans le Dong-Trieu, avait permis l'occupation progressive de tout le pays. Depuis cette époque, elle s'était poursuivie sans interruption. Il ne restait plus qu'à porter le dernier coup à Ba-Ky et à Luong-Tam-Ky, et à occuper la région de Cho-Chu, Ké-Thuong, où ces deux chefs, soi-disant soumis, avaient créé, en plein territoire tonkinois, un centre d'action de la piraterie intérieure.

Déjà, ils se trouvaient, vers l'Est, en contact direct avec nos postes, et, dans le courant de 1894, le 2ᵉ et le 3ᵉ territoires, contournant l'enclave de Cho-Chu, Ké-Thuong, s'étaient donné la main par le Nord, établissant ainsi une première communication entre eux. La première opération inscrite au programme de 1895 fut donc l'occupation de l'enclave, et l'on s'y préparait lorsque Ba-Ky, sentant venir l'orage, rompit le premier la trêve. Le 23 février, il faisait attaquer par ses gens deux agents du service télégraphique occupés à la construction de la ligne entre Thaï-Nguyen et Cho-Moï, et qui, sur la foi des traités, voyageaient presque sans escorte. L'un, M. Hirlet, fut tué en se défendant; l'autre, M. Sabot, fut pris et emmené à Ké-Thuong.

COLONNES DU HAUT SUNG-CAU. — L'hésitation n'était plus permise. Ba-Ky fut sommé de rendre immédiatement son prisonnier. Sa réponse ayant été négative, l'occupation de son territoire fut résolue. Tout était prêt pour cela, car, en prévision de cette action militaire, des renseignements complets et sûrs avaient été peu à peu recueillis sur la région et sur la bande par les territoires voisins. Il résultait de ces renseignements que l'entreprise comportait certainement des aléas, en raison du voisinage de Luong-Tam-Ky, qui interviendrait sans doute d'une manière ou d'une autre.

Pourtant, à la condition de mobiliser des troupes suffisantes, l'expédition, regardée jusque-là comme très hasardeuse, devait au contraire s'effectuer sans grandes difficultés et sans grosses pertes.

La préparation et la direction des opérations furent confiées au colonel Gallieni. Trois colonnes de 600 hommes chacune, avec de l'artillerie, partirent de Cho-Moï, Vu-Nhaï et Pho-Bin-Gia, convergeant sur Ké-Thuong.

La première colonne était commandée par le commandant Moreau, ayant comme major de colonne le capitaine Chabrol, de la légion, attaché à l'état-major général.

La deuxième était sous la direction du commandant Gérard, commandant le cercle du Caï-Kinh, ayant comme major de colonne le lieutenant Vanvatermeulen, officier de renseignements du cercle.

La troisième était placée sous les ordres du colonel Clamorgan, commandant le cercle de Lang-Son, ayant comme major de colonne le lieutenant Rouyer, son officier de renseignements.

Enfin, le lieutenant-colonel Vallière, avec une quatrième colonne, de même force, se tenait prêt à toute éventualité, et de nombreux détachements moins importants se montraient le long de la frontière ; 3.000 hommes environ étaient ainsi mis en mouvement, et jamais, depuis 1892, un tel effectif n'avait été mobilisé. Le colonel Gallieni, qui en avait la haute direction, avait comme chef d'état-major le chef d'escadrons Lyautey, sous-chef à l'état-major général. Les colonnes quittèrent leur point de concentration du 28 mars au 1er avril.

Comme on s'y attendait, les pirates tentèrent tout de suite une diversion; tandis que Ba-Ky envoyait au-devant des colonnes des reconnaissances pour faire croire à une résistance sérieuse de sa part et les occuper en avant, Luong-Tam-Ky jetait 500 hommes dans le Phia-Biock (1) sur le flanc gauche de la colonne Clamorgan et provoquait également en Chine, tout le long de la frontière, des rassemblements inquiétants.

Le lieutenant-colonel Vallière, après avoir pris les précautions nécessaires sur la frontière, arriva à mar-

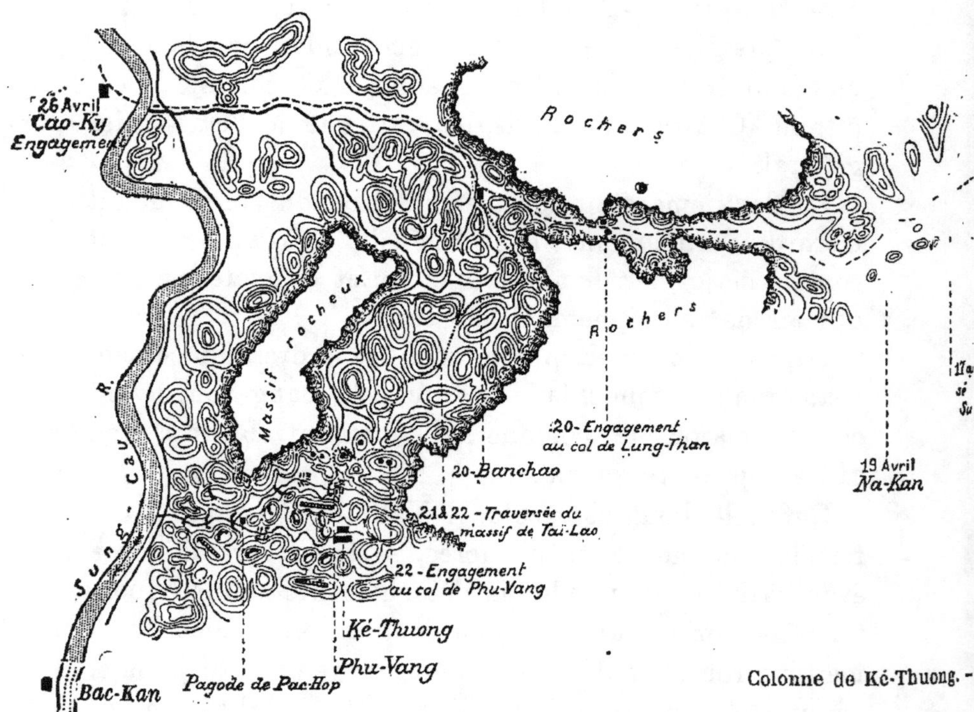

Colonne de Ké-Thuong. -

ches forcées, dégagea la ligne de communication de la troisième colonne et enferma les pirates dans le massif du Phia-Biock. Ceux-ci, après deux échecs successifs, le 13 et le 20 avril, se voyant contenus et impuissants

---

(1) Massif montagneux sur la rive gauche du Sung-Cau.

à arrêter la marche sur Ké-Thuong, rentrèrent à Cho-Chu. Le 22 avril, le lieutenant-colonel Vallière arrivait à Bac-Kan, apportant, si besoin était, l'appoint de ses fusils. Ce secours fut inutile.

Après des marches d'approche très pénibles et des engagements d'avant-garde à Tac-Taih, à Lung-Tham, à Phu-Vang, les trois colonnes arrivèrent, le 23 au

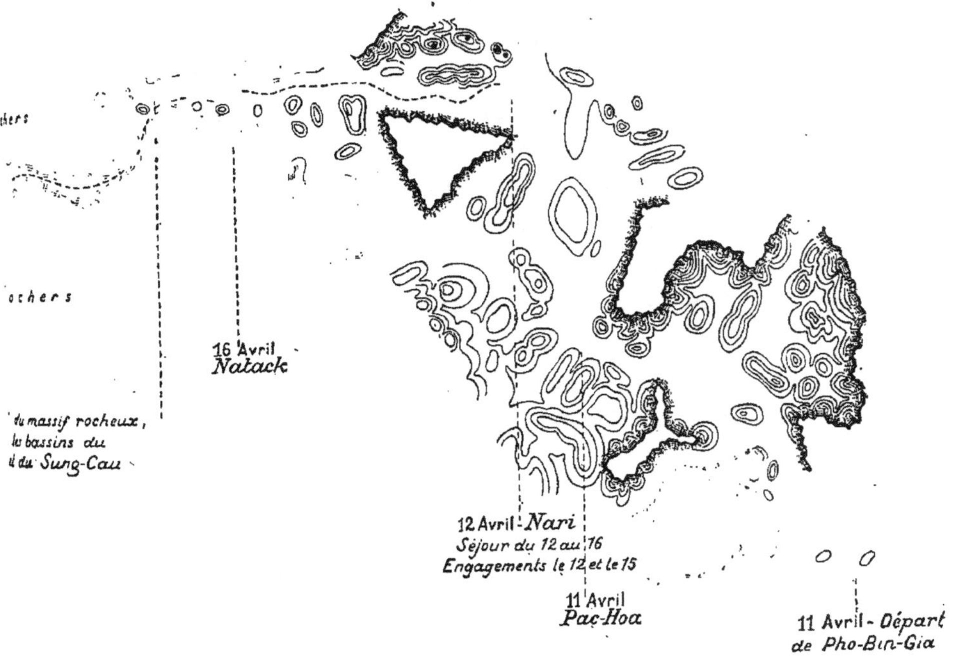

la colonne Clamorgan.

soir, avec une exactitude presque mathématique, devant la position. Mais Ba-Ky n'avait pas attendu le choc de ces 1.800 hommes. Il ne restait dans le repaire qu'une faible arrière-garde de 50 hommes, qui, le 24, lorsque la colonne Clamorgan, chargée de l'attaque principale, tirait ses premiers coups de fusil, incendièrent le camp, puis disparurent en s'éparpillant à travers monts et forêts, chose toujours possible à une petite troupe dans un pays aussi couvert et aussi accidenté.

La poursuite donna encore lieu aux engagements de Cao-Ky et de Coué-Duong, et enfin un groupe de la deuxième colonne, commandé par le capitaine Bulleux, eut la bonne fortune de délivrer par surprise, le 1er mai, M. Sabot, dont il avait pu découvrir la retraite, grâce aux indications d'un habitant. Notre malheureux compatriote, malade et incapable de suivre les pirates dans leur fuite rapide, était ligotté autour d'un long bambou, à l'aide duquel il avait été transporté depuis l'évacuation de Ké-Thuong. Ses gardiens, affairés par les préparatifs d'un nouveau départ, et croyant, du reste, impossible qu'on vînt les dénicher dans leur retraite, avaient retiré leurs sentinelles. Ce fut au moment précis où ils partaient qu'ils se virent entourés par la petite troupe du capitaine Bulleux; leur surprise fut si complète qu'ils s'enfuirent sans même avoir le temps de tuer leur prisonnier.

Un mois après, le 31 mai, Luong-Tam-Ky, craignant pour lui-même, se soumettait complètement et sans conditions. Comme preuve de ses bonnes intentions, il nous faisait rendre sans bourse délier M. Carrère, qui, on s'en souvient, enlevé du côté de That-Ké, le 31 avril 1894, était depuis cette époque prisonnier des pirates.

Les opérations du haut Sung-Cau eurent au Tonkin et en Chine un immense retentissement. Elles avaient amené, pour la première fois, la délivrance par les armes de deux Européens prisonniers, permis l'occupation de la région de Ké-Thuong et, par contre-coup, de celle de Cho-Chu, amenant ainsi la disparition du dernier foyer de piraterie existant encore au Tonkin.

Ces opérations avaient été admirablement préparées et poursuivies avec une énergie peu commune. Il faut dire aussi que, rarement, on avait vu pareil groupement d'officiers, joignant à une valeur personnelle incontestable une connaissance approfondie du pays, et une grande expérience des expéditions coloniales. Ce sont les colonels Gallieni, Clamorgan, Vallière, les commandants Gérard et Lyautey, et le capitaine Chabrol.

Le colonel Gallieni procéda aussitôt à l'occupation du pays par des postes et des villages fortifiés. Puis, sous la protection de la première colonne (commandant Moreau), qui rejoignit ses garnisons du delta, en passant par Yen-Tinh, Chiem-Hoa et Tuyen-Quang, il établit entre les vallées du Sung-Cau et du Sung-Gam, c'est-à-dire entre les 2ᵉ et 3ᵉ territoires militaires, la liaison qui n'avait jamais pu se faire encore, en occupant le canton de Dong-Vien et en jalonnant de postes la ligne de Bac-Kan, Daï-Thi.

OPÉRATIONS DANS LE 4ᵉ TERRITOIRE. — Dans le 4ᵉ territoire, les opérations s'étaient poursuivies sans interruption, et, vers le milieu de janvier, les bandes de Hoang-Man, qui, pendant toute l'année 1894, avaient été aux prises avec nous, étaient à peu près détruites. Traqués de tous côtés par nos troupes et nos partisans, elles ne comptaient plus qu'une soixantaine d'hommes misérables et mourant de faim, qui cherchaient à regagner la Chine.

Mais, à ce moment, la bande de Co-Yoc, dont nous avons signalé l'apparition en décembre, entra en scène, et, passant sur la rive droite du fleuve Rouge, vint renforcer les débris de l'autre et révéla sa présence par la destruction d'un petit détachement de tirailleurs.

Le commandant Gouttenègre les poursuivit, et essaya de leur couper la retraite. Arrivé après elles à Lang-Bay, il les en chassa, après une lutte très vive qui nous coûta encore 9 tués et 24 blessés, dont le commandant

lui-même, le capitaine Pironneau et le lieutenant Bolardière (1).

Après Lang-Bay, le général Servière, tout récemment
promu, prit la direction effective des opérations, et, à la
suite de nombreux engagements (15 et 20 février, 5, 12,
17 et 22 mars), força les bandes à chercher un refuge
en Chine, dans la nuit du 23 au 24.

Elles en revenaient trois semaines plus tard et, dans
la nuit du 16 au 17 avril, cherchaient à enlever le poste
de Kin-Man. Ce fut leur dernier effort. Repoussées avec
pertes, elles repassèrent définitivement en Chine, et l'organisation du 4e territoire, complètement débarrassé de
ces hordes, put être poursuivie et achevée.

Il ne s'y produira plus désormais que des actes de piraterie sans importance, commis par de petits groupes,
qui, là comme partout, pourront toujours se glisser entre nos postes et passer la frontière, si bien gardée
qu'elle soit.

Lo-Man. — Enlèvement de la famille Lyaudet.
— Opérations dans les monts Pa-Nai. — La fin de la
lutte dans le 2e et le 4e territoires allait enfin permettre
de porter les efforts sur le 3e, lorsque l'attention fut encore une fois appelée vers Mon-Cay, où un nouvel enlèvement venait de se produire.

L'enlèvement des Européens était devenu en effet la
dernière ressource de la piraterie aux abois. En 1894,
cinq avaient subi ce triste sort; un sixième avait suivi
au commencement de 1895; les pirates ne devaient malheureusement pas s'en tenir là.

Mis en goût par les piastres versées pour la délivrance
de Mme Challiet, Lo-Man voulut rééditer le coup qui lui
avait si bien réussi l'année précédente. Ne pouvant,
cette fois, franchir la frontière, trop bien gardée par

____

(1) Pâris de la Bolardière.

Vue des postes français et chinois à Lao-Kay.

nos postes, il opéra par mer, et, dans la nuit du 24 au 25 avril, il enlevait, à Port-Wallut (île de Ké-Bao), la famille Lyaudet, composée du père, de la mère, et d'une petite fille.

Le petit stationnaire qui croise ordinairement dans les eaux de l'île était précisément absent cette nuit-là. La demeure de M. Lyaudet, employé aux mines, située tout à fait sur le quai, est un peu isolée; les trois personnes furent enlevées et jetées au fond de la jonque qui avait amené les pirates avant même que l'alerte eût pu être donnée. Ceux-ci faisaient aussitôt force de voiles pour aller débarquer leurs prisonniers un peu au delà de Mon-Cay, en territoire chinois.

Mais ils n'y restèrent pas longtemps, et l'on apprît bientôt que Lo-Man les avait conduits dans un nouveau repaire, installé aux monts Pa-Naï, tout près de Mon-Cay, et où il avait ainsi un pied en Chine et l'autre au Tonkin. M. Rousseau, le nouveau gouverneur, sacrifiaut l'intérêt particulier à l'intérêt général, fit connaître aussitôt qu'aucune rançon ne serait payée pour ce nouvel enlèvement, ainsi que pour ceux qui pourraient suivre. Il fit immédiatement organiser une expédition, dont le colonel Chaumont, commandant le 1er territoire, eut le commandement.

Faites en pleine saison chaude, au mois de juillet, et sans que la proximité de la frontière permît l'investissement complet de la position, ces opérations durèrent un mois et n'eurent pas d'autre résultat que de rejeter définitivement la bande en Chine. L'enlèvement des fortins qui défendaient le repaire, que les colonnes ne purent aborder qu'en file indienne, en suivant des crêtes rocheuses, nous coûta six officiers et une centaine d'hommes hors de combat (1).

____

(1) Lieutenants Gleyzes, Brisach, Vormèze, tués; commandant Mondon, capitaine Dupin, lieutenant Angeli, blessés.

Lo-Man fut donc forcé de repasser en Chine. Mais le gouverneur fit alors faire des représentations énergiques au gouvernement chinois. Il obtint même le déplacement de certains fonctionnaires connus par leurs accointances avec les pirates, entre autres Phong, le commandant militaire de la frontière du Quang-Tong, et fit nommer le maréchal Su gouverneur militaire des deux Quangs. Celui-ci traqua alors Lo-Man et le mit bientôt, par la force, dans l'obligation de rendre ses prisonniers.

On le récompensa de la loyauté de sa conduite en cette circonstance, ainsi que des services très réels qu'il nous avait rendus depuis un an contre la piraterie, en lui donnant, l'année suivante, la croix de commandeur de la Légion d'honneur.

Avec quelques attaques de postes dans le 3e territoire et quelques incidents de frontière, les opérations du haut Sung-Cau et du Pa-Naï forment le bilan de l'année 1895.

Au 1er janvier 1896, le pays était donc absolument tranquille dans tout l'intérieur et tout le long des frontières. Seul, le 3e territoire était resté stationnaire, et la situation s'y était même aggravée pendant l'année 1895, par la migration de toutes les bandes chassées des autres territoires. Mais, du moins, on les tenait là groupées dans un petit espace; il n'y avait plus, cette fois, de diversion à craindre, et nous pouvions réunir toutes nos forces contre elles pour les rejeter en Chine, seule ressource qui leur restât pour nous échapper.

Opérations du 1er janvier au 1er juillet 1896. — On entreprit cette dernière tâche dès les premiers jours de 1896. Une forte colonne, sous les ordres du colonel Gallieni, opéra d'abord, en février, dans le Yen-Thé, où le Dé-Tham, qui s'était soumis en 1894, avait de nouveau pris les armes. Comme toutes celles déjà faites dans cette contrée, elle se termina par l'occupation, après le bombardement, des fortins abandonnés par l'ennemi. Mais elle porta le dernier coup au prestige de ce chef, autrefois si redoutable, et ses partisans, las de cette lutte incessante, l'abandonnèrent peu à peu. Avec une poignée de fidèles, il continua cependant à tenir la brousse, réussissant encore, de temps à autre, quelque coup de main et faisant toujours des offres de soumission inacceptables, auxquelles on ne répondait même pas.

Enfin, en novembre 1897, à bout de ressources, il se rendit sans autres conditions que la promesse d'avoir la vie sauve.

Ce Dé-Tam, dont on a tant parlé, n'était pas le premier venu et, seul peut-être de tous les chefs de bandes, méritait réellement le titre de rebelle. Habile, courageux, intelligent, l'esprit fécond en ressources de tout genre, il fut pour nous un dangereux adversaire, et parfois aussi un ennemi chevaleresque et loyal.

En 1892, après la surprise meurtrière de la colonne Henry, qui reculait en désordre, abandonnant ses morts et ses blessés au pied des retranchements ennemis, ce fut lui qui, embouchant son porte-voix, cria : « Nous ne sommes pas des pirates, mais des rebelles qui défendent leur pays contre l'envahisseur; nous respectons les morts et ne mutilons pas les blessés. Venez ramasser les vôtres, le feu va cesser. » On hésita, puis on y alla, et, en effet, pas un coup de feu ne fut tiré pendant l'opération.

Et, lors de la dernière expédition, en 1896, le seul Européen qui fut tué, un patrouilleur égaré dans les bois, fut retrouvé le lendemain absolument intact, ni mutilé, ni dépouillé — sauf de ses armes et munitions — et ayant bien en évidence sur la poitrine sa montre et son porte-monnaie, contenant quelque argent.

Après l'opération du Yen-Thé, une partie des troupes, sous les ordres du commandant Briquelot, remontèrent

tout le long du Sung-Cau et arrivèrent dans le 3e territoire, où elles rallièrent d'autres colonnes amenées de
Cao-Bang par le commandant Nouvel et le lieutenant-
colonel Vallière.

Celui-ci prit alors la direction générale des opérations,
et, le 20 mars, vint enfin attaquer la première position
pirate à Pieng-Toc.

La lutte fut vive et dura deux jours. La première
journée fut indécise, et une attaque des pirates sur les
têtes des colonnes qui débouchaient d'un défilé réussit
presque et en rendit le déploiement très difficile. Mais,
le lendemain, les pirates, attaqués à leur tour dans leurs
rochers, abandonnèrent leur position après une résistance opiniâtre et une défense du terrain pied à pied.
Nous avions eu une soixantaine d'hommes et deux officiers hors de combat (lieutenant Fénard tué, capitaine
Bulleux blessé). Le commandant Nouvel, du 1er bataillon étranger, s'était particulièrement distingué dans
cette affaire, et c'est à sa vigueur et à son coup d'œil
que l'on devait d'avoir repoussé la veille les attaques
des Chinois.

Ainsi, après avoir nettoyé et organisé les 1er, 2e et 4e
territoires, on s'attaquait donc à présent au 3e, qui, jusqu'à ce jour, avait été sacrifié et abandonné aux bandes,
et où plus de 3.000 pirates, répartis en plusieurs groupes, sous le commandement suprême d'A-Coc-Thuong,
se préparaient depuis longtemps à une dernière résistance. Mais, cette fois, ils étaient pris entre la frontière
chinoise et une ligne de postes infranchissable, derrière
laquelle toute une population armée se tenait prête à
leur courir sus. Refoulés de position en position par nos
troupes, il ne leur restait plus qu'une ressource, celle de
passer en Chine.

Aussi, bien qu'une faible partie des bandes eût été
seulement engagée à Pieng-Toc, cette affaire fit aban-

donner aux pirates tout projet de résistance sérieuse. Ils comprirent que, cette fois, c'était bien la fin, et qu'il n'y avait plus rien à faire. Le plus grand nombre passèrent de suite en Chine, renonçant à la lutte. Les autres reculèrent brusquement et se groupèrent sur la frontière, prêts à la franchir au premier signal.

Au 1er juillet 1896, la pacification était donc absolument achevée, et, de toutes ces bandes qui nous avaient si longtemps tenu tête au point même de compromettre notre installation dans le pays, il ne restait plus qu'un groupe de 400 à 500 fusils dans une situation précaire, étroitement serrés par nos postes, acculés à la frontière et démoralisés. La piraterie avait vécu.

Le colonel, puis général de Badens, qui prit, à cette époque, le commandement du 3e territoire, en dispersa définitivement les derniers débris sans combat sérieux. Après avoir achevé l'organisation de sa région et fermé la frontière derrière le dernier pirate, il rejoignait sa résidence de Tuyen-Quang lorsqu'il périt de la triste mort que l'on sait (1).

Déjà, en 1895, après les colonnes du haut Sung-Cau, étaient rentrés le lieutenant-colonel Clamorgan et les commandants Gérard et Famin.

Les premiers mois de 1896 virent partir tous ceux qui avaient joué les premiers rôles dans cette période si brillante, et qui avaient le plus contribué, à un titre quelconque, au résultat obtenu.

Le général en chef, le général Servière, les colonels Gallieni, Vallière, Perreaux, le commandant Lyautey rentrèrent successivement, emportant les regrets de toute une population qu'ils avaient arrachée à la ruine et à la misère, et ceux des troupes, dont ils avaient dé-

____

(1) Le général de Badens se noya dans la rivière Claire, l'embarcation qui le portait ayant chaviré dans un rapide.

fendu les intérêts, qu'ils avaient si souvent conduites au combat et auxquelles ils avaient rendu la dignité et la confiance en elles-mêmes.

CHAPITRE X.

Administration de M. Rousseau.
Piraterie; son recrutement; son organisation.
Tirailleurs annamites; leur organisation.

M. Rousseau avait succédé à M. de Lanessan en février 1895.

Avec la plus grande loyauté, il rendit pleine justice à son prédécesseur : il déclara ses comptes parfaitement en règle et fit ressortir les résultats considérables obtenus par lui, ajoutant que, pour sa part, il jugeait nécessaire et indispensable de suivre la même ligne de conduite.

A peine arrivé, le nouveau gouverneur avait ordonné l'expédition contre Ba-Ky et il n'y avait rien eu de changé ni dans les affaires politiques, ni dans les affaires militaires. Cette suite dans les idées, cette continuité de vues pendant cinq ans contribuèrent puissamment à la pacification du pays, en rendant aux indigènes un peu de confiance en notre sagesse et en notre supériorité.

Grâce à la confiance qu'il inspirait, M. Rousseau obtint enfin, pour la colonie, l'autorisation de contracter un emprunt de 70 millions, et son court passage à la tête de la colonie ne fut pas sans résultats.

Malheureusement, les personnels civils et militaires furent accrus dans de trop grandes proportions, et l'équilibre du budget s'en ressentit.

L'année 1896 fut attristée par la famine. Les pluies ayant été trop abondantes, les récoltes de 1895 avaient été complètement perdues; le riz pourrissait sur pied, sans arriver à maturité. Dès le commencement de l'an-

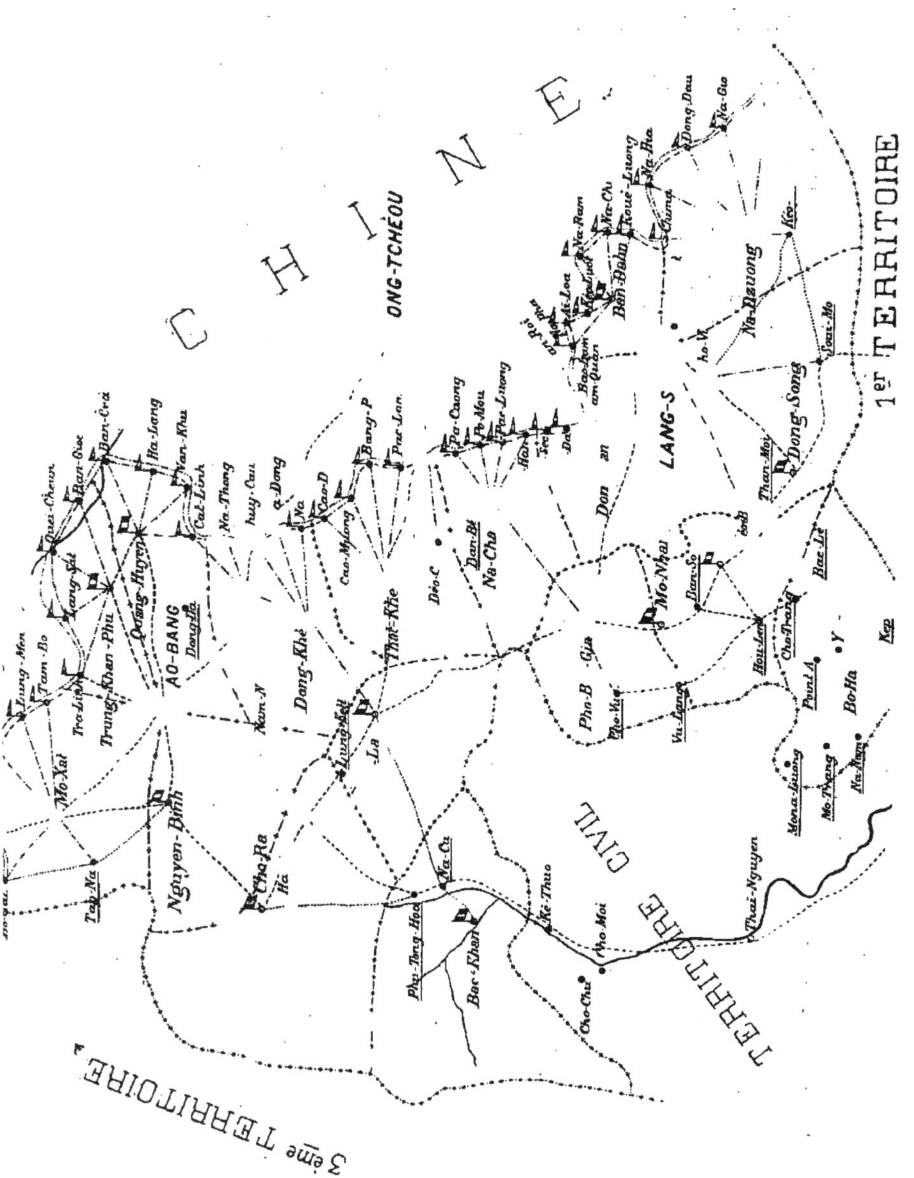

Organisation du 2e territoire militaire. — Routes et postes.

née, une disette cruelle se fit sentir, qui alla en augmentant. La misère fut considérable ; les pouvoirs publics firent leur possible pour l'atténuer, et des quantités considérables de riz furent amenées de Cochinchine et distribuées aux indigents. Malgré cela, la mortalité fut énorme, et, au mois d'avril, le long de la route de Phu-Lang-Thuong à Hanoï, on trouvait des cadavres de malheureux qui s'étaient traînés jusque-là avant de mourir, dans l'espoir d'y trouver peut-être la poignée de riz qui aurait pu prolonger leur existence. Si notre domination n'avait pas été bien assise et le pays bien en main, de graves désordres eussent certainement marqué cette époque.

Le général Duchemin, après trois ans et quatre mois de séjour, avait été remplacé, en avril 1896, par le général Dodds, qui ne séjourna dans la colonie que pendant trois mois.

Le rétablissement d'un général de division comme commandant des troupes ayant été décidé, le général Bichot se rendit, pour la seconde fois, au Tonkin.

M. Rousseau, venu d'abord en liquidateur, et seulement pour quelques mois, s'était lui aussi épris de ce beau pays et passionné pour son développement. A son retour de France, en mars 1896, il avait ramené toute sa famille, avec l'intention d'y prolonger son séjour. Mais, malgré sa robuste constitution et bien qu'il fût encore très vigoureux, ses 60 ans ne purent s'accommoder de ce brusque changement d'habitudes, de régime, de climat, et la maladie l'emporta en septembre.

PIRATERIE — SON RECRUTEMENT — SON ORGANISATION

On ne peut raconter les événements militaires qui se sont développés au Tonkin sans dire un mot des pirates qui, pendant si longtemps, luttèrent contre nous, et dont le nom revient à chaque ligne au cours de ces récits.

On se fait en effet, en France, une idée tout à fait fausse de ce qu'ils sont. Les uns veulent voir en eux des patriotes défendant leur pays ; les autres, des voleurs mais peu dangereux, et hors d'état de lutter contre nous. Les deux opinions sont également erronées car les rebelles ne furent que l'exception, et l'on a pu se rendre compte, en suivant les péripéties de la lutte, de la vigueur avec laquelle ces voleurs nous disputèrent notre conquête.

En réalité, il y eut à distinguer trois sortes de bandes :

1° Les rebelles annamites ;

2° Les pirates annamites ;

3° Les pirates chinois.

Rebelles annamites. — Le peuple annamite ne fut pas, à proprement parler, hostile à notre domination. Depuis longtemps habitué à un maître, hors d'état de se défendre, on peut dire qu'il s'attendait à nous voir faire un bond de la Cochinchine en Annam, et notre intervention ne le surprit pas.

Aussi, pendant la conquête, ce ne fut ni contre lui, ni même contre l'armée annamite, qui n'existait pas — car on ne peut donner ce nom aux 4.000 ou 5.000 hommes mal armés qui occupaient les places du fleuve Rouge, sous le commandement de Hoang-Khé-Vien, et qui disparurent, du reste, après Son-Tay — que nous eûmes à combattre, mais uniquement contre l'armée chinoise.

Cependant, en 1885, après l'affaire de Hué et la fuite du roi, les choses changèrent, et il y eut réellement alors, dans tout l'Annam et une partie du Tonkin, un véritable soulèvement qui dura jusqu'en 1887, se ralluma en 1889 et s'éteignit complètement en 1890, date depuis laquelle l'Annam fut tranquille.

Au Tonkin, le soulèvement ne s'étendit pas au delà du Than-Hoa et du Bay-Sai. Il se localisa ensuite dans le Yen-Thé; et encore, si le titre de rebelle pouvait se donner aux chefs et à une partie de leurs partisans habitants du-pays, il y eut surtout aussi, dans les bandes de Ba-Phuc, du Dé-Nam et du Dé-Tham, de simples bandits.

L'action de la rébellion proprement dite fut donc très limitée, et comme étendue et comme durée.

Pirates annamites. — La transition entre la rébellion et la piraterie annamite ne se présente pas d'une façon brusque et tranchée, et, pour nous, il ne pouvait guère y avoir de différence entre le rebelle et le pirate, qui nous combattaient également.

Bien avant notre arrivée, déjà la piraterie désolait le Tonkin, favorisée par l'absence d'une force légale en état d'empêcher le plus fort de dépouiller le plus faible.

Jusque-là ce ne fut guère qu'un brigandage local qui, n'étant gêné par personne, se faisait sans fracas et sans bruit par quelques groupes à peine armés de quelques vieux fusils et de lances. Le pirate annamite ne tenait pas, à cette époque, la brousse en permanence. Les bandes, peu nombreuses et composées des déclassés des villes, des coolies sans travail, se réunissaient puis disparaissaient le coup fait, chacun rentrant chez soi et cachant soigneusement l'arme dont il s'était servi.

Notre intervention n'eut, au début, d'autre résultat que d'amener ces bandes à se grouper en rassemblements plus considérables et à mieux s'armer pour lutter tant contre nous que contre les villages. Elles s'augmentèrent aussi, à cette époque, des débris des troupes annamites de Son-Tay et des nombreux mécontents que nous faisions chaque jour : gens punis souvent à tort,

anciens domestiques chassés pour vol, tirailleurs déser-
teurs, etc. ; et la lutte prit dès lors un caractère plus
sanglant, car, au lieu de se faire céder presque à l'amia-
ble ou par de simples menaces quelques paniers de riz
et quelques cochons, il fallut prendre de force, attaquer,
incendier et piller.

Il y eut, du reste, très peu de bandes pirates exclusivement annamites, comme celles du Doc-Tich et du
Doï-Van, car, généralement trop faibles et trop mal
armées pour lutter efficacement contre nous, elles furent presque aussitôt amenées à appeler les Chinois
dans leurs rangs, formant ainsi des bandes mixtes qui,
sous des chefs comme le Caï-Kinh, le Dé-Kieu, le Doc-
Ngu, nous donnèrent souvent bien du mal.

Ayant des intelligences dans tous les villages, dans
tous nos postes même, soutenues souvent par les mandarins, les bandes annamites étaient insaisissables et
n'étaient pas moins cruelles vis-à-vis de leurs compatriotes que les Chinois eux-mêmes. Tous leurs chefs
étaient, du reste, munis de brevets signés de Tu-Yet,
ex-premier ministre du roi détrôné en 1885, ce qui leur
donnait un faux air de rebelles et leur servait de sauf-
conduit auprès des populations, toujours impressionnées
par le nom de Ham-Nghi.

Elles disparurent presque toutes vers 1892, époque à
laquelle les mandarins et la Cour, ayant accepté le fait
accompli et renoncé à nous combattre, employèrent leur
influence à faire disparaître un état de choses qu'ils
avaient sourdement encouragé jusque-là pour nous sus-
citer des difficultés.

Bandes chinoises. — Mais nos plus redoutables, nos
plus tenaces ennemis, furent les bandes chinoises qui,
parfaitement organisées, supérieurement armées, furent,
pendant les années 1889, 1890 et 1891, véritablement
maîtresses du pays.

Elles se divisaient en deux catégories : les bandes fixes et les bandes nomades.

BANDES FIXES. — Les bandes fixes établies sur notre territoire étaient des sortes de colonies militaires chinoises étendant leur autorité sur un ou deux cantons, dont elles protégeaient les habitants, qui les nourrissaient et leur versaient des impositions. Ces bandes pillaient peu autour d'elles, et seulement lorsqu'elles avaient à se plaindre d'un village récalcitrant. Elles sortaient cependant souvent de leurs repaires pour quelque expédition fructueuse faite au loin, afin de se procurer armes et munitions par l'échange des produits volés. Une intimité étroite régnait entre elles et les habitants, et de nombreux mariages avaient lieu entre pirates et jeunes filles des environs. Les villages d'ailleurs profitaient largement des actes de brigandage de la bande, car ils achetaient à vil prix les buffles volés.

Les plus anciennes d'entre elles n'étaient autres que les débris des Pavillons-Noirs et Jaunes, anciens Taï-Pings chassés de Chine en 1865. Tels sont Luong-Tam-Ky, Ba-Ky, le Caï-Kinh, etc.

Les autres bandes étaient composées d'anciens réguliers chinois ayant tenu garnison au Tonkin, qui, licenciés après la paix, étaient revenus s'y établir : telles la plupart de celles des 2e et 3e territoires.

Leurs efforts se portaient principalement sur les postes établis à proximité de leurs repaires, dont elles gênaient le ravitaillement, attaquaient les convois et les reconnaissances, obligées de maintenir ainsi leur prestige auprès des habitants, auxquels elles annonçaient chaque jour qu'elles allaient nous forcer à évacuer le Tonkin. Cependant, n'étant pas obligées de piller pour vivre, elles s'accommodèrent aussi parfois d'un *modus vivendi* consistant à s'épargner réciproquement, et auquel nos postes, trop faibles pour se mesurer avec elles, durent souvent souscrire tacitement.

Elles nous infligèrent de nombreux et sanglants échecs ; quelques-unes même, comme celle de Dong-A-Hop, enfermées dans des cirques inaccessibles, y défièrent toutes nos attaques et s'en allèrent de leur plein gré seulement au moment où la fermeture de la frontière allait, en les isolant complètement sur notre territoire, et en empêchant leur ravitaillement en munitions, les mettre à notre merci.

BANDES NOMADES. — Celles-si se subdivisent en deux catégories.

L'une est composée de grosses bandes qui, bien que se déplaçant continuellement, restent cependant en territoire tonkinois. Chassées d'une province, elles passent dans une autre pour revenir six mois après dans la première. Leur rayon d'action est considérable, et elles ont un peu partout des repaires provisoires ou des positions reconnues d'avance, où elles font tête lorsque nos colonnes les serrent de trop près. Elles se relient avec la Chine par d'autres petites bandes moins fortes, qui y escortent le butin et en rapportent en échange les produits de contrebande. Les bandes de Luu-Ky, celles du haut fleuve Rouge (Hoang-Man, Hoang-Than, Loï), de la haute rivière Claire (A-Coc-Thuang) rentrent dans cette catégorie.

L'autre catégorie comprend des bandes moins fortes de 100 à 150 fusils, qui ne quittent pas leur pays d'attache, restent installées en territoire chinois tout près de la frontière et, protégées par elle, étendent leurs opérations au Tonkin, plus ou moins loin, suivant leur force, qui est, du reste, très variable. Cette deuxième catégorie fait aussi généralement le métier de convoyeurs intermédiaires entre les négociants des deux Quangs et les bandes fixes installées sur notre territoire.

Toutes ces bandes nomades se recrutent parmi les Hounanais, habitants d'un district montagneux très pauvre, voisin de la frontière; les Hakkas, indigènes venus de l'île d'Haï-Nan, très fiers et très braves, et qui depuis longtemps ont formé de grandes colonies dans les provinces du Quang-Tong et du Quang-Si; les soldats chinois libérés, ou chassés pour une cause quelconque, ou même encore au service, et que leurs chefs envoient volontiers en congé, gardant pour eux, pendant leur absence, l'argent destiné à leur entretien; enfin, parmi la population de sac et de corde, prisonniers évadés, Chinois condamnés à la déportation sur la frontière, coolies sans travail, que l'on trouve dans ces deux mêmes provinces et qui ne connaissent d'autre instrument de travail que le fusil.

Elles ne vivent que de vols et de pillages et vendent en Chine les femmes, les enfants, le bétail volé, soit dans les villages voisins de la frontière, soit à des entremetteurs chargés de les écouler et qui souvent organisent et subventionnent les bandes pour ce commerce d'un nouveau genre. Elles en rapportent des armes, des munitions, du sel et surtout de l'opium qui est meilleur et moins cher que celui vendu par la Société fermière du Tonkin.

On s'étonnera peut-être de ce commerce de femmes; c'est pourtant lui qui a donné naissance à la piraterie chinoise bien avant notre arrivée au Tonkin. Dans les provinces méridionales de la Chine, principalement le Quang-Si, il y a fort peu de femmes. Chez les Thos, aussi bien en Chine que dans les hautes régions du Tonkin, il n'y a guère qu'une femme pour deux ou trois hommes. Cette disproportion est encore augmentée par l'infanticide des filles, si répandu parmi la population chinoise de ces contrées, comme nous le verrons plus loin, et aussi par cette particularité que les déportés à la frontière n'ont pas le droit d'emmener les leurs. C'est donc la piraterie qui, jusqu'à ce jour, a été chargée de remédier à cet inconvénient.

Il paraît d'ailleurs que la femme annamite fait prime. Moins coûteuse à entretenir, plus travailleuse, meilleure ménagère et commerçante que la femme chinoise, elle lui est préférée par le Chinois lui-même. Aussi le nombre de femmes volées chaque année en Annam et vendues dans la province du Quang-Si est-il considérable. Les plus jeunes et les plus belles sont achetées par des entremetteurs et expédiées à Canton et Hong-Kong, où elles ont une grande valeur. On comprend facilement combien ce commerce doit être lucratif, et, par suite, tentant pour les Chinois.

Les bandes nomades de la première catégorie furent de beaucoup les plus dangereuses pour nous. Assez fortes pour braver les reconnaissances des postes et les petites colonnes envoyées contre elles, elles nécessitaient, de temps à autre, des opérations plus sérieuses. Alors, elles jouaient à cache-cache avec nos troupes, leur glissaient entre les doigts, tout en sachant choisir le lieu et l'heure propices pour leur offrir le combat; elles nous infligeaient souvent des échecs, et, nullement entamées par les leurs, trouvaient toujours en Chine un inépuisable réservoir d'hommes et de munitions.

Celles de la deuxième catégorie, au contraire, nous évitaient généralement. Lorsqu'elles entraient au Tonkin, elles dissimulaient le plus possible leur présence, passant les journées cachées dans les bois ou les ravins et ne marchant que la nuit. Puis, lorsque le coup était fait, elles regagnaient la frontière à marches forcées. Quelquefois, poursuivies de trop près, elles livraient des combats d'arrière-garde ayant seulement pour but de sauver leur convoi en lui faisant prendre de l'avance;

souvent aussi, elles tombèrent au retour dans les embuscades tendues par les postes de la frontière.

ARMEMENT, ORGANISATION, COMMANDEMENT
TACTIQUE DES BANDES

L'armement des pirates avait toujours été en s'améliorant. Depuis 1890, il comprenait : 60 p. 100 de carabines Winchester à répétition, arme courte, légère, portant jusqu'à 1.000 mètres, et d'une précision suffisante jusqu'à 500 mètres ; 20 p. 100 d'armes volées ou ramassées sur les lieux des engagements (carabines 1874, Kropatcheaks modèle 1886) ; 20 p. 100 de modèles divers (Mauser, Remington, Snieder, etc.) (1) ; enfin, quelques fusils de rempart du calibre de 0,25 environ. Mais les munitions, parfois médiocres, leur étaient vendues très cher par les négociants chinois de la frontière, et elles leur manquèrent souvent.

Sauf ceux des bandes établies à demeure chez nous, les pirates menaient une vie toujours très dure, souvent misérable, lorsqu'ils fuyaient devant nos colonnes. Ils n'avaient de bon que les quelques jours qui suivaient un heureux coup de main, pillage ou prise importante. Entraînés à toutes les fatigues, à toutes les privations, souvent audacieux, très braves quand c'était nécessaire, ils furent, bien moins encore que leurs amis les réguliers chinois qui, si souvent vinrent grossir leurs rangs, une quantité négligeable.

Toujours durs et cruels et se livrant contre les habitants à des représailles terribles, ils mangeaient fréquemment, après un combat, le cœur et le foie des en-

---

(1) Dans les derniers engagements, on trouva même sur le terrain des chargeurs de Mannlicher.

nemis tués dans la lutte, croyant que cette nourriture fortifie le courage.

Dans une bande, il y a presque toujours deux hommes et souvent trois pour un fusil. Une bande de 100 fusils implique donc un nombre double de pirates; les autres servent de coolies et de brancardiers. C'est ce qui explique pourquoi on trouvait si peu de morts ou de blessés et d'armes sur le théâtre des plus sérieux engagements. Un homme tombe, son fusil est immédiatement ramassé par un autre; lui-même est aussitôt ficelé après un bambou et emporté le plus rapidement possible.

Dans la plupart des bandes, les hommes reçoivent chaque jour une ration de riz, sel et opium, et une part de prise; on leur fournit aussi, de temps en temps, des vêtements. Dans quelques-unes commanditées par les négociants de Long-Tchéou ou de Nam-Ning, ils touchaient une solde mensuelle fixe.

La discipline y est très rigoureuse; le chef, nommé à l'élection, y exerce un pouvoir discrétionnaire, et les exécutions y sont nombreuses. Il choisit ses lieutenants, parmi lesquels sera pris ensuite son successeur. Une pareille autorité ne pouvait s'exercer qu'en s'imposant à tous par une énergie et une bravoure à toute épreuve. Aussi ce ne furent pas toujours les premiers venus que tous ces chefs qui se battirent parfois si brillamment contre nous, payèrent constamment de leur personne et moururent souvent les armes à la main.

Dès qu'ils ne pouvaient plus supporter les fatigues de cette vie errante, ils étaient mis de côté et remplacés par de plus jeunes. Ils se retiraient alors et allaient vivre du fruit de leurs rapines passées, car le Chinois, quel qu'il soit, est économe et aime à thésauriser pour l'avenir.

Comme chez les réguliers chinois, il y avait chez les pirates grand luxe de pavillons et de trompettes; leur tactique, parfaitement appropriée à la nature du pays, consistait à nous harceler en restant invisibles, et à nous tendre des embuscades, et, quand ils voulaient nous résister plus sérieusement, ils savaient toujours choisir leurs positions.

Très ménagers de leurs munitions, qui leur coûtaient très cher et ne pouvaient pas toujours être remplacées à temps (leur approvisionnement n'était que de 50 cartouches), ils observaient une discipline du feu parfaite. Ils nous laissaient toujours approcher sans tirer jusqu'à 400 mètres, se contentant jusque-là de s'abriter des feux de salve et des obus; mais, de 400 mètres à 200 mètres, ils créaient une zone dangereuse, parfois très dure à franchir, dans laquelle convergeaient tous les coups, et qu'ils choisissaient toujours de manière à ce qu'on ne pût s'y présenter que sur un front restreint. Lorsque cette zone était franchie, c'était pour eux le signal de la retraite. Si, au contraire, nos pertes trop fortes nous forçaient à reculer, ils sortaient de leurs rochers et se précipitaient dans le but de pouvoir couper quelques têtes et les emporter comme trophées, car il ne faut pas oublier que, dans cette lutte, la nécessité d'enlever immédiatement nos morts et nos blessés réduisait bien vite l'effectif des combattants. Si une reconnaissance de 100 fusils avait seulement 10 hommes atteints, proportion très supportable, cela en immobilisait aussitôt 20 autres et réduisait l'effectif à 70. Il fallait tenir compte de ce rapide déchet, et souvent on battit en retraite alors que, sans cette préoccupation, on aurait pu tenir et réussir.

Les pirates tiraient généralement mal. Ils obviaient à cet inconvénient en repérant toujours leur tir à l'avance. Pour plus de sûreté, les maladroits passaient leur canon dans un morceau de bambou bien calé par des pierres et dirigé sur le point à battre. De cette manière, ils pouvaient tirer sans même regarder, le recul et le relèvement étant insignifiants, et tous les coups portaient dans un espace de quelques mètres carrés. Il y eut, du reste, pendant cette longue période de lutte, de la part des chefs pirates, une incontestable gradation vers le bon emploi de leurs forces, et dans ces dernières années ils nous saluèrent souvent de feux de salve fort bien exécutés et nous étonnèrent par leur discipline et leur audace.

Tels furent ces pirates qui, pendant dix ans, nous disputèrent le pays, et qui, sous le commandement de chefs intelligents, énergiques et braves, furent pour nous de redoutables adversaires.

Sans doute on peut dire qu'au 1er juillet 1896 la piraterie avait vécu au Tonkin, et qu'à moins de nouvelles fautes de notre part elle ne redeviendra jamais ce qu'elle a été. Cependant, sur la frontière même, et quelle que soit la surveillance exercée, il y aura pendant longtemps encore des petites bandes qui réussiront à passer, échangeront des coups de fusil avec nos postes et les habitants et pilleront encore, de temps à autre, quelque village. Il faut donc, pendant de longues années, et malgré la pacification intérieure définitivement acquise, conserver au Tonkin sa ceinture de confins militaires solidement organisés.

EFFECTIFS MILITAIRES AU TONKIN

Malgré tout, les troupes d'occupation sont plus que jamais insuffisantes; car, si les frontières sont à peu près garnies, l'intérieur se trouve sans défense aucune et à la merci d'un soulèvement partiel ou général, toujours possible avec un peuple impressionnable comme l'Annamite.

Les effectifs entretenus au Tonkin en ces dernières années s'élevaient à 8.000 hommes de troupes européennes et 12.000 indigènes; au total, 20.000 hommes. Il faudrait porter ce chiffre à au moins 25.000 : 10.000 Européens et 15.000 indigènes, malgré la tranquillité dont le pays jouit actuellement. Si nous avons quelque chose à craindre au Tonkin, c'est en effet un soulèvement des habitants, bien plus qu'une invasion chinoise. Non pas que ce danger soit imminent et que des symptômes le fassent pressentir; mais n'est-ce pas une loi presque fatale que tout peuple récemment conquis cherche à secouer le joug? L'Annamite ne l'a pas encore fait sérieusement : cela peut venir. Malgré son apathie, son indifférence relative pour ces questions de nationalité et de religion qui passionnent tant les autres peuples, il peut se porter aux pires excès si quelqu'un arrive à le galvaniser. On a vu tout récemment un jeune fanatique du nom de Ky-Dong, élevé et instruit en France par nos soins, arriver à provoquer une certaine agitation contre nous.

Sans doute, dans nos rapports individuels avec les indigènes, nous sommes, colons et militaires, plutôt doux et n'abusons pas des mauvais traitements; mais notre administration est si tracassière, et les impôts sont si lourds !

En tout cas, c'est une éventualité qu'il est toujours bon d'envisager afin que, pour ne pas avoir voulu en temps opportun s'imposer une légère augmentation de troupes, on ne soit pas acculé à la nécessité de recommencer la conquête (1).

---

(1) Ce qui était vrai en 1896 l'est tout autant en 1906. Le total de nos troupes en Extrême-Orient, y compris les troupes stationnées en Chine et leur réserve stationnée au Tonkin, s'élève à 22 bataillons européens, 29 bataillons indigènes, 2 régiments d'artillerie, plus quelques batteries ; au grand maximum, 50.000. C'est peu pour résister à une invasion jaune, japonaise ou chinoise, d'autant plus qu'il nous faudrait encore avoir recours aux flottes de commerce étrangères pour transporter là-bas les renforts nécessaires.

TIRAILLEURS ANNAMITES

Il existe actuellement quatre régiments de tirailleurs. Ces troupes se sont pendant longtemps ressenties de la hâte qui avait présidé à leur organisation et de la peur du Chinois, innée chez tout Annamite.

Aussi, jusqu'en 1891, les tirailleurs n'eurent pas une grande valeur. Admirablement mais insuffisamment encadrés par les régiments d'infanterie de marine, qui leur avaient donné, et leur donnent encore, le meilleur d'eux-mêmes, ils firent à peu près bonne contenance devant les pirates annamites ; mais, pour les mener contre les Chinois, il était indispensable de leur adjoindre un noyau d'Européens.

Les mandarins et les chefs pirates, les « travaillèrent », et les désertions, les trahisons, les vols d'armes se multiplièrent parmi eux durant les premières années, surtout lorsque, par suite de notre extension, on dut les envoyer dans la région montagneuse où ils se trouvaient complètement dépaysés et étaient plus malades que les Européens.

Peu à peu cependant ils s'aguerrirent, et, merveilleusement entraînés par la vie qu'ils menaient, soumis à une discipline plus sévère qu'au début, ils finirent par acquérir une réelle solidité au feu.

Ce qu'on a depuis 1892 exigé des bataillons stationnés dans les territoires militaires est, en effet, incroyable. Toujours en route, et en toute saison, employés en outre dans les postes à toutes les corvées et à tous les travaux ; remplaçant les coolies de compagnie et de poste, supprimés peu à peu par les gouverneurs ; marchant ou travaillant sans repos ni trêve, ils ont réellement acquis des droits à notre reconnaissance.

Aujourd'hui, les tirailleurs sont devenus de bonnes

troupes, n'ont plus peur du Chinois, et le battent fort bien sans le secours des Européens. Certaines compagnies même valent des compagnies européennes et se sont rendues célèbres par leur endurance à la fatigue et leur conduite brillante au feu.

Les tirailleurs étaient recrutés à l'origine par engagements volontaires. Ce mode de recrutement avait le défaut d'amener dans leurs rangs quantité de vagabonds sortis on ne savait d'où, qui disparaissaient tout à coup comme ils étaient venus, sans que personne pût être rendu responsable de leurs méfaits. On y a renoncé, et ils sont aujourd'hui recrutés par voie d'appel exclusivement parmi les inscrits, c'est-à-dire les gens ayant propriété et inscrits sur les rôles d'impôts. Ce n'est pas le service obligatoire, puisque une population de 12.000.000 d'habitants n'entretient que 25.000 hommes environ (tirailleurs et miliciens), et chaque année le nombre d'hommes nécessaires au maintien de l'effectif prévu est fourni par les provinces, suivant certaines lois et anciennes coutumes annamites dans l'explication desquelles nous n'entrerons pas. De cette façon, si un homme déserte, sa commune est tenue de le remplacer immédiatement ; s'il commet un vol ou une trahison et qu'il parvienne à échapper à la justice, sa famille est responsable pour lui.

La durée du service est de six ans. Les caporaux et sergents peuvent rengager. Presque tous usent de cette faculté, et l'on a généralement ainsi d'excellents gradés indigènes.

Les cadres comprennent :

1° En gradés indigènes, les cadres du pied de guerre, 8 sergents et 16 caporaux, à l'exclusion des comptables ;

2° En gradés européens, l'adjudant et 4 sergents et les comptables ;

3° Trois officiers.

Soit 10 Européens pour 250 et souvent 300 tirailleurs.

Ce cadre est absolument insuffisant, les compagnies étant toujours très morcelées. Il y faudrait tout au moins 4 officiers chefs de section et 8 sergents, et même, puisqu'on semble vouloir diminuer les effectifs européens, il serait indispensable d'avoir aussi dans chaque escouade, à côté du gradé indigène, un caporal français.

Ainsi encadrés, les tirailleurs acquerraient une solidité qui leur permettrait de remplacer dans toutes les circonstances les troupes européennes, qui, confortablement installées dans les postes de la région moyenne, constitueraient une réserve à laquelle on ne ferait que rarement appel.

Nous ajouterons qu'il serait désirable qu'on payât à l'indigène la solde qui lui revient, en tenant compte du cours de la piastre. Cette solde a été évaluée en francs; elle est payée en piastres. Mais la valeur de cette dernière pour la solde des tirailleurs a été fixée à 4 francs, chiffre invariable ; il en résulte que cette solde se trouve diminuée dans de notables proportions si le cours de la piastre descend au-dessous de 4 francs, ce qui est le cas depuis 1890. Nous demandons, en un mot, qu'on applique au paiement des indigènes la pratique adoptée pour les troupes européennes, qui touchent intégralement ce qui leur revient, en suivant les variations du taux.

En résumé, les tirailleurs forment actuellement une troupe solide, entraînée et aguerrie. Supérieurement encadrés, car la perspective de se battre plus souvent les fait toujours rechercher par l'élite des cadres de l'infanterie de marine, ils nous ont déjà rendu de grands services et sont appelés à nous en rendre encore surtout si l'on se décide à augmenter leurs cadres européens.

CONCLUSION

C'est à la date du 1ᵉʳ juillet 1896 que s'arrête le récit des événements militaires qui ont fait l'objet des deux premières parties de cette étude.

De ces deux périodes bien distinctes, conquête et pacification, la seconde fut incontestablement la plus pénible. Pendant la première, nous avions le nombre, la force, le prestige, et, conduits par des chefs de valeur, nous marchions de succès en succès, sûrs du résultat, certains de refaire demain ce que nous avions fait hier. Pendant la seconde, au contraire, nous nous débattîmes longtemps dans une situation difficile, dont il n'a été tracé qu'un tableau atténué ; et, si, à partir de l'année 1892, nos affaires s'améliorèrent, on a vu quelle prodigieuse somme d'efforts il fallut encore déployer pour venir à bout d'un ennemi qui était habitué à parler en maître, et à vaincre.

Dans les pays de civilisation chinoise, en effet, le gouvernement central, malgré les apparences, est surtout nominal, et chaque village, sorte de municipe de la forme gallo-romaine, constitue une petite république oligarchique possédant des pouvoirs réguliers, très mal organisée, par conséquent, pour la défense, et ne pouvant s'opposer à l'invasion de n'importe quelle armée tant soit peu régulière. Ce n'est qu'au lendemain de la conquête, alors qu'il s'agit d'assurer la sécurité, que les difficultés commencent à se révéler. Et elles sont innombrables.

C'est ce qui s'est produit au Tonkin. Si la lutte contre la piraterie, soutenue avec des moyens toujours insuffisants, fut plus obscure et est restée moins connue que celles de la conquête même, elle fut encore plus glorieuse pour nos armes et exigea de la part de tous plus de ver-

tus militaires. Du 1ᵉʳ juillet 1885 au 1ᵉʳ juillet 1896, les
pirates nous ont tué exactement 76 officiers, et blessé
le double. Ces chiffres sont suffisamment éloquents et
prouvent que nos adversaires ne furent pas toujours à
dédaigner.

Pour celui qui a pris part à ces dernières années de
lutte, bien plus encore que pour celui qui a participé à
la conquête, il s'en dégage une pensée consolante, une
espérance pour l'avenir. On ne peut s'imaginer, en effet,
quel merveilleux instrument de conquête et de civilisation est le soldat français; il faut l'avoir vu à l'œuvre,
l'avoir commandé dans ces situations souvent si critiques par lesquelles ceux qui sont allés là-bas ont tous
plus ou moins passé. C'est alors qu'il se révèle tel qu'il
est : intelligent, actif, audacieux, dévoué jusqu'au sacrifice, et qu'on sent se raviver en lui ce feu sacré qui jadis
nous a fait si grands.

Après nos défaites de 1870, on a dit que nous avions
été battus parce que nos généraux avaient appris la
guerre en Afrique — ce qui sous-entend évidemment
qu'ils eussent été beaucoup plus capables s'ils étaient
restés en France sans jamais conduire de troupe au feu.
Et cette appréciation, chacun s'en va la répétant d'un
air grave. On la réédite actuellement pour les expéditions coloniales qui, paraît-il, faussent les idées.

N'en déplaise aux théoriciens et aux conducteurs de
troupes en chambre, la lutte contre la piraterie fut, comme les expéditions du Soudan et de Madagascar, une
dure et profitable école, où tout le monde a trouvé à apprendre. Car, si la topographie et le climat particuliers
à ces pays imposent certaines méthodes, certaines modifications aux règlements, on n'en observe pas moins toujours les principes généraux et l'on cherche à s'en rapprocher le plus possible.

Sans doute on n'y apprend pas à conduire des armées;

mais, cette mission étant évidemment réservée à un petit nombre de natures d'élite, les autres peuvent toujours aller y apprendre à conduire des sections et des compagnies; y acquérir du coup d'œil, de la résolution, du sang-froid : ils pourraient plus mal employer leur temps.

Malheureusement ceux qui, dans ces pays lointains, ont donné à nos jeunes drapeaux une étincelle de victoire et à nos cœurs un rayon d'espérance restent néanmoins perdus dans la mêlée, ignorés et oubliés.

« On ne sait pas assez tout ce qui s'est dépensé et se dépense encore tous les jours de vigueur, d'esprit de sacrifice et d'abnégation, non point seulement dans les périodes tapageuses de l'action militaire, mais encore et surtout dans les obscurs labeurs des tâches journalières. Il faut, pour le savoir, avoir eu occasion de connaître le récit de quelques-uns des faits journaliers qui ont marqué les expéditions du Soudan et la répression de la piraterie au Tonkin. La réclame et la publicité, qui se sont réservées pour d'autres tâches, ont négligé d'explorer ce domaine. » (Paroles prononcées à la Chambre par M. Godefroy Cavaignac, dans son projet sur l'armée coloniale.)

CHAPITRE PREMIER.

Orographie-Hydrographie.

Sans entrer dans de grands détails géographiques, il est cependant indispensable de rappeler en quelques mots l'orographie et l'hydrographie de ce pays, tout en eau et en boue dans le bas, en montagnes et rochers dans le haut.

Le principal soulèvement géologique est la ligne de partage des eaux entre le bassin tonkinois et le bassin chinois. Elle prend naissance aux Cent-Mille-Monts, énorme pâté montagneux tangent à notre frontière un peu au nord de Mon-Cay, traverse le Tonkin, suivant une direction sud-est - nord-ouest et en ressort au nord d'Ha-Giang.

Cette ligne n'est pas, à proprement parler, une chaîne, mais bien plutôt une série de gros massifs soudés les uns aux autres par des parties moins élevées formant cols.

De chacun de ces massifs se détachent vers le Sud-Ouest de nombreux contreforts, séparant les unes des autres les hautes vallées des fleuves tonkinois, mais qui s'abaissent assez rapidement pour ne plus présenter, aux abords du delta, que des parties faiblement mamelonnées, facilement accessibles et toutes cultivables.

Vers le Nord-Est, au contraire, jusqu'à la frontière chinoise et au delà, ce n'est qu'une succession d'énormes massifs très élevés, jetés pêle-mêle, s'enchevêtrant les uns dans les autres, en un fouillis inextricable, en un chaos étonnant, sans aucune direction maîtresse, formant le système orographique le plus tourmenté qu'on puisse voir, et qui a toujours dérouté la science de nos meilleurs topographes.

« Il existe, en effet, dans cette région, une grosse anomalie topographique, qui est l'indépendance absolue de l'hydrographie, par rapport aux cimes rocheuses. Les cours d'eau, tout en restant solidaires des mouvements terreux que l'on peut relever dans les cirques, les golfes ou les abords de la masse calcaire, se comportent absolument comme si cette dernière n'existait pas. Ils zigzaguent à travers couloirs et cirques dans des directions qui n'ont aucun rapport avec celles des crêtes rocheuses; pénètrent sous les falaises, en ressortent un peu plus loin, s'y reperdent, etc. Il existe, en somme, deux orographies : l'orographie terreuse et l'orographie rocheuse, la deuxième complètement indépendante de la première, à laquelle elle semble absolument superposée, comme si, après formation de la première, ces masses calcaires étaient tombées du ciel dans un ordre quelconque. » (*Opérations militaires au Tonkin*, du commandant Chabrol.)

Ces massifs sont de deux sortes. Les uns sont formés de collines mamelonnées atteignant souvent 800 et 900 mètres, sillonnés de nombreuses et étroites vallées formant couloir et ne communiquant entre elles que par des cols d'un accès toujours très difficile, couverts, en outre, d'une végétation herbacée qui atteint souvent la hauteur moyenne de l'homme et y rend la circulation presque impossible. Les autres, du côté de Cao-Bang, comme les Ba-Chau et le Luc-Ku, comme le Caï-Kinh au Nord et tout près du delta, sont calcaires et boisés ; ils sont formés par une succession de cirques, dont le diamètre varie de 300 mètres à 2 ou 3 kilomètres et qui ne communiquent entre eux que par des gorges d'un accès très difficile conduisant à des cols plus ou moins élevés. Dans tous ces cirques cultivés à l'intérieur, se trouvaient autrefois et se retrouvent à présent des villages habités ; mais, pendant longtemps, ils servirent exclusivement de refuge et de réduits aux bandes pirates qui en avaient chassé les habitants.

Si nous quittons la région Nord-Est pour le Nord et l'Ouest, nous retrouvons à peu près la même configuration aussi bien entre la rivière Claire et le fleuve Rouge qu'entre ce dernier et la rivière Noire, et jusqu'au sud de celle-ci. De sorte que, en résumé, le Tonkin, qu'on se plaît généralement à considérer comme un pays de plaines, n'est au contraire, sur la moitié de sa superficie environ, que montagnes et bois, et, dans l'autre moitié, se compose exclusivement de terres d'alluvions basses et chaudes.

Et cette configuration du sol explique de suite les deux phases si distinctes de la conquête : facile et prompte tant qu'on a manœuvré dans le delta avec des communications sûres et rapides par les rivières ; lente et meurtrière, lorsqu'il a fallu avancer pas à pas, le coupe-coupe et la hache à la main, dans les massifs boisés de la haute région si propices aux embuscades. C'est là, c'est dans ces gorges étroites, dans ces cirques n'ayant pour la plupart qu'une ou deux issues, que tant de reconnaissances ont été anéanties, que tant d'officiers ont été mortellement frappés.

Cette ceinture de montagnes donne naissance à une quantité considérable de cours d'eau petits et grands, qui font de cette contrée le pays de l'eau par excellence, et du bas Tonkin un immense delta, où ils se déroulent à travers mille circuits, allongeant leur route, projetant dans tous les sens de nombreuses dérivations, ralentissant leur courant, comme s'ils cherchaient à retarder le moment de leur absorption par la mer.

Toute cette eau se répartit en deux grands bassins traversés chacun par une artère principale, qui draine cette masse liquide et l'entraîne à la mer.

Dans le bassin du Nord-Est, c'est le Thaï-Binh qui, formé par la réunion à Sept-Pagodes, du Sung-Thuong, du Loch-Nam et du Sung-Cau, descend à la mer en une immense nappe d'un kilomètre de large, passe à Haïphong, où il prend le nom de Cua-Cam, projette de nombreuses dérivations, dont les deux plus importantes — le Cua-Nam-Trieu et le Tra-Ly — qui passent à Quang-Yen et Haï-Duong, sont aussi larges et aussi navigables que l'artère principale.

Au Sud-Ouest, nous trouvons le fleuve Rouge ou Sung-Coï, qui prend sa source en Chine, traverse, en une ligne droite de 600 kilomètres, le Tonkin dans sa plus grande dimension, passe à Hanoï, où il a déjà 800 mètres de large, reçoit un nombre considérable d'affluents, dont les principaux sont la rivière Noire ou Sung-Bo et la rivière Claire, grossie du Sung-Chay, puis, à hauteur de Hung-Yen, se divise en une quantité de bras, mais qui tous sont complètement ensablés à leur embouchure, sauf celui qui passe à Nam-Dinh.

A ces deux bassins, il faut ajouter le bassin chinois du Nord-Est, formé par le Sung-Ki-Kung et le Sung-Bang-Gian.

Le premier prend sa source au Tonkin, aux Cent-Mille-Monts, s'y développe sur un parcours d'environ 200 kilomètres, puis rentre en Chine. Le second prend sa source en Chine, traverse la haute région sur une longueur de 120 kilomètres et va se réunir au premier à Long-Tchéou, en Chine, où ils forment une des branches du Si-Kiang.

Entre les bassins du fleuve Rouge et du Thaï-Binh, il

n'existe, dans leur cours inférieur, aucune ligne de faîte. Aussi deux canaux, l'un naturel — celui des Bambous — l'autre creusé par les Annamites — le canal des Rapides — réunissent-ils ces deux fleuves, complétant ainsi un merveilleux réseau de voies fluviales, qui, jusqu'à notre arrivée, étaient les seules voies de communication reliant entre eux tous les points importants du delta.

Le Tonkin est donc, en réalité, divisé en trois zones bien distinctes ayant chacune leur géographie, leur climat, leur population, leurs produits différents :

Le delta, formé de terrains d'alluvions chauds, bas et humides, où seul peut pousser le riz, et allant depuis la mer jusqu'à Sept-Pagodes, Phu-Lang-Thuong, Taï-Nguyen, Vietri, Van-Yen ;

La région moyenne, hautes vallées des rivières tonkinoises, limitée au nord par Lang-Son, Cho-Moï, Tuyen-Quang, Yen-Baï, Van-Bu ; région mamelonnée, moins humide, plus saine que le delta, très propice à l'élevage et à toutes les cultures industrielles, où l'Européen peut même travailler la terre sans inconvénient pendant quelques mois de l'année, et qui offre le plus de ressources à la colonisation ;

Enfin, la haute région, montagneuse et d'un accès difficile. Région des mines et des forêts vierges, aux essences les plus variées, recélant de véritables richesses — qu'on exploitera peut-être plus tard — où l'Européen se porte bien, mais où la population est clairsemée, le sol pauvre, la sécurité encore très précaire, et qui, organisée en confins militaires par l'armement des populations guerrières et indépendantes qui l'habitent, devra rester pendant longtemps encore le domaine exclusif des troupes d'occupation.

CHAPITRE II

Climat.

Le Tonkin est loin d'être aussi malsain qu'on l'a dit au début, et qu'on le croit généralement en France.

Il n'y existe que trois saisons : un été de six mois, d'avril à octobre ; un automne, d'octobre à janvier ; un hiver, de janvier à mars. Mais la chaleur, lourde et humide dans le bas delta, devient de plus en plus supportable à mesure que l'on s'élève.

L'été est la saison des fortes chaleurs, et, en même temps, des fortes pluies, qui tombent souvent à cette époque pendant cinq ou six jours sans interruption, et débutent fréquemment par de violents ouragans, véritables tornades auxquelles rien ne résiste.

En 1888, le poste de Quang-Yen fut complètement rasé par un de ces ouragans. En 1896, le poste de Na-Cham, tout récemment construit et qui n'avait pas coûté moins de 700.000 à 800.000 francs, était devenu inhabitable, par suite des mêmes circonstances.

A l'été succède un automne sec, pendant lequel la température s'abaisse sensiblement, et une certaine fraîcheur rend les nuits meilleures. C'est la belle saison au Tonkin.

Enfin l'hiver, où la température descend quelquefois jusqu'à zéro, est en grande partie rendu désagréable par un brouillard très épais et humide. Pendant un mois et demi ou deux, on ne voit pas le soleil un seul jour ; puis, un beau matin, le brouillard se déchire brusquement, et l'on se retrouve tout de suite avec 27 et 28°. C'est déjà l'été.

Les températures maxima et minima pour les trois saisons et les différentes zones sont :

Delta et région moyenne : Été, 27°—38° ; automne, 20°—28° ; hiver, 8°—17° ;

Haute région : Été, 24°—32° ; automne, 15°—24° ; hiver, 0°—15°.

Le zéro n'est atteint que quelquefois dans certains postes, et la glace ne se voit que très rarement ; mais les gelées blanches et les températures de 2° à 5°, pendant les nuits et les matinées, jusqu'à 9 et 10 heures du matin, sont fréquentes dans toute la haute région.

L'année annamite se compose de douze mois. La semaine et les noms particuliers donnés aux différents jours n'existent pas. Ceux-ci sont simplement numérotés de 1 à 28 et 29 dans le mois. Les divisions supérieures à l'année sont aussi inconnues, et celles-ci se numérotent sous chaque règne depuis celle de l'avènement au trône. L'année 1897 est la 12ᵉ année de Than-Taï.

La fièvre paludéenne dans le delta, la fièvre des bois dans la haute région sont les deux maladies qui font le plus de victimes.

Pourtant, en dehors de la haute rivière Claire, la fièvre des bois ne se manifeste guère que sur un certain nombre de points assez restreints. Quant à la fièvre paludéenne, très fréquente dans le delta, elle le devient beaucoup moins et surtout est plus bénigne dès qu'on passe dans la région moyenne.

Deux grandes épidémies de choléra se sont produites en 1885 et en 1887. S'abattant sur des troupes non acclimatées et anémiées par des fatigues excessives, elles firent de nombreuses victimes. Depuis lors, il se produit, chaque année, quelques cas isolés à Haï-Phong et Phu-Lang-Thuong, et parfois à Bac-Ninh.

Heureusement, ce fléau est inconnu dans la haute région ; toutefois, en 1887, il s'est propagé jusqu'à That-Khé.

Quant aux dysenteries, diarrhées, fièvres typhoïdes et bilieuses, qui, durant les premières années, ont frappé tant d'Européens, elles provenaient surtout de l'excès de fatigue, du mauvais régime alimentaire et des installations déplorables qui existaient dans la plupart des postes. L'insuffisance du personnel de santé et des formations sanitaires entrait pour beaucoup aussi dans cette mortalité du début, en empêchant les maladies d'être soignées à temps.

En somme, il serait exagéré évidemment de prétendre que l'on se porte aussi bien au Tonkin qu'en France ou en Algérie; mais, avec une bonne alimentation, des installations à peu près confortables, et pas d'excès de fatigue, pas d'excès de boisson surtout, l'Européen peut très bien y passer de longues années, y travailler et y prospérer.

Une chose le sauve : c'est cet hiver, pendant lequel la température moyenne ne dépasse pas 12°, et qui permet aux fiévreux éprouvés pendant la saison chaude de se remettre et de reprendre des forces. Bien différent en cela est le climat cochinchinois, où la température ne descend jamais au-dessous de 28°. Et cette différence est rendue frappante du reste par l'aspect des personnes. Au Tonkin, les gens sont frais et roses (les anémiques sont un peu boursouflés seulement), les enfants y viennent bien, sont forts et vigoureux. Au contraire, quand on débarque à Saïgon, on ne voit que des visages creux et jaunes, exsangues, des femmes et des enfants chlorotiques.

CHAPITRE III

Population.

La population du Tonkin s'élève à 12.000.000 d'habitants pour une superficie de 200.000 kilomètres carrés. La plupart des géographes estiment la superficie du Tonkin à 105.000 kilomètres seulement. Cette évaluation est certainement trop faible et ne s'applique qu'au Delta et à la région moyenne, c'est-à-dire aux provinces annamites proprement dites. Mais, si l'on considère la totalité du pays occupé par nos troupes depuis Mon-Cay jusqu'à Lao-Kay et au Laos, le chiffre de 200.000 kilomètres n'est certainement pas supérieur à la réalité.

Cette population est très inégalement répartie, car toute la haute région, comprenant la moitié de la superficie totale, compte à peine 1.000.000 d'habitants ; il en reste donc 11.000.000 pour 100.000 kilomètres carrés, soit 110 habitants par kilomètre.

Elle s'y répartit en quelques grandes villes : Hanoï (100.000 habitants), Nam-Dinh (140.000), Haï-Duong (80.000), Bac-Ninh (40.000), Sontay, Hung-Hoa, Ninh-Binh, Tai-Nguyen, Haiphong (de 20 à 30.000), et en un grand nombre de villages très étendus, dont quelques-uns atteignent de 6.000 à 8.000 habitants.

Deux races vivent juxtaposées, au Tonkin, ne se mélangeant que très peu : l'Annamite, qui occupe le delta et la région moyenne, et les populations montagnardes, occupant la haute région, appelées Thos et Manns dans le Nord-Est et le Nord, Thaïs et Méos dans le Nord-Ouest et l'Ouest.

L'Annamite est la race conquérante. Venu de Chine comme nous l'avons vu sous le nom de Giao-Chi, il se montre d'abord au nord du Tonkin, dans la région de Cao-Bang et de That-Khé, et coupe en deux les autochtones du pays, les Thos, que, d'une part, il rejette dans le Laos et le Siam septentrional et refoule de l'autre côté dans la région montagneuse du Tonkin. Peuplant les vallées de la rivière Claire et du fleuve Rouge, et se pressant dans les plaines alluvionnaires du delta, l'Annamite contourne les sommets et les hauts plateaux où se sont réfugiés les autochtones, sans se mêler aucunement à ces montagnards, qu'on retrouve aujourd'hui tels qu'ils étaient déjà à une époque lointaine. Les deux races sont loin de sympathiser : la première professe du mépris et du dédain pour l'infériorité intellectuelle de la seconde, et cette dernière a voué une haine irréductible au vainqueur. Elles sont du reste aussi différentes au moral qu'au physique.

L'Annamite est très petit de taille; les membres sont grêles, le teint cuivré, les pommettes et les mâchoires très saillantes, le nez aplati, les yeux bridés; il n'a pas de barbe. sauf pendant la vieillesse, où il lui pousse une sorte de barbiche très clairsemée. Il est plutôt laid et d'aspect peu sympathique. Au moral, c'est un être assez complexe et difficile à définir, un mélange bizarre de défauts et de qualités. Très orgueilleux, beau parleur, très intelligent et fin, il pose en général pour l'homme austère et vertueux. Mais il a l'esprit de critique très développé; il est sceptique et moqueur.

L'Annamite est travailleur, industrieux, âpre au gain; curieux de toutes choses, il s'assimile très vite ce qu'il voit; il est très malléable, très docile, mais mou et sans énergie. Il est, avec cela, sensuel, cruel, vindicatif, faux, menteur, voleur et pillard. Il peut cependant montrer du dévouement et de la reconnaissance, et même faire preuve d'un certain courage; mais il ne faut jamais trop s'y fier. Il emprunte quelque chose du caractère du tigre, qui pullule dans son pays; comme lui, il aime à voir couler le sang, et pour un Annamite, rien ne vaut le spectacle d'un beau supplice ou d'un joli massacre pendant la nuit, dans le pillage et l'incendie d'un village.

L'Annamite ne nous aime pas. Il nous subit cependant, satisfait de l'argent que nous jetons dans le pays, et qui lui permet de satisfaire ses deux passions favorites, l'opium et le jeu; mais il n'est pas assez énergique pour entamer une lutte sérieuse et générale et n'a, quoi qu'on en ait dit, ni sentiment national bien développé, ni fanatisme religieux. Il semble uniquement tenir à ses institutions sociales et politiques : peu lui importe quel est son maître.

Bien différent est le Tho. « Mieux bâti, plus grand, plus vigoureux, plus fort que l'Annamite, bien découplé, les membres robustes, la peau saine et presque blanche, le visage plus régulier, les joues pleines, le nez plus fin, les pommettes et les mâchoires beaucoup moins saillantes, la bouche plus petite, les yeux plus largement fendus, se rapprochant beaucoup, en un mot du type indo-européen.

» Moralement, il est aussi bien supérieur à son vainqueur. Très chaste, la femme n'est utile pour lui qu'au développement de la race : il la fait vivre à part avec un soin jaloux, toujours occupée à filer et tisser le coton. Plus sobre, franc et honnête, fier et indépendant, il est aussi beaucoup moins travailleur, moins intelligent et s'assimile plus difficilement que l'Annamite. En dehors de la culture de son champ, il ne veut rien faire et rien apprendre; et encore, laisserait-il volontiers ce

travail aux femmes, ses goûts l'entraînant de préférence à courir les sentiers de la montagne, libre et un
fusil à la main. Il a si peu de besoins que l'appât d'un
gain, même élevé, ne le tente pas. Le reproche est la
seule peine qu'on puisse lui infliger : devant une colère
bruyante, il hausse les épaules, ayant le mépris de
l'homme qui ne sait pas se contenir; devant une insulte,
il se redresse et marche sur l'insulteur; devant un mauvais traitement, il frappe. Il ne connaît d'autre autorité
que celle de chefs héréditaires. Son territoire était divisé autrefois en Chaus, qui étaient l'apanage d'anciennes familles seigneuriales, se succédant de père en fils.
C'était absolument le régime féodal. Les différentes
branches du pouvoir étaient aux mains des vieillards,
mais l'autorité suprême n'appartenait qu'aux membres
d'une même famille.

» J'ai vu, en l'absence du chef, un enfant de 15 ans
qui gouvernait, recevait les hommages et écoutait les
plaintes. Il s'en tirait avec une dignité singulière pour
son âge, qui supposait dans son esprit une initiation
précoce, et dans ses veines un vieux sang de domina-
teur (1). »

« Le Tho est rebelle aux impôts, aux corvées et à
toutes les obligations sociales. Prise entre les Chinois et
les Annamites qu'elle déteste également, une telle race
ne pouvait que sympathiser avec nous. Aussi, du jour
où, comprenant mieux la situation, nous avons cessé
de maintenir à cette race l'organisation, calquée sur la
leur, que les Annamites leur avaient imposée, où nous
avons rappelé au pouvoir les descendants des anciennes
familles et fait revivre les anciennes institutions, en ne
demandant que peu d'impôts et encore moins de corvées;
de ce jour-là, disons-nous, les Thos se sont attachés

---

(1) Mat-Gioi : *Le Tonkin actuel.* (Chez Savine.)

franchement à nous, moins comme à des protecteurs toutefois que comme à des égaux, et ils ont observé l'alliance avec la plus grande loyauté. Armés par nous, ils sont devenus les soldats les plus dévoués. Ils constituent le plus ferme appui de notre puissance, en formant tout le long de la frontière une sorte de marche, véritables confins militaires, où, en quelques jours, 30.000 hommes agiles et vigoureux répondraient à notre appel et, connaissant admirablement le pays, nous apporteraient l'appoint de leur force. Nous les aurions avec nous aussi bien pour interdire à une invasion chinoise le passage de leurs défilés et de leurs montagnes que pour nous aider à écraser un soulèvement des Annamites s'il s'en produisait. Et ce sont eux qui nous font regretter, au départ, ce pays montagneux, rude et sévère, mais splendide, qui convient si bien à leur caractère fier, indépendant et généreux. »

A côté du Tho vit le Nung. Quelques voyageurs et écrivains croient à l'existence d'une race nung, population de métis qui, à la longue, serait issue des alliances de Thos et de Chinois, et qu'on retrouve d'un côté comme de l'autre de la frontière. Pour notre part, nous croyons plutôt à l'origine suivante :

A diverses époques, dont les premières sont déjà fort éloignées, et pour diverses causes, des Chinois sont venus en groupes plus ou moins considérables s'établir au Tonkin. Les uns ont fondé des villages, acheté ou pris des terres, se sont attachés au sol et, de belliqueux qu'ils étaient d'abord, n'ont pas tardé à devenir de paisibles cultivateurs dès qu'ils sont devenus propriétaires.

D'autres ont débuté comme coolies, et peu à peu se sont mis eux aussi à cultiver la rizière.

Ce sont ces propriétaires terriens que les Thos appellent les Nungs.

Plusieurs d'entre eux ont pris femme et fait souche dans le pays, mais c'est l'exception. Les Nungs se marient ordinairement entre eux et ne se mélangent pas avec les Thos, dont ils n'adoptent ni le costume ni la langue : ils sont et restent chinois.

Plutôt hostiles à notre occupation, ils ont toujours fourni un fort contingent aux bandes pirates de la frontière et leur ont servi d'indicateurs et de guides. Ils passent du reste en Chine avec la plus grande facilité dès qu'il y a le moindre danger et ne sont pas aimés des Thos, qui disent volontiers que, tant qu'il y aura des Nungs sur la frontière, il y aura des pirates.

Au physique, le Nung est généralement plus gros et plus fort que le Tho. Sa puissance musculaire est aussi plus développée. Au moral, il est plus intelligent, plus travailleur, plus entreprenant.

Une étude sur les races de la région ne serait pas complète si l'on ne signalait les derniers survivants des Thos-Ti qui ont pris jadis une part brillante à l'histoire du pays.

« Lorsque, parfois, au moment de leurs luttes séculaires contre la Chine, les empereurs d'Annam se souvenaient de leurs droits sur ces régions et se sentaient d'humeur à les faire respecter, ils envoyaient à la tête de colonnes, plus ou moins considérables, quelque Dé-Doc (général), qui était investi d'une sorte d'autorité proconsulaire. Celui-ci recrutait ses soldats parmi les montagnards, les conduisait au combat, et, à la suite d'expéditions heureuses, ce proconsul venait parfois s'établir dans la région avec ses lieutenants, qu'il investissait de fonctions militaires et administratives dans les territoires reconquis. De là, la constitution d'un certain nombre de colonies militaires dans lesquelles se recrutaient les chefs du pays. Ces nouveaux habitants s'alliaient volontiers aux riches familles thos, et, pendant quatre cents ans, ils ont été presque les seuls à remplir toutes les charges, qui étaient devenues en quelque sorte héréditaires.

» Puis cette race, qu'un sang plus jeune n'a pas assez souvent renouvelée, est tombée en décadence. Grand fumeur d'opium, ayant perdu toute énergie physique, le Tho-Ti a fait son temps; les vieilles familles thos qui étaient restées pures de tout mélange ont repris le dessus, et les premiers s'éteignent tout doucement, ne retrouvant plus que dans leurs vieux parchemins, qu'ils conservent précieusement, le souvenir d'un passé glorieux. Quelques Thos-Ti, tels que le Tong-Doc de Lang-Son, se maintiennent encore, grâce à leur fortune et à leurs anciens services dans les plus hautes charges; mais ils sont destinés à céder la place aux anciens Thos, chez lesquels seuls une sage administration devra rechercher les fonctionnaires du pays. »

C'est un Tho-Ti qui, en revenant du Mauson avec son armée, a laissé, il y a bien des années, des traces de son passage par une inscription qu'on découvre à l'entrée d'une grotte dans les rochers de Ban-Tick, grotte dans laquelle il s'était réfugié pour échapper à une grande crue du fleuve pendant l'hiver de l'année Ky-Hoï du roi Tanh-Hung (1639) :

« Je, soussigné, Ngo-Thoï-Si, demeurant aux pagodes de Nhi-Thanh (roches de Ky-Lua), ai conduit l'armée pour aller en colonne. Après être allé jusqu'aux montagnes du Mauson, j'ai conduit les troupes pour opérer sur le fleuve. Dans ce dernier moment, je viens d'arriver à ladite pagode, et j'ai gravé cette table de pierre pour avertir les autres; j'ai marqué comme suit :

» Le site de cette province est agréable. Pourquoi n'y voit-on pas les héros venir faire amitié ensemble?

C'est pour cela que j'ai pris le site de cette province comme mes camarades; j'ai fait cette table pour le faire savoir à tout le monde (1).

» Signé : NGO-THOÏ-SI. »

-----

(1) Commandant Chabrol : *Opérations militaires au Tonkin.* (Chez Lavauzelle.)

CHAPITRE IV

Religion.

L'Annamite, d'un naturel très sceptique, l'est surtout en matière religieuse. Ce ne sont cependant pas les édifices consacrés au culte qui manquent dans le pays. Chaque ville, chaque village, possède une ou plusieurs pagodes, parfois immenses et très riches, et la campagne en est parsemée. C'est qu'en Annam il y a eu aussi, à une époque lointaine déjà, une sorte de retour à la foi religieuse, qui s'est manifesté par la construction d'un grand nombre de monuments. Beaucoup d'entre eux sont du reste élevés aussi à la mémoire d'hommes illustres, et, aujourd'hui encore, il n'est pas rare de voir les habitants d'une province en édifier pour perpétuer la mémoire d'un *tong doc*, ou de quelque autre autorité dont la vie aura été exemplaire. Dans ce pays, les pagodes remplacent les statues.

« ... La religion annamite est le bouddhisme. Elle repose tout entière sur la doctrine de la transmigration des âmes.

D'après cette doctrine, tous les êtres sont répartis en six classes : 1° les dieux et les bons esprits; 2° les hommes; 3° les mauvais esprits; 4° les animaux; 5° les monstres; 6° les damnés.

» L'homme peut, en récompense d'une vie exemplaire, devenir bon esprit, acquérir de nouveaux mérites dans cette condition, et arriver au Nirvana. Les âmes coupables, au contraire, sont obligées d'aller habiter dans les corps d'animaux, de chiens, de chats, de porcs, ou de bêtes de somme. Leur châtiment subi, elles reviennent dans des corps humains et peuvent, après une nouvelle existence vertueuse et sans péchés, arriver au séjour des bienheureux, au Nirvana, à l'anéantissement final, à l'absorption de la vie en dieu. Sinon, elles recommencent.

» Les grands coupables seuls sont envoyés dans les enfers, où les attend une variété de supplices que le Dante lui-même n'aurait pas imaginés. Mais les châtiments qui leur sont infligés ne sont pas éternels et précèdent seulement la réincarnation. Cette doctrine généreuse n'admet donc pas la damnation éternelle. Le péché n'exclut pas de la béatitude, il retarde seulement la récompense finale (1). »

Comme toutes les religions païennes, celle-ci compte un grand nombre de dieux, de bons et mauvais esprits, et comporte un rituel des plus compliqués. Mais, dans la pratique, l'Annamite, qui est très indifférent, a ramené cela à fort peu de chose. Il est inutile de s'occuper des bons dieux et des bons esprits, puisque leur fonction est de faire le bien, et qu'ils ne peuvent faire autre chose. Restent les mauvais, qu'il faut se rendre favorables de temps en temps par des offrandes et apaiser lorsqu'ils manifestent leur présence par la maladie ou un événement malheureux dans la famille. Et c'est alors que le sorcier intervient; par des exorcismes et à grand renfort de tam-tam, de gongs et autres instruments discordants, il chasse le mauvais esprit du corps du malade ou de la maison sur laquelle il a jeté le sort.

Dans l'année, il y a tout au plus une demi-douzaine de fêtes rituelles célébrées dans les pagodes avec une certaine pompe, et auxquelles le monde officiel assiste

____

(1) Bouinais et Paulus-Leroux, éditeur. *Le Culte des morts dans le Céleste-Empire et l'Annam.*

seul. Il n'existe ni dimanches ni jours fériés. La seule fête suspendant le travail est celle du premier de l'an. Le Têt, comme l'appellent les Annamites, dure quinze jours. Pendant cette période, toutes les affaires demeurent suspendues, tout travail cesse. La vie de tout un peuple est comme arrêtée. Les cérémonies religieuses, la visite solennelle aux tombeaux des ancêtres, les visites aux parents et amis et par-dessus tout une bombance ininterrompue occupent ces jours de fête. L'indigène y dépense ses économies de toute une année : s'il n'a pas d'argent, il vend au besoin ses buffles pour s'en procurer et faire la fête quand même. Après quoi il retourne à son établi ou à sa charrue et se remet au travail pendant un an sans désemparer.

Mais, à côté de cette religion d'Etat, qui pour les neuf dixièmes de la population se borne à quelques pratiques superstitieuses, il en existe une autre plus intime, plus indispensable et de laquelle dérive toute félicité dans ce monde et dans l'autre. Les Annamites y sont très attachés, ils la pratiquent dans ses moindres détails : c'est le culte des ancêtres.

Après la mort, croient-ils, l'âme hante la demeure des enfants et des descendants, les couvre de bienfaits, et leur donne une protection quotidienne en échange des sacrifices qu'elle reçoit au foyer domestique. En un mot, l'*eschatologie* annamite place les âmes des ancêtres au rang de dieux bénissant leurs descendants vertueux et punissant les fils coupables qui négligent leurs tombeaux et le culte qu'ils leur doivent.

Dans chaque famille existe donc un autel domestique, et un Annamite ne redoute rien tant que d'être privé d'une sépulture ou des honneurs funèbres.

Cette croyance donne à l'organisation de la famille annamite une force très grande, et au père de famille un pouvoir considérable : elle constitue une véritable religion avec des rites très minutieux, et qui est pratiquée par tous.

Une conséquence de cette croyance est l'importance attribuée aux profanations de sépultures et aux vols d'ossements, qui doivent attirer sur les descendants les plus grandes calamités. Aussi y a-t-il là un moyen de vengeance très employé par les Annamites et, pour les pirates, une précieuse ressource, car les familles paieront toujours, si élevées qu'elles soient, les sommes exigées pour rentrer en possession des ossements volés, plutôt que de s'exposer aux châtiments terribles qu'attirerait sur elles la colère de l'esprit dont le corps resterait ainsi privé de sépulture.

« Elle a aussi pour résultat, chez les Chinois et les Annamites, le mépris absolu de la mort. Pourquoi tant tenir à la vie souvent malheureuse puisqu'on est assuré d'une vie future heureuse, à la seule condition de recevoir les honneurs funèbres ? Cette familiarité avec la mort les conduit au suicide avec une grande facilité. Et les exemples abondent de mandarins malheureux à la guerre ou dans l'administration, qui ont cherché dans la mort un refuge contre le déshonneur ou la colère impériale.

» En 1867, Phan-Tan-Giang, vaincu par l'amiral de La Grandière et chassé des provinces qu'il était chargé de défendre contre nous, refusa l'offre d'une retraite honorable que lui faisait l'amiral et s'empoisonna plutôt que de reparaître devant son souverain. Et tout récemment, pendant la guerre sino-japonaise, l'amiral chinois, vaincu, se donna volontairement la mort.

» Cela va même jusqu'à faire opérer quelquefois des substitutions de condamnés. C'est ainsi qu'après l'exécution des coupables du massacre de Tien-Tsin, en

1870, les têtes ne furent pas exposées, mais réunies au corps. Les cadavres furent placés dans de beaux cercueils fournis par les mandarins et qui demeurèrent exposés à la vue du peuple pendant plusieurs jours. Après quoi on les inhuma avec solennité. On sut plus tard que de pauvres gens avaient été suppliciés à la place des vrais criminels. Ils avaient accepté leur sort de bonne grâce, moyennant une somme d'argent pour leur famille, des habits de mandarin pour leurs cadavres et l'assurance de belles funérailles.♦ ,

» Le droit pénal s'est aussi inspiré de cette croyance pour établir une graduation dans la peine de mort. La strangulation, qui laisse le corps intact, est moins grave que la décollation, qui entraîne la mutilation et l'exposition de la tête du supplicié, c'est-à-dire l'impossibilité de la sépulture rituelle. Pour la même raison, l'exil ou la détention perpétuelle sont presque considérés comme plus rigoureux que la peine capitale (1). »

Le deuil se porte en blanc. Les cercueils, toujours très beaux, sont désignés sous le nom de « bois de longévité ». Et, de fait, ils sont en planches de 7 ou 8 centimètres d'épaisseur et inattaquables par les vers, ce qui permet de conserver les corps longtemps avant l'inhumation, quelquefois jusqu'à trois mois, suivant la richesse et le rang de la famille, sans que l'odorat en soit affecté. Dans toute famille aisée existent toujours un ou deux cercueils, acquis à l'avance, et c'est un cadeau que les enfants font souvent aux parents.

On y met, en attendant leur véritable destination, des effets ou du riz, et il y a bien peu d'officiers, qui, au cours de leurs pérégrinations, ne s'en soient servis comme tables, bancs ou lits de camp.

Donc deux religions : la première, la religion d'Etat,

____

(1) Bouinais et Paulus-Leroux, éditeur. Ouvr. cité.

officielle, à peu près inconnue de la masse du peuple, et presque nulle comme pratique; l'autre, la vraie, qui n'est que le respect des morts élevé à la hauteur d'un culte. Aussi le recrutement du clergé, des bonzes, se ressent-il de ce manque de foi et est-il difficile. Ces derniers ne peuvent profiter d'aucune aumône, et l'obligation du célibat, qui interdit la famille, détourne encore les vocations.

Ce sont donc des orphelins et des enfants abandonnés qu'on élève dans ce but. Du reste, le bonze n'intervient que rarement. C'est le chef de famille qui est le prêtre du culte des ancêtres, et, dans les cérémonies du bouddhisme, ce sont les mandarins qui officient. Chaque grade leur confère des droits rituels et le roi est, en même temps, grand-prêtre et pontife de la religion.

CHAPITRE V

Organisation familiale, sociale et politique. — Administration.

Les institutions sociales d'un peuple sont toujours la conséquence de ses croyances religieuses. Or, toute la religion des Annamites consiste dans le culte des ancêtres, qui est bien antérieur au bouddhisme et est resté immuable à travers les âges. Pour être heureux dans l'autre monde, il faut avoir eu de belles funérailles et recevoir les sacrifices funèbres. Il est donc indispensable de se marier et d'avoir des enfants. Ainsi, la religion, faisant une obligation du mariage, pousse à la constitution de la famille, qui sera la base des institutions sociales et politiques de ce peuple.

Le père est le seul dépositaire de toute autorité, et ses ordres sont toujours exécutés sans discussion. Il exerce un pouvoir presque absolu sur l'épouse et les enfants, et il est le prêtre du culte des ancêtres.

Il a le droit de correction sur l'épouse, et la loi n'intervient que pour les blessures dites fractures, mais seulement dans le cas de plainte de l'épouse. Or, l'époux ayant seul le droit de demander le divorce, la femme se plaint rarement pour ne pas s'exposer à la vengeance. Il est juste de reconnaître, du reste, que le chef de famille ne fait pas abus de ses droits. La femme prise en flagrant délit d'adultère peut être tuée par son mari. En tout cas, la loi lui réserve, ainsi qu'à son complice, des peines très sévères, d'une cruauté et d'un raffinement barbares, peines que nous avons d'ailleurs abolies (1).

____

(1) Elles ne s'appliquaient d'ailleurs qu'à la demande du mari

« Chez les Annamites, les enfants sont fiancés très jeunes, et l'âge minimum pour le mariage est fixé par le livre des rites à 16 et 14 ans. Toutefois, l'union est très rare à ces âges. Les fiançailles imposent déjà certains devoirs à la jeune fille, car « la fiancée infidèle, ou qui reprend sa parole, est assimilée à l'épouse coupable, et le fiancé qui la tue est regardé comme un mari qui venge son honneur. Cependant, elles ne dispensent pas du mariage, et les jeunes gens trop pressés de jouir de leurs droits conjugaux tombent sous l'application de l'article du Code relatif à la désobéissance aux parents et reçoivent cinquante coups de cadouille (1). »

Le plus souvent, les parents décident du mariage suivant leurs convenances personnelles; néanmoins, les jeunes gens sont aussi souvent consultés, et les mariages d'inclinations sont fréquents. Par le mariage, la jeune fille sort complètement de sa famille pour entrer dans celle du mari, sous le toit de laquelle elle va habiter, et où elle reste en cas de veuvage. Elle devient presque une étrangère pour les siens, dont elle cesse d'honorer les ancêtres pour honorer ceux de son époux. N'ayant droit à aucune partie du patrimoine de la famille qu'elle quitte, elle n'apporte pas la plus petite dot.

Chez les Thos, où il y a moins de femmes que d'hommes et où la population très clairsemée, ainsi que les

---

qui pouvait aussi pardonner. La rigueur des lois et des coutumes pour la femme adultère prend du reste sa source beaucoup moins dans les sentiments d'affection et d'amour-propre froissés, ou dans la crainte du ridicule comme chez nous, que dans celle de voir introduire dans la famille des enfants mâles qui ne seraient pas de la lignée, et dont par cela même le culte domestique n'aurait aucune valeur, privant ainsi tous leurs ascendants du bonheur dans l'autre monde.

(1) Bouinais et Paulus-Leroux, éditeur. Ouvr. cité.

difficultés de communications, rendent les relations de voisinage à peu près nulles, il existe de véritables marchés de jeunes filles.

Les jeunes filles à marier se rendent, en groupe, par village, aux trois ou quatre premiers marchés qui suivent l'interruption provoquée par le Têt. Chaque groupe est placé sous la conduite d'une respectable matrone. Les jeunes filles sont vêtues de leurs plus beaux atours et ont la taille serrée dans une ceinture de soie blanche, qui est l'indice de leur état d'âme. Groupées un peu à l'écart, autour de leur chaperon, elles chantent sur un ton aigu des mélopées douces, lentes et plaintives, qui disent les joies de la famille et le bonheur d'être aimé, et desquelles se dégage un charme étrange.

Les jeunes gens viennent, tournent autour, examinent et font leur choix sans échanger une parole. Puis ils prennent discrètement des renseignements sur leur future et font leur demande. Les fiançailles se font aussitôt, et les jeunes gens s'épousent à l'automne, après la récolte du riz.

Si, par hasard, un Européen, séduit, s'approche un peu trop des gracieux groupes, immédiatement les chants cessent, les jeunes con-gaï tournent le dos à l'intrus ou se cachent derrière leurs immenses chapeaux, en forme de meules de gruyère : la matrone darde des regards furieux, et les jeunes gens rôdent autour de lui avec des airs menaçants. Le mieux pour l'Européen est de se retirer.

En principe, la monogamie existe chez l'Annamite et le Tho. Mais, parmi les cas d'impiété filiale indiqués par les rites, le plus grave est celui de n'avoir pas d'enfant mâle, et de mettre ainsi fin à la lignée paternelle. D'autre part, un fils est indispensable, parce qu'il a seul qualité pour célébrer le culte des ancêtres. Il en résulte que la naissance d'une fille, destinée tôt ou tard à sortir de la famille, laisse les parents indifférents, tandis que celle d'un fils est au contraire accueillie par de grandes démonstrations de joie. De cette raison découle le droit et même le devoir pour un homme de prendre une deuxième femme si la première est stérile ou n'a que des filles.

« Le divorce est aussi admis, car la loi annamite en reconnaît sept cas, tous dirigés contre la femme; ce sont : la stérilité, l'inconduite, le refus d'obéissance au beau-père ou à la belle-mère, le bavardage ou la médisance, le vol, la jalousie ; enfin, l'absence d'enfants mâles. Mais le divorce, dans cette dernière circonstance, exige le don à la femme répudiée d'un douaire convenable; il ne peut d'ailleurs avoir lieu que sous certaines conditions prévues par la loi, de sorte que la solution le plus généralement adoptée est celle de la prise d'une seconde femme tout en gardant la première. C'est le mariage de second rang.

» A vrai dire, le mariage de premier rang subsiste seul avec le caractère civil et religieux; la femme de second rang n'a dans la famille qu'une position secondaire.

» La première femme, qui, le plus souvent a elle-même choisi la seconde, conserve seule tous les droits de l'épouse; elle reste la maîtresse de la maison et reçoit le nom de « mère » de tous les enfants. Il ne faut pas cependant confondre la femme de second rang avec les courtisanes, musiciennes et chanteuses méprisées par la loi, et dont l'entretien est interdit. Cette femme occupe une position légitime, elle a sa place dans la famille et dans la société, et le législateur a défini ses droits et ses devoirs par rapport au mari, à la femme du premier rang, aux enfants et aux parents.

» C'est ainsi, par exemple, que le mari qui, en battant

sa femme de premier rang lui casse une dent — blessure assimilée par la loi à une fracture — est puni de quatre-vingts coups de cadouille; il en reçoit soixante seulement pour le même fait envers une femme de second rang (1). »

Les unions de second rang sont généralement admises après une dizaine d'années, si toutefois la première femme se trouve dans un des cas prévus. Mais les abus sont fréquents, et l'Annamite aisé profite souvent de cette porte ouverte à la polygamie pour avoir deux et même trois femmes, sans que rien ne justifie leur présence. Personne n'y trouve à redire, et la femme légitime elle-même accepte très bien la situation tant qu'on lui conserve les droits et prérogatives de la femme de premier rang.

Quelques voyageurs ont avancé que l'introduction d'une seconde femme dans la famille était aussi tolérée par les usages pendant la période qui précède et celle qui suit immédiatement l'accouchement. Le fait est assez difficile à vérifier, et les Annamites s'en défendent énergiquement. Il n'est pas probable que cet usage, s'il existe, soit très répandu.

« En résumé, la loi et les mœurs font à la femme une situation inférieure, et à l'homme une situation privilégiée.

» La puissance paternelle ne le cède en rien à la puissance maritale, et la piété filiale est pour les Annamites la première vertu. Le père est armé contre les siens de pouvoirs conférés par les mœurs et par la loi. Il peut châtier ses enfants et, par une véritable excommunication, exclure de la communauté un membre coupable.

» Il marie ses fils et exerce sa puissance sur les nou-

____

(1) Bouinais et Paulus-Leroux, éditeur. Ouvr. cité.

veaux ménages et leurs enfants : tous vivent auprès de lui, tous travaillent le champ patrimonial, jusqu'au moment où, celui-ci ne pouvant nourrir toutes les bouches, la vie commune devient impossible. Certains ménages se détachent alors de la collectivité pour aller cultiver de nouvelles rizières, ou aller dans les villes se livrer au commerce ou à la pratique d'un métier (1). »

Mais, en revanche, le père est responsable des faits et gestes des siens devant la loi. L'Etat lui demande compte de leurs actions; il doit prévenir les manquements au devoir et faire respecter toutes les obligations morales. Il est puni si un des siens prend la fuite pour échapper aux charges publiques ou pour se soustraire à l'action de la justice à la suite d'un méfait quelconque. C'est un moyen excellent pour découvrir les coupables, car l'arrestation des parents a souvent pour résultat de les faire désigner. Il a été maintes fois employé aussi. pour déterminer la soumission de pirates dangereux qui se rendaient à merci pour éviter à leurs parents la prison ou les supplices qui leur auraient été infligés à cause d'eux.

Après tout ce qui vient d'être dit sur l'organisation de la famille annamite (et qui s'applique aussi à la famille chinoise), il semble impossible que la coutume barbare de l'infanticide puisse encore exister. Il n'en est malheureusement pas ainsi, et le fait est attesté par les missionnaires, les voyageurs, les législateurs chinois eux-mêmes; et les autorités indigènes du Tonkin, qui elle aussi en affirment l'existence. Dans les provinces pauvres les familles peu aisées étouffent ou noient leurs enfants nouveau-nés, quand elles en ont déjà trois ou quatre, ou bien elles les abandonnent, ce qui est souvent une façon de les faire mourir.

---

(1) Bouinais et Paulus-Leroux, éditeur. Ouvr. cité.

Le gouvernement a cherché à remédier à ce mal soit par la création d'un très grand nombre d'établissements publics ou privés, subventionnés par l'Etat, où l'on recueille les enfants abandonnés, soit par des récompenses accordées aux sages-femmes ou particuliers qui dénoncent les infanticides.

« Cette coutume est surtout appliquée aux enfants du sexe féminin, et le nombre des filles abandonnées est toujours beaucoup plus considérable que celui des garçons. Cela tient à l'incertitude du sort qui les attend, à la crainte de ne pas pouvoir les établir et de les voir vouées à une existence de privation ou de déshonneur, et aussi à la place secondaire qu'elles occupent dans la famille.

» Cet usage barbare, spécial à la Chine, est surtout répandu dans les provinces du Sud, qui sont très pauvres et dépourvues d'industrie. Au Quang-Si, au Quang-Tong, au Thi-Kiang, et dans le Hou-Nan, on n'élève qu'une fille par famille, et l'on fait mourir ou l'on abandonne les autres. C'est tellement passé dans les mœurs, surtout dans les campagnes, que l'on n'y attache plus d'importance, et que cela ne semble pas monstrueux.

» La coutume des femmes chinoises et annamites d'accoucher à genoux, soutenues sous les bras par l'aide accoucheuse, au-dessus d'un baquet plein d'eau dans lequel tombe l'enfant, facilite l'infanticide, en permettant d'étouffer le nouveau-né sous prétexte d'ablutions (1). »

Dans les années de famine et de misère, le nombre des enfants abandonnés atteint des proportions considérables. C'est pour remédier à cet état de choses qu'un prélat d'une rare distinction, Mgr de Forbin-Janson, créa,

---

(1) Bouinais et Paulus-Leroux, éditeur. Ouvr. cité.

vers le milieu du dernier siècle, l'œuvre de la Sainte-Enfance. Les ressources obtenues par l'œuvre ont permis l'établissement de nombreux orphelinats, où sont recueillis les enfants abandonnés ou rachetés à leurs parents.

Cette coutume barbare, en déterminant une assez grande disproportion de nombre entre les individus des deux sexes, a donné naissance au commerce de femmes, qui est la grande ressource et le principal aliment de la piraterie chinoise au Tonkin, car les pirates sont toujours assurés de vendre à un bon prix, en Chine, les jeunes filles ou femmes enlevées. Celles-ci, prises comme compagnes ou domestiques, suivant leurs agréments physiques, sont généralement bien traitées par leurs nouveaux maîtres, et bien peu d'entre elles cherchent à revenir au pays natal. Quant à celles dont les pirates n'ont pu se débarrasser, elles vont peupler les bateaux-fleurs (maisons hospitalières du pays).

Les Annamites ne tuent ni n'abandonnent leurs enfants. Mais les familles nombreuses et pauvres en cèdent volontiers à d'autres qui en sont privées. Celles-ci les adoptent et les élèvent absolument comme les leurs, et la loi, la religion et les mœurs confèrent au fils adoptif tous les droits et devoirs du fils légitime.

Le royaume d'Annam est une monarchie absolue et théocratique. Le roi est, selon l'expression annamite, le père et la mère du peuple. Il gouverne avec le conseil secret ou Coma, et avec les ministres, qui sont au nombre de six : Intérieur, Finances, Rites, Justice, Guerre, Travaux publics.

A la tête du gouvernement du Tonkin se trouve un très haut mandarin, le Kinh-Luoc ou Vice-Roi. La division administrative du territoire est analogue à la nôtre, avec un échelon en plus, qui est la province.

A la base on trouve, absolument comme chez nous, la commune ou « xa », avec un chef nommé à l'élection (le Ly-truong) et un conseil de notables. Puis le canton, « tong », qui forme aussi une unité administrative avec un chef de canton (Caï-tong), nommé également à l'élection. Au-dessus, viennent le « huyen », correspondant à peu près à un arrondissement, le « phu » à un département, et enfin la province. A la tête du huyen se trouve un Quan-huyen; à la tête du phu, un Quan-phu, quan signifiant seigneur, maître, et à la tête de la province un Tong-doc ou Tuan-phu, selon l'importance, assisté d'un Quan-bo pour ce qui regarde les finances et d'un Quan-an pour la justice. Il existe encore d'autres titres comme Tri-huyen et Tri-phu. Mais ce ne sont que des classes d'un même grade.

Chacun de ces fonctionnaires, depuis le modeste Ly-tuong jusqu'au Phu, détient certains pouvoirs judiciaires; et, pour l'ensemble de la province, il y a le Quan-an, qui seul peut juger les causes d'une certaine gravité.

Autour de cet état-major de fonctionnaires gravitent une quantité innombrable de seigneurs de moindre importance, écrivains, secrétaires, lettrés, sortes de stagiaires non payés, qui se mettent ainsi au courant des affaires, et parmi lesquels se recrute le personnel administratif et gouvernemental : car, pour un Annamite, la suprême ambition est d'arriver aux fonctions publiques.

A partir du grade de huyen, les fonctionnaires sont nommés par le roi et forment la classe des mandarins.

« On croit généralement que les mandarins constituent une aristocratie fermée dans laquelle se recrutent exclusivement tous les fonctionnaires. Il n'en est rien, et, en Annam, pas plus qu'en Chine, où le peuple annamite a pris sa source, il n'y eut jamais d'aristocratie d'aucune sorte.

» Au contraire, toutes les fonctions sont accessibles aux gens instruits. Il n'y a pas de village ni de hameau qui n'ait son école fréquentée par tous les enfants, qui y reçoivent la même éducation, sans pour cela que l'instruction soit obligatoire. L'Annamite est très studieux, et dans ce pays, où les carrières dites libérales n'existent pas, les fonctions publiques deviennent le but de tous ceux qui se livrent à l'étude. Aussi l'éducation qu'on donne dans les écoles comporte presque exclusivement les principes du savoir-vivre familial et social, et l'enseignement y est dirigé vers un but unique, l'administration et le gouvernement.

» Tous les trois ans, les concours de lettrés attirent des milliers de candidats qui y gagnent successivement des diplômes analogues à ceux des bacheliers, licenciés, docteurs; et c'est parmi tous ces lettrés que se recrutent les mandarins. Tout enfant qui suit les leçons de l'école est donc, en principe, un administrateur en herbe, et tout licencié peut croire que son bonnet noir à garnitures d'argent protège le cerveau d'un futur ministre.

» En résumé, les mandarins sortent du peuple par une sélection graduelle des individus les plus intelligents, les plus laborieux, les plus habiles dans l'art d'administrer et de gouverner, et chacun d'eux, quelle que soit son origine, peut s'élever successivement aux plus hautes charges gouvernementales (1). »

Mais, pour cela, il ne suffit pas d'être instruit : il faut aussi avoir fait preuve d'aptitudes réelles dans les emplois subalternes; le jeune homme débute comme huyen et suit toute la filière.

---

(1) De Lanessan : *La colonisation française en Indo-Chine* (chez Alcan).

Aussi est-ce une grande joie pour une commune de voir un de ses enfants parvenir à une charge publique; et il n'est pas rare de voir des villages entretenir à leurs frais, pendant leurs études et leur stage, des jeunes gens intelligents qui, une fois aux affaires, pourront leur être utiles.

L'espèce du candidat malheureux existe aussi, et l'on rencontre souvent, à ces examens de lettrés, des hommes âgés, presque des vieillards, qui poursuivent toujours le but si envié des fonctions publiques.

Tout ce monde de fonctionnaires est régi par des règlements très sages, très minutieux, prévoyant tout, jusqu'au nombre de saluts à échanger entre eux, mais qui sont empreints d'un grand esprit de douceur et de justice envers les administrés et sont parfois, au contraire, très sévères pour les administrateurs.

Ainsi, il est absolument défendu à un mandarin de se marier dans sa circonscription administrative, même d'y prendre une femme de second rang, de peur qu'il ne cède ensuite à des influences locales.

Un autre article du règlement dit ceci : « Quand un phu ou un huyen a mérité d'être élevé en grade et doit quitter sa circonscription, si l'impôt est rentré à un centième près et que dans les bureaux il ne reste à l'étude que des affaires judiciaires ne pouvant entraîner plus d'un mois de prison, et pas d'affaires administratives, le fonctionnaire recevra le brevet de son nouvel emploi et devra se mettre en route. Si le dixième de l'impôt n'est pas encore rentré, et s'il reste à rendre des jugements pouvant entraîner deux ou trois mois de prison, le fonctionnaire aura six mois pour faire son travail et faire opérer les versements; enfin, si, dans ce nouveau délai, tout n'est pas terminé, le fonctionnaire sera maintenu à son poste et ne recevra pas d'avancement. »

« Et tout récemment le Kinh-Luoc terminait une proclamation adressée aux mandarins au sujet de la répression de la piraterie par ces mots : « Vous ferez bien de faire broder sur le pan de votre robe le mot : Vigilance (1). »

Evidemment, il y a parfois loin de la théorie à la pratique ; mais on peut dire toutefois que le pouvoir en Annam, aussi bien le pouvoir du roi que celui des mandarins, est exercé dans un large esprit de tolérance et de modération; il est loin d'être aussi tracassier et tyrannique qu'on se le figure généralement en France. La commune et le canton s'administrent absolument comme ils le veulent, et les assemblées de notables qui ont lieu, à certaines époques, par province, émettent des vœux qui sont presque toujours exaucés par l'autorité royale.

Aussi, contrairement à ce que nous avions cru, l'Annamite est-il encore très éloigné de nos idées de liberté et reste-t-il très attaché à des institutions qui, en somme, sont très libérales.

Les insignes distinctifs des mandarins sont de deux sortes : des animaux brodés sur la robe et des parapluies.

Les premiers sont assez difficiles à reconnaître au milieu des broderies dont sont surchargées les robes de cérémonie. Pour les mandarins civils, ce sont, suivant le rang, des oiseaux divers : cigognes, faisans, paons. Pour les mandarins militaires, des animaux féroces, léopards, tigres, ours. Le dragon, qui est l'animal sacré et emblématique du pays, est réservé à quelques très hauts dignitaires, les Kinh-Luoc, Kam-Saï et les ministres. Mais le véritable emblème de l'autorité qui, à première vue, fait reconnaître le personnage, c'est le parapluie.

---

(1) De Lanessan : ouvr. cité.

Le huyen en a un; le quan-phu et le quan-an, deux; enfin, les Kinh-Luoc, les Kam-Saï et les dignitaires de la Cour arrivent à la demi-douzaine. Ces parapluies, dont le dessus est plat, ressemblent absolument, quand ils sont ouverts, à une meule de gruyère emmanchée à l'extrémité d'un long bâton. Ils sont en papier huilé très fort; l'extérieur est uniformément vert sombre; l'intérieur est, au contraire, agrémenté de soieries, de peintures, de verroteries.

Et rien n'est curieux comme un de ces cortèges de mandarin dans les rues d'une ville. En avant se trouve un coureur tenant à la main un petit tambourin sur lequel il frappe à intervalles réguliers, suivant un certain rythme, pour avertir les gens de se garer.

Puis vient le mandarin, quelquefois à cheval, le plus souvent nonchalamment étendu dans un filet à mailles de soie formant hamac, enlevé par quatre vigoureux porteurs, et ayant à ses côtés ses parapluies qui abritent de très haut son auguste personne. Des porteurs de sabres suivent, car, si le parapluie est l'insigne du rang occupé dans le mandarinat, le sabre est celui du pouvoir judiciaire. Le bourreau arrive ensuite, ayant sur l'épaule une sorte de carquois avec un assortiment de cadouilles, sorte de petits rotins minces et flexibles de 60 centimètres de long environ, et en sautoir le long et lourd coupe-coupe des exécutions. Enfin, fermant la marche, le porteur de pipe, qui tient aussi sous son bras la boîte à bétel, et un dernier serviteur portant une autre boîte qui contient du papier, des pinceaux, de l'encre de Chine, de la cire et un cachet; en un mot, tout ce qu'il faut pour écrire. Tout ce monde, grave et impassible, sous des oripeaux rouges, trottine derrière le maître, qu'il faut suivre quelle que soit l'allure qu'il lui plaît de faire prendre à sa monture ou à ses porteurs. Pour les grandes cérémonies, on ajoute des pavillons et quelques gardes armés de fusils.

Mais gare au malheureux qui, surpris, ne s'est pas rangé assez vite ou ne s'est pas incliné assez bas. Appréhendé, jeté à terre et déculotté, il reçoit séance tenante le nombre de coups de cadouille fixé par le mandarin. Après quoi, il se relève tout ensanglanté, se prosterne par trois fois devant son seigneur et maître pour le remercier de ne pas s'être montré plus sévère, et le cortège repart en coup de vent.

Le parapluie reste l'emblème particulier du pouvoir civil, qui, en Annam comme en Chine, est toujours prépondérant. Les mandarins militaires n'y ont pas droit, et ils le remplacent par des pavillons dont la couleur et la quantité varient avec le grade. Les chefs militaires ont rang de mandarin depuis le Ban-Bien, correspondant à capitaine; mais il n'existe cependant pas d'assimilation entre leurs grades et les degrés du mandarinat. Ils doivent toujours s'incliner devant le parapluie, qui est l'indice de la capacité politique et administrative acquise par de longues études et constatée par des examens brillants.

En Chine, le parapluie n'existe pas; il est remplacé par des boutons de la grosseur et de la forme d'un œuf de pigeon, qui se vissent au-dessus du chapeau officiel. Ils sont en corail pour l'ordre le plus élevé ; saphir, cristal blanc pour les ordres intermédiaires et en cuivre doré pour les dernières classes. Il n'y a peut-être pas de pays au monde où les représentants du pouvoir central aient des prérogatives aussi étendues et soient aussi respectés et obéis. Généralement, ce respect et cette soumission sont justifiés par le caractère même des fonctionnaires. Sans doute le vrai mandarin, celui qui s'impose à la considération par la dignité de son attitude et la distinction naturelle attachée à sa personne, est devenu plus rare qu'autrefois. On le rencontre cependant encore, et, quand on est amené à considérer le type intéressant du mandarin vraiment digne de ce titre, on a effectivement l'impression qu'on se trouve en présence d'une autorité consciente d'elle-même, sûre de sa force et de sa valeur. Celui-là vit simplement avec une solde minime et une sorte de dîme prélevée sur les différents produits de sa province, perception régulière dont la valeur est fixée suivant les différents grades et qui remédie à l'insuffisance de la solde.

Mais, à côté de lui, il y a le mandarin moderne, auquel nous avons encore apporté de nouveaux besoins, et qui, pour les satisfaire, pressure les populations et fait argent de tout. Tous les Tong-Doc, à l'heure actuelle, ont des voitures à deux chevaux, et le fils du Kinh-Luoc, élevé et habillé à la française, parlant très bien notre langue, est le plus assidu client du café-concert d'Hanoï.

Du reste, comme nous tendons forcément à substituer, dans un délai plus ou moins long, le mot colonie à celui de protectorat et à arriver à l'administration directe du pays, il n'est pas mauvais qu'il en soit ainsi. Le jour où le mandarin, dégradé par une mauvaise copie de notre civilisation, aura perdu, avec son ancien renom de dignité et d'intégrité, l'estime et le respect de la population, on pourra se passer de lui et le supprimer. En attendant il faut le supporter, malgré son hostilité latente, et lui laisser au moins en apparence une part réelle d'autorité. De 1888 à 1892 on a cherché déjà à faire de l'administration directe ; mais cette expérience prématurée faillit nous coûter cher, d'autant plus que le corps des résidents, créé de toutes pièces à cette époque, laissait lui-même fort à désirer.

Ce serait le moment de dire quelques mots de l'armée annamite; mais, bien qu'il y ait un ministre de la guerre, il n'existe plus rien qui, de près ou de loin, ressemble à une armée.

Il y a cependant encore toute une hiérarchie d'officiers, depuis le Pho-Lan-Binh (sous-lieutenant) jusqu'au Dédoc (général); mais ils ne commandent qu'à quelques forces de police et à des milices provinciales (Linh-Co et Linh-Lé). Le peuple annamite, conquérant et guerrier autrefois, soutint pendant de longues années la guerre contre la Chine et souvent avec succès. Mais, à la fin, épuisé par cette lutte disproportionnée il finit, comme on l'a vu dans la 1re partie, par reconnaître la suzeraineté de sa puissante voisine, lui laissa même occuper une partie de son territoire, formé par tout le Haut-Tonkin jusqu'à Son-Tay et Bac-Ninh, et s'en remit à elle du soin de le défendre. De guerrier qu'il était, l'Annamite est simplement devenu pillard, et ce n'est pas lui, mais bien les troupes chinoises qui occupaient le pays, que nous avons eu à combattre (1). Du reste, en Chine et en Annam, le mandarin militaire est peu considéré; il est toujours soumis au mandarin civil, comme on a déjà pu s'en rendre compte. Cette infériorité vient de ce que chez ces peuples, où l'art de la guerre est encore dans l'enfance et où le métier des armes n'est nullement en honneur, on n'exige des chefs militaires que de la force, de la vigueur et du courage.

---

(1) La seule troupe régulière annamite que nous ayons connue consistait en 4,000 ou 5,000 hommes mal habillés et à peine armés qui occupaient les places du fleuve Rouge sous le commandement de Hoang-Khé-Vien, oncle du roi. Ce n'était du reste qu'une bande sans organisation ni discipline.

Ce fut elle qui, aidée des Pavillons Noirs, lutta contre Garnier et Rivière et défendit Son-Tay. En partie détruite, elle disparut après la prise de cette ville, et ses débris formèrent le noyau des bandes de pirates et de rebelles annamites.

A part de rares exceptions, ils ne sont pas lettrés et n'ont
aucun diplôme. Le général Sou, dont il a été tant question depuis deux ans, doit surtout sa réputation à ce
qu'il a fait de brillantes études et conquis tous ses grades universitaires.

S'appuyant sur cette infériorité du mandarin militaire, les premiers administrateurs civils eurent le triste
courage de chercher à déconsidérer nos officiers auprès
des indigènes : « C'était, disaient-il, chez nous comme
en Annam ; les officiers se recrutaient parmi les
soldats, l'avancement était donné aux plus braves et
aux plus habiles dans les exercices physiques et militaires. Mais ils étaient ignorants, illettrés et incapables
d'organiser et administrer le pays qu'ils avaient conquis. »

CHAPITRE VI.

Productions. — Petite culture. — Animaux.

Il serait long et fastidieux de faire une énumération complète des innombrables produits de la petite culture au Tonkin. On y trouve des légumes en quantité, entre autres plusieurs variétés de haricots et de patates ; des tomates, aubergines, choux, oignons, navets, etc., qui peuvent entrer pour une large part dans l'alimentation des Européens. Les fruits abondent également ; ce sont ceux des zones tropicales : ananas, bananes, mangues, mangoustans, pommes-canelles, goyaves, letchis, cuakis, oranges, mandarines, citrons, jaquiers, papayes, pour ne parler que des plus recherchés.

Dans la haute région, on trouve même plusieurs fruits de France : des poires, des prunes, des pêches et des framboises qui sont bonnes, des fraises qui n'ont aucun goût. On peut arriver à récolter les prunes et les pêches; quant aux poires, qui sont énormes, elles se piquent et tombent avant de mûrir; on ne peut les manger que cuites. On trouve aussi de la vigne sauvage, et, sur les marchés de Ky-Lua et Cao-Phong, on vend, à la saison, un petit raisin noir, qui est un affreux verjus, mais qui, ainsi que les autres fruits de France, pourrait facilement s'améliorer. Des essais de greffe ont, du reste, été faits déjà; ils ont donné de bons résultats.

Le règne animal est aussi complètement représenté que possible.

En première ligne, on trouve le buffle en très grande quantité. C'est l'animal indispensable, le seul qui puisse labourer les rizières; il est défendu de le tuer, sauf dans deux ou trois fêtes rituelles, où on l'offre en sacrifice. C'est presque une unité monétaire, et la fortune d'un particulier ou d'une commune s'évalue par le nombre de buffles qu'il possède. Le bœuf, de petite taille mais bien en chair, se trouve aussi en assez grande quantité. Sa chair, sans être aussi savoureuse que celle de nos bœufs de France, est cependant très bonne.

Le porc pullule dans toute l'Indo-Chine : il est plus petit et moins bon qu'en France. L'Annamite en fait une très grande consommation. Il existe aussi des chèvres assez nombreuses dans la haute région, mais pas de moutons. On en fait venir beaucoup du Yunnan; mais le manque de pâturages ne permet pas de les conserver longtemps, ni d'en faire l'élevage, et ils dépérissent très vite.

Le cheval annamite est une admirable petite bête, d'une endurance, d'une sobriété et d'une vigueur extraordinaires. De 1^m,15 à 1^m,23 au maximum (la taille exigée pour la remonte est 1^m,18), l'encolure courte, la poitrine large, à tous crins, le pied aussi sûr qu'une chèvre, il fait l'étonnement et l'admiration de tous ceux qui ont à s'en servir.

Malheureusement l'Annamite n'en prend aucun soin et commence à le monter à 2 ans, ce qui l'empêche de se développer. Aussi, malgré leur nombre assez grand, on ne trouve pas assez de chevaux ayant la taille et la force voulues, car les besoins de la remonte sont considérables puisque tous les officiers sont montés. On en fait venir beaucoup du sud de la Chine, où vit une race analogue, mais un peu plus forte. Pour 50 piastres (150 francs), on a un très beau cheval. Le prix maximum de la remonte est de 40 piastres.

Les animaux de basse-cour sont très largement représentés : les poulets et les canards se trouvent à profusion, ainsi que les oies et les dindes. Les Annamites savent très bien chaponner et engraisser la volaille, et pour 3 fr. 50 on a un superbe chapon.

C'est également un pays d'élection pour le chasseur. Il y trouve perdrix, cailles, coqs, poules et canards sauvages, paons, faisans dorés et argentés, bécasses, bécassines, sarcelles, poules d'eau, pigeons ramiers et pigeons verts, tourterelles grises, alouettes et lièvres. A cette longue énumération il faut encore ajouter le sanglier, et plusieurs espèces de daims et cerfs, et enfin, pour les amateurs d'émotions violentes, le tigre.

Si l'on joint à cela quantité de poissons de mer et de rivière, dont quelques espèces de France : carpes, perches, anguilles, soles, une sorte de saumon, les huîtres et les langoustes de la baie d'Along, des crabes, des crevettes, des escargots, des champignons, et enfin tous nos légumes qu'on peut avoir pendant huit mois de l'année, on peut se rendre compte que l'Européen ne manque pas de ressources au point de vue de l'alimentation. Quant à l'Annamite, le riz (1 kilogramme par jour), le cochon, les œufs, le poisson et les légumes composent son ordinaire.

CHAPITRE VII

Grande culture. — Plantes industrielles.

Passons maintenant à la grande culture, à celle des produits riches, qui seuls offrent un champ d'exploitation à l'Européen et peuvent être suffisamment rémunérateurs pour lui.

Lorsqu'on a occupé le Tonkin, on croyait, étant donné l'exemple de la Cochinchine, pouvoir compter beaucoup sur l'exploitation du riz comme sur une source de richesse assurée d'avance. La Cochinchine s'est, en effet, uniquement enrichie par l'exportation de cette denrée, qui sera toujours d'une vente facile dans un pays comme l'Extrême-Orient, où elle forme la base de la nourriture de 600.000.000 d'habitants.

Mais il existe, à cet égard, entre la Cochinchine et le Tonkin, une différence considérable. Au Tonkin, la population est très dense, et consomme tout le riz produit. En Cochinchine la population est beaucoup plus clairsemée ; le sol plus fertile donne toujours et partout deux récoltes annuelles, de sorte que le pays produit plusieurs fois la quantité de riz nécessaire à sa nourriture, et peut par suite en exporter la plus grande partie.

Il ne faut donc pas que l'Européen compte absolument sur l'exportation du riz pour s'enrichir, puisque cette denrée suffit à peine à l'alimentation.

L'exportation en était même interdite avant notre arrivée. Pendant les bonnes années chaque commune prélevait sur sa récolte une certaine quantité de riz, qui était emmagasinée et conservée. Il existait ainsi dans chaque phu d'immenses magasins contenant d'énormes quantités de riz qui, dans les années mauvaises, étaient distribuées gratis aux habitants. Sous couleur de supprimer un abus de pouvoir, un accaparement des mandarins, ces magasins furent supprimés, après qu'on en eût utilisé le contenu pour les besoins du corps d'occupation. Le résultat de cette mesure fut que, dans les bonnes années, l'Annamite, qui est bien l'être le plus imprévoyant, le plus insouciant qu'on puisse trouver, vendit tout son superflu pour se procurer un peu d'argent, et il a suffi d'une mauvaise récolte, comme en 1888 et, tout récemment, en 1895, pour amener la famine, la misère, et avec elle une recrudescence de piraterie.

L'Européen doit donc reporter ses efforts et son activité sur les autres produits du pays déjà connus et cultivés, mais en petite quantité, par les indigènes, avec des procédés de culture et de manutention des plus primitifs, qui ont besoin d'être améliorés. Ces produits sont nombreux. Ce sont : le thé, le café, le coton, les graines oléagineuses (sésame, ricin, arachides), le mûrier, le tabac, la canne à sucre et le poivre qui, tous, sauf le café, croissent déjà à l'état sauvage dans le pays.

Le thé est cependant cultivé par les Annamites dans les diverses provinces; mais ceux-ci ne savent pas le préparer : ils le consomment en infusion à l'état vert. Il appartient à l'Européen de faire de la culture d'une manière plus rationnelle, puis de créer des usines pour la préparation des produits. Des essais dans ce sens ont été déjà faits par quelques colons et, dès 1893, 60.000 kilogrammes environ de thé préparé au Tonkin étaient exportés en France. Or, la quantité de thé importée chaque année en France dépasse 2.000.000 de kilogrammes, et, par conséquent, notre colonie peut trouver dans ce produit un objet d'exportation d'une réelle valeur.

Le café n'existait pas au Tonkin; on songea tout naturellement à l'y acclimater, et, après quelques tâtonnements sur le choix des terrains, on est arrivé à d'excellents résultats. Le café récolté est de bonne qualité. Il s'importe annuellement en France plus de 130.000.000 de kilogrammes de café, et il est à penser que, si celui du Tonkin se substituait simplement à celui provenant des Indes anglaises, cela constituerait encore un assez bel avenir à cette culture.

Les plantes à graines oléagineuses doivent aussi se recommander aux agriculteurs européens. Le ricin, la sésame, les arachides, le colza, le pavot sont déjà cultivés par les indigènes dans beaucoup de parties de l'Indo-Chine.

Le poivre, dont 2.000.000 de kilogrammes sont envoyés déjà en France par la Cochinchine et le Cambodge, se cultive aussi au Tonkin et peut y être assez développé pour que la quantité totale de poivre importée annuellement en France soit d'ici quelques années exclusivement fournie par l'Indo-Chine.

Le coton se trouve également dans toute la haute région et y vient bien. Chaque village a son champ de coton, et les habitants filent, tissent et teignent eux-mêmes la grosse cotonnade bleu foncé dont sont faits tous leurs vêtements.

« Il s'importe annuellement en France 171.600.000 kilogrammes de coton, sur lesquels 20.000.000 viennent des Indes anglaises. Il serait facile à l'Indo-Chine de faire concurrence à l'Inde sur nos marchés (1). »

De très beaux résultats ont déjà été obtenus.

L'abaca, le lin, le jute, la ramie, inconnus des indigènes, ont donné au jardin d'essai d'Hanoï des résultats

____

(1) De Lanessan . Ouvr. cité.

remarquables; ils peuvent être cultivés en grand dans tout le Tonkin.

Le badianier, qui produit l'anis étoilé, est déjà cultivé en grande quantité dans la région de Lang-Son; on en extrait une huile très employée dans les préparations de parfumerie et de produits pharmaceutiques.

La vigne a été essayée avec succès près de Dap-Cau.

La culture de la canne à sucre était déjà très répandue à notre arrivée. La plus grande partie est consommée telle quelle par les Annamites, qui la sucent et font des cassonades avec le reste.

La canne à sucre est certainement un des produits appelés à prendre le plus grand développement.

Plusieurs plantations existent, qui sont en plein rapport et des distilleries sont déjà établies. Le tafia actuellement distribué aux troupes du corps d'occupation est fabriqué dans le pays.

Dans tout le delta, on cultive le mûrier et l'on élève le ver à soie. Mais, si la production indigène est grande, elle est loin d'être soignée, et il y a de grandes améliorations à y apporter; il faut guider l'indigène et le conseiller. Cela a déjà été fait : une magnanerie modèle a été établie par le Kinh-Luoc lui-même sur les conseils et avec l'aide du protectorat. Les Annamites éleveurs viennent y prendre exemple et y trouvent de la graine de ver à soie. Dans quelques années la production aura doublé et les produits, déjà assez beaux, le deviendront bien plus encore.

Nous empruntons au *Bulletin des Planteurs* les noms de quelques-uns de nos compatriotes qui commencent à exporter en France les produits naturels du pays (1) :

---

(1) L'auteur rappelle que son travail s'arrête à l'année 1896. Par cette nomenclature il a voulu rendre un hommage mérité

M. Bourgoin-Meiffre, qui a une filature de soie;

M. Gobert, qui a une très belle concession près d'Hanoï, où il cultive du coton, des pommes de terre, des fourrages et élève en même temps des bœufs;

M. Crespel, qui possède une filature de coton;

MM. Guillaume, Ronze, Levasseur, Gavanon, Paris, qui plantent du café;

MM. Chesnay et B. Adam, qui cultivent du coton, se livrent à l'élevage des moutons et bœufs, possèdent une jumenterie et font de la culture maraîchère : à Phu-Lang-Thuong, on vend des artichauts, des asperges, du lait, du fromage de la ferme des Pins, qui leur appartient;

M. Bigot, qui plante du café et dirige une jumenterie;

M. Morice, qui cultive la canne à sucre;

MM. Verdier, Cavelty, du café;

M. Gilbert, du café et de la ramie;

M. Simonet, du jute (600 h^{res}, 500.000 kil. en 1894) ;

Enfin, M. Thomé, du coton et de la canne à sucre.

Nous n'avons mentionné là que des noms de colons connus, honorables et estimés, dont les produits sont déjà renommés. Il y en a beaucoup d'autres qui en sont encore à la période des débuts ou dont les exploitations sont moins importantes.

Il convient de citer aussi :

La fabrique de M. Schneider, qui fait avec de la pâte de bambou un papier très joli et très solide;

aux premiers colons qui, dix ans à peine après Son-Tay, et malgré la situation troublée dans laquelle le pays s'était débattu jusqu'en 1894, avaient obtenu de pareils résultats. Evidemment, depuis 1896, d'autres progrès non moins considérables ont été réalisés, et peut-être, parmi ces premières industries, y en a-t-il qui ont disparu, périclité, ou ont été très distancées par d'autres plus récentes.

La maison Lannes et Viterbo, qui fait de très beaux meubles avec les bois du pays; ses ouvriers menuisiers et sculpteurs sont indigènes ;

La fabrique d'allumettes, qui a fait disparaître les allumettes japonaises, seules en usage dans le pays à notre arrivée;

Une savonnerie où l'on utilise les huiles de coco, d'arachides et de ricin, fabriquées dans le pays;

La maison Leroy et Cahors, qui fabrique des ponts, élève des charpentes et des toitures en fer. Elle a fourni tous les ponts nécessaires à la haute région;

Les ateliers de construction Marty et d'Abadie, où se construisent les steamers de rivières (seul moyen de locomotion dans tout le delta), ainsi que les nombreuses chaloupes à vapeur et remorqueurs employés par le commerce pour le transport des marchandises et le remorquages des jonques ;

Enfin, pour terminer, ajoutons les usines électriques d'Haï-Phong et d'Hanoï.

D'après ce court résumé on voit qu'en dehors du commerçant proprement dit, qui se contente de faire venir de France des vivres, liquides et objets manufacturés qu'il revend très cher, beaucoup de nos compatriotes ont fait preuve d'initiative et d'esprit d'entreprise, et que, toute proportion gardée, le Tonkin est déjà plus prospère que ne l'a été aucune de nos colonies au bout de si peu de temps.

Il est à présumer qu'une notable partie des produits du marché de Hong-Kong sera fournie par nos colons.

L'Européen peut, du reste, au Tonkin, mettre à profit l'étonnante faculté d'assimilation et l'intelligence de l'Annamite et bénéficier du bon marché de la main-d'œuvre. Un journalier est payé à raison de 0 fr. 50 par jour; le salaire le plus élevé d'un ouvrier d'art, sculpteur, menuisier, ne dépasse pas 1 fr. 25.

« L'Annamite s'arrête, curieux et attentif, devant toutes les manifestations de notre intelligence ; il est porté à imiter ce qu'il voit, ce qu'il fait généralement, car il est d'une adresse naturelle très grande, d'une patience et d'une docilité à toute épreuve. On trouve des indigènes de tous les métiers : dessinateurs, sculpteurs, graveurs, ciseleurs, incrusteurs, brodeurs, fondeurs, ajusteurs, bijoutiers, tisseurs, laqueurs, architectes, maçons, charpentiers, menuisiers, forgerons. Les mécaniciens à bord des chaloupes et des locomotives sont tous Annamites, et dans les usines et fabriques, quelques contremaîtres européens suffisent à diriger des centaines d'ouvriers. Aussi, tout Français qui désire perfectionner une industrie locale ou en créer une est-il assuré de trouver autant d'ouvriers qu'il en aura besoin. Il n'a pas à s'inquiéter, car les résultats de l'enseignement qu'il leur donnera ne se feront pas attendre (1). »

Les forêts, encore peu exploitées, renferment aussi de grandes richesses. On y trouve, entre autres essences, le bois de fer, le trac, genre de palissandre ; le go, le sao, le teck, le vanghung, le camphrier, le faux ébène, le tram, espèce de bois rouge veiné de violet, et, dans la haute région, quelques pins et sapins, ainsi qu'une variété de chêne.

----

(1) De Lanessan. Ouvr. cité.

CHAPITRE VIII

Mines.

Pour compléter cet exposé des richesses du pays, il reste un mot à dire des mines. On a certainement beaucoup exagéré les richesses métallifères du Tonkin. Il n'en est pas moins vrai cependant que le pays est assez riche en gisements de toute nature.

Les Chinois avaient commencé à exploiter un grand nombre de ces gisements avant notre arrivée ; puis ils les ont abandonnés. Il serait important de connaître les causes de cet abandon. Résident-elles dans les difficultés éprouvées dans la poursuite des travaux, eu égard aux procédés primitifs dont dispose le mineur chinois ? difficultés d'aérage ou d'épuisement comme à Da-Thuong, où, malgré la richesse du filon de cuivre, les travaux ont été arrêtés par suite de la présence de l'eau ? Est-ce au contraire leur peu de rendement qui les a fait abandonner ? Il faudrait, pour s'en rendre compte, explorer les anciens travaux.

En tout cas, il ne faut pas oublier que le mineur chinois vit de rien et qu'un millier de Chinois trouvaient largement à vivre là où une compagnie européenne ne pourrait subsister.

Il faut s'en tenir, pour le moment, aux quatre mines dont le rendement est certain et qui sont les suivantes : Da-Thuong (cuivre), Ngan-Son (argent), Moxat (fer), et That-Ké (amiante). Leur exploitation pourrait enrichir des compagnies européennes. Malheureusement, jusqu'à ce jour, nous nous sommes contentés de chasser les Chinois qui y travaillaient depuis de nombreuses années, et qui se sont instantanément transformés en pirates, pour donner les mines à des concessionnaires qui ne pourront peut-être pas reprendre de sitôt l'exploitation pour plusieurs raisons dont les principales sont le manque de capitaux, la situation excentrique de ces localités en pleine région montagneuse, la sécurité encore incomplète et le manque de communications.

Mais, si l'on a été déçu du côté des métaux, on a été plus heureux pour le charbon; car, en dehors des très nombreux bassins houillers de l'intérieur dans lesquels on trouve les mêmes difficultés que pour les mines, on en rencontre sur le bord de la mer dont l'exploitation, rendue par cela même très facile, a pu être commencée tout de suite. Ces bassins sont déjà en pleine période de production. Ce sont ceux de Hongay, de Ké-Bao et de Nong-Son.

Nous empruntons à l'*Indo-Chine française* de M. de Lanessan et à la *Revue Indo-Chinoise illustrée* les renseignements qui suivent :

« Depuis 1892, les houillères de Hongay exportent de 5.000 à 18.000 tonnes de combustible par mois. L'extraction a lieu sur deux points seulement de ce très riche bassin : le puits de Nagotna, qui peut donner au minimum 90.000 tonnes par an, et la mine de Hatou, formée d'une couche principale de 50 mètres d'épaisseur, dont la contenance est estimée à 4.000.000 de tonnes. La production de ces mines peut donc être doublée ou triplée du jour au lendemain, par la seule adjonction d'ouvriers nouveaux. Le personnel européen d'Hongay se compose d'une cinquantaine de personnes : ingénieurs, contremaîtres, maîtres, mineurs et mécaniciens et, en mai 1895, on y occupait 1.708 mineurs. La vente du gros est assurée tant dans la colonie (qui en consomme encore peu) qu'à Hong-Kong, et la quantité extraite suffit à peine aux demandes. Quant au menu, il est vendu en partie tel quel et le surplus est utilisé pour la confection des briquettes. Une première usine à agglomérés fabrique journellement 200 tonnes de briquettes. Cette fabrication est insuffisante et, à l'heure actuelle, une deuxième usine est déjà en construction. La houille de Hongay est grasse et brûle bien. Le gros trouve un emploi tel quel dans toutes les machines maritimes ou terrestres. Le menu, transformé en briquettes, produit un combustible excellent, comparable aux meilleurs produits analogues de France et de Belgique.

» Les mines de Kébao viennent seulement d'entrer dans la période commerciale depuis 1895. De 1891 à 1895, 6.000.000 de francs ont été dépensés à la création d'un outillage complet aujourd'hui, et qui comprend les machines les plus perfectionnées en usage en Europe.

» Elles ont aussi une usine d'agglomérés. Le directeur a passé des marchés à Hong-Kong et Singapour et avec les services publics de l'Indo-Chine. Dès 1895, il livrait sans peine chaque mois de 10.000 à 12.000 tonnes, et l'usine peut fabriquer 300 tonnes de briquettes par jour. Cette houille brûle bien, mais a la flamme trop courte pour être employée avantageusement avec les grilles et les surfaces de chauffe de nos machines actuelles. Pour remédier à ce défaut, on est obligé de mélanger ce charbon, à quantité égale, de charbon d'Australie ou de Cardiff. Malgré cela, sa vente est assurée non seulement au Tonkin, où les services publics ne brûlent que de celui-là, mais aussi sur tous les marchés et les dépôts de charbon de l'Extrême-Orient depuis Colombo, où il prendra la place des charbons japonais, qui, eux aussi, ne peuvent s'utiliser qu'avec des charbons anglais.

» Quant au menu transformé en briquettes, il donne un très bon combustible.

» Ces mines de Hongay et Ké-Bao sont admirablement installées avec tous les perfectionnements des exploitations similaires d'Europe.

» Des voies ferrées relient entre eux les différents centres d'extraction, et ceux-ci aux ports, où de très beaux appontements permettent aux plus forts cargo-boats d'accoster pour prendre leur chargement. Ces résultats sont d'autant plus remarquables qu'ils ont été obtenus par des sociétés françaises avec des capitaux français, chose assez rare dans nos colonies.

» A Nong-Son, près de Tourane, on a dépensé aussi près d'un million de francs en travaux préparatoires, mais on a dû s'arrêter faute de capitaux. La houille extraite est de belle qualité.

» Enfin, près de Yen-Bay, sur le fleuve Rouge, quelques centaines de mille francs avaient été dépensés en 1895 par M. Marty pour l'extraction d'une houille qui paraît bien plus grasse que celles de Ké-Bao et de Hongay, et les travaux continuent avec activité. On peut donc dire sans exagération que les mines de houille forment la base la plus solide de la richesse du Tonkin, et leur prospérité y sera nécessairement suivie de celle de toutes les autres industries européennes (1). »

---

(1) De Lanessan. Ouvr. cité.
Voici l'avis d'un journal anglais sur les charbons de Ké-Bao, au moment où ceux-ci furent mis à l'essai et adoptés par plusieurs usines anglaises de Hong-Kong :
« On fit prendre un chargement à Ké-Bao et on se livra aux plus minutieux essais, qui furent concluants et eurent pour résultat de faire rejeter entièrement l'usage des charbons du Japon primitivement employés.
» Le nouveau charbon mis en usage et employé sans tirage forcé coûte un peu plus cher que le charbon japonais, mais une économie de 25 p. 100 est effectuée sur la quantité nécessaire.
» Le charbon de qualité inférieure qui nécessite un tirage forcé revient au même prix que le charbon japonais, et l'économie obtenue est la même que dans le premier cas. De plus, on a reconnu qu'il demande une somme d'attention beaucoup moins grande et que, sous tous les rapports, ce combustible est plus propre et plus avantageux que les charbons du Japon. »

CHAPITRE IX

Commerce et industrie.

Le mouvement commercial du Tonkin a toujours été en progressant depuis 1885.

Les principales importations chinoises auxquelles la France ne peut songer à substituer ses produits sont : les médicaments, les poteries, l'opium, le thé, le papier chinois, le tabac chinois en feuilles. Les efforts de l'administration doivent donc tendre vers le développement au Tonkin et dans les autres parties de l'Indo-Chine d'usines produisant sur place tous ceux de ces objets qui sont susceptibles d'être fabriqués dans le pays.

Les importations étrangères comprennent : les farines américaines et australiennes, la houille, le fer, le cuivre et d'autres métaux, le verre, les cristaux, les tissus, l'horlogerie et la bijouterie, les articles de ménage et la bimbeloterie. Il serait bien facile à l'industrie française de supplanter cette importation étrangère : elle a déjà réussi en partie.

Enfin, les principales importations françaises sont les farines, le sucre, les huiles, les vins et toutes les espèces de boissons, les eaux minérales, le fer, les tôles laminées, les bougies, les savons, les tissus de lin, de chanvre et de coton écru, la bonneterie, la bimbeloterie, la chaussure, l'horlogerie, l'orfévrerie, les pièces de machines et les armes.

Ces importations progresseront nécessairement à mesure que le pays s'enrichira par le développement des cultures et des industries et par ses exportations, car la consommation de nos produits par les indigènes ne peut qu'augmenter.

« Rien, en effet, ni dans leur religion ni dans leurs coutumes, n'est de nature à les en éloigner. Déjà ils boivent les vins de toutes sortes, l'absinthe et les liqueurs. Ils recherchent nos armes, nos meubles, nos vêtements même, malgré leur fidélité aux traditions anciennes (1). »

Presque tous ceux qui nous approchent s'habillent à l'européenne, et lorsqu'un Annamite est chaussé d'une paire de vieux brodequins beaucoup trop grands, achetés à un troupier, et porte sous le bras un immense parapluie en cotonnade, il est au comble de la joie.

Mais, pour qu'un pays s'enrichisse, il faut qu'il vende plus qu'il n'achète, c'est-à-dire que ses exportations soient supérieures à ses importations. Or, les exportations du Tonkin ne sont pas encore très considérables, puisqu'en 1895 elles ne dépassent pas 20 millions de francs. Sur ce chiffre, les exportations vers la France figurent pour 10 millions, représentés presque exclusivement par des soies et un peu de riz.

La presque totalité des produits du Tonkin est achetée par les Chinois et exportée à Hong-Kong. Les principaux produits sont : le riz, les haricots, la soie, le coton, les huiles (de ricin et à laquer), l'huile de badiane, le cunao, les bois et la houille.

« Il résulte des chiffres donnés ci-dessus que, si les produits exportables par le Tonkin sont nombreux, variés et souvent très riches, ils sont encore en quantité trop faible pour procurer au pays des ressources pécuniaires en rapport avec la densité de sa population. Le devoir de l'administration coloniale est donc de pousser aussi activement que possible à la culture de tous les

---

(1) De Lanessan. Ouvr. cité.

végétaux propres à donner des produits exportables, ainsi qu'au développement des industries susceptibles de fabriquer pour la consommation indigène et pour l'exportation.

» Malheureusement, l'administration métropolitaine est là qui veille, et qui, dans son ignorance complète du régime gouvernemental administratif et économique à appliquer aux colonies, apporte à leur développement des entraves de l'effet désastreux desquelles ne se doutent même pas ceux qui les imposent.

» En 1893 une circulaire prescrivait à toutes les colonies d'acheter en France tout ce dont elles auraient besoin, avec indication des villes dans lesquelles les achats devaient être faits : les briques à Bordeaux, le riz à Marseille, le porc salé au Havre, la paille et le foin ailleurs. L'Indo-Chine, dont tout le sol est fait de terre à briques, et qui produit d'énormes quantités de riz, devait donc s'approvisionner en France de briques et de riz.

» C'est ainsi qu'en 1892 un décret rendait applicable au Tonkin le tarif général, paralysant l'essor de l'industrie et du commerce.

» La badiane s'écoule tout entière par la Chine pour éviter un droit de 10 ou 15 p. 100 qui l'attend à sa sortie du Tonkin, tandis qu'elle n'acquitte qu'un droit de 5 p. 100 en Chine.

» Voici un autre exemple plus caractéristique encore. M'étant rendu compte qu'un des produits les plus riches pouvant rendre de grands services aux manufactures lyonnaises était la soie du mûrier, j'eus l'idée, pour encourager cette culture, d'allouer une prime de 4 francs par kilogramme de soie filature, produite dans la colonie.

» Là-dessus il se passa ce qui se passe toujours en

France. Un député s'émut, crut voir dans l'institution des primes à la filature une concurrence déloyale de la colonie aux intérêts de sa région, et vite il réclama du ministre des colonies un arrêté annulant les primes.

« Le Tonkin, disait-il, a plusieurs récoltes de soie
» par année; nous n'en avons qu'une. Il dispose d'une
» main-d'œuvre dix fois meilleur marché que la nôtre.
» Il n'a aucune des charges qui nous écrasent. Les pri-
» mes à la filature en Extrême-Orient sont injustifia-
» bles; elles constituent un gaspillage inutile. »

» Or, il faut remarquer que la soie du Tonkin, comme celle de Chine, est de qualité inférieure, puisqu'elle ne vaut que 28 francs le kilogramme, alors que celle de France en vaut 40. Cette soie bon marché est pourtant indispensable à la consommation lyonnaise. Comme nous ne pouvons pas la produire en France et qu'il faut aller l'acheter en Chine, à Canton, où les achats se chiffrent annuellement par 25.000.000 de francs en moyenne, il était naturel d'essayer de la faire produire par le Tonkin.

» Malheureusement, les ministres ne descendent pas à ces considérations trop pratiques, trop éloignées des pures spéculations de la politique, et l'arrêté dut être rapporté. » (Lanessan, *L'Indo-Chine française.*)

Indépendamment de son mouvement commercial propre, le Tonkin a encore une source de grand profit dans le transit qui peut s'effectuer et s'effectue déjà à travers son territoire vers les provinces chinoises qui l'entourent, le Yun-Nan et le Quang-Si.

Or, les exportations entre ces deux provinces et Hong-Kong prennent chaque jour plus d'importance; elles consistent principalement en étain, cuivre, cunao, thé, plantes médicinales, opium et dépouilles d'animaux.

Avant l'occupation française, par suite du manque de

sécurité, ces marchandises transitaient à travers le territoire chinois pour gagner la mer à Hong-Kong. Il est à présumer que, quand elles trouveront des voies beaucoup plus courtes et aussi sûres, elles les prendront de préférence. Or, ces voies, nous les avons à notre disposition : ce sont le fleuve Rouge avec le Yun-Nan, le Song-Ki-Kung et le chemin de fer de Lang-Son avec le Quang-Si.

Par le fleuve Rouge, qui pénètre jusqu'au cœur du Yun-Nan, les marchandises de cette province mettent vingt jours pour venir de Mong-Tsé à Haï-Phong, au lieu des cinquante à soixante jours qui leur sont nécessaires pour atteindre Hong-Kong. Par le chemin de fer de Lang-Son, celles du Quang-Si mettent huit jours pour venir de Long-Tchéou à Haï-Phong, au lieu des vingt-cinq à trente qu'elles mettent par Hong-Kong. Cette durée séra diminuée encore de moitié lorsque le chemin de fer atteindra la frontière chinoise.

Déjà, une grande partie de ces marchandises suivent ces deux voies, qu'on cherche à améliorer de façon à augmenter le trafic. C'est aussi dans ce but qu'ont été installés des consuls français à Mong-Tsé, Long-Tchéou et Tong-Hin.

Depuis 1893, les travaux d'amélioration du lit du fleuve Rouge ont commencé. Le fleuve, dans son parcours en territoire tonkinois, a partout assez de profondeur; mais, au-dessus de Yen-Baï, il forme une série de rapides qui ne peuvent être franchis qu'au moment des hautes eaux. Il faut donc pratiquer un chenal dans tous les bancs de rochers qui les forment, et l'on y travaille activement.

Mais, dès à présent, pendant les trois mois de la saison des pluies, les messageries fluviales font un service régulier jusqu'à Lao-Kay, et de nombreux convois de 40 à 50 jonques, escortés par des jonques de guerre, descendent le fleuve et amènent à Haï-Phong les produits du Yun-Nan. Il est du reste aussi fortement question de construire une voie ferrée le long du fleuve, et ce serait le meilleur parti à prendre. Seulement, il faut nous hâter, car les Anglais, qui ont eux aussi des voies de pénétration dans le Yun-Nan à travers la Birmanie par l'Iraouaddy et la Salouen, étudient également un tracé de chemin de fer le long de cette dernière vallée par Mandalé et Maulmein (1).

En ce qui concerne le transit du Quang-Si, nous n'avons pas à craindre la concurrence anglaise, et, de ce côté, les choses sont encore bien plus avancées, puisque le chemin de fer de Lang-Son fonctionne depuis trois ans et que son prolongement jusqu'à la frontière chinoise est déjà en voie d'exécution. Cette voie ferrée sera donc bientôt mise en exploitation.

Le détournement à notre profit de ces deux grands courants commerciaux aura encore un autre avantage, c'est que les nombreux bâtiments qui vont à Hong-Kong charger des marchandises pour les transporter aux quatre coins de l'Asie et en Europe viendront les prendre à Haï-Phong, et cela donnera un peu d'animation à ce port, qui en a bien besoin.

____

(1) Terminé ou à peu près aujourd'hui, tandis que nous ne savons pas encore si nous améliorerons le lit du fleuve Rouge, ou construirons une voie ferrée le long.

CHAPITRE X

Voies de communication.

Ce qui manque le plus au Tonkin, comme du reste
à l'Indo-Chine entière, pour mettre en valeur ce riche
pays et lui faire rendre tout ce qu'il peut donner, ce
sont des voies de communication. Etendue entre la mer
de Chine et le Mékong, sur une longueur de plus de
2.000 kilomètres, l'Indo-Chine a d'autant plus besoin
d'avoir toutes ses parties reliées les unes aux autres
par des voies terrestres que ses côtes sont très mauvaises et que ses fleuves sont tous dirigés dans le même
sens. Au Tonkin, dans le Delta, les communications sont
suffisamment assurées par les nombreux cours d'eau navigables, et il en est de même dans chacun des autres
pays de l'union.

Mais, quand on passe du Delta dans la haute région
et qu'on atteint le point extrême de la navigabilité des
rivières, on ne trouve plus que de mauvais sentiers,
souvent impraticables pendant la saison des pluies. Et
il en est de même quand on passe de l'une à l'autre des
quatre provinces qui forment notre domaine indo-chinois. Il faut se résigner à accomplir à cheval de nombreuses étapes très pénibles, ou bien à prendre la mer.

Or, pendant six mois de l'année (de novembre à
juillet), le cabotage des jonques est absolument impra-
ticable en raison du mauvais état de la mer. Pendant
l'hiver, les navires à vapeur eux-mêmes ne fréquentent
pas volontiers les côtes de l'Annam, et la barre de

Thuan-An est si souvent mauvaise que les paquebots n'essaient même pas de s'arrêter devant la rivière de Hué, comme ils le font pendant l'été. Du reste, même à cette saison, les annexes de la Compagnie des Messageries maritimes ne mettent pas moins de quatre jours pour se rendre d'Haï-Phong à Saïgon avec trois escales, et encore perdent-elles souvent du temps à attendre devant le cap Saint-Jacques, ou à l'embouchure du Cua-Cam, la marée qui seule leur permet de franchir les barres.

En 1883, à notre arrivée, il existait une seule route au Tonkin. Connue sous le nom de route mandarine et construite au commencement de ce siècle par Gia-Long et Minh-Mang, elle réunissait Hanoï, Hué et Saïgon, et se prolongeait au delà d'Hanoï, par Lang-Son, jusqu'à la frontière de Chine, sur une longueur de plus de 1.600 kilomètres; les Annamites eux-mêmes avaient donc compris la nécessité de relier les unes aux autres toutes les parties de leur vaste territoire.

Mais cette route, de 2^m,50 à 3 mètres de largeur, était très insuffisante. Elle franchissait les chaînes transversales par de simples rampes que les chevaux non montés pouvaient à peine gravir; elle n'avait pas de ponts, ce qui obligeait à traverser sur des bacs les innombrables rivières qu'elle franchit; comme les mauvais sentiers qui s'y rattachent, elle ne permettait pas le passage des plus rudimentaires chariots. Ces difficultés de roulage étaient la cause de l'absence complète de voitures et de charrettes dans tout l'empire; les transports se faisaient uniquement à dos d'homme partout où les barques ne pouvaient pas être employées.

Depuis l'occupation, de grands progrès ont été déjà réalisés. Dès 1886, une bonne route carrossable de 5 mètres, tracée par des officiers du génie, réunissait Phu-

Lang-Thuong à Lang-Son pour assurer le ravitaillement de cette place, et par elle, celui de toute la haute région. Mais ce ne fut qu'en 1892, comme nous l'avons vu, qu'on se mit résolument à l'œuvre : routes de Lang-Son à Cao-Bang; de Tien-Yen à Lang-Son, avec des ponts en fer partout; nombreuses routes de 8 à 12 mètres de large dans tout le Delta, sans compter plus de 6.000 kilomètres de bons chemins muletiers réunissant les postes des hautes régions et exécutés par la main-d'œuvre militaire; enfin, achèvement du chemin de fer de Lang-Son, commencé en 1890, et, tout récemment (en 1896), commencement des travaux de la route Thaï-Nguyen - Cao-Bang et des travaux de prolongement de la voie ferrée vers Hanoï et la Chine.

Le chemin de fer de Lang-Son, dont on a tant parlé, mérite qu'on entre dans quelques détails au sujet de sa construction. Il fut commencé en mai 1890. On croyait alors qu'il serait possible de suivre la route mandarine en se bornant à l'améliorer pour y poser une voie Decauville. Mais ce projet n'était pas réalisable, et il fallut étudier la construction d'une voie ferrée normale de façon à pouvoir transformer plus tard la voie de $0^m,60$ en une voie de 1 mètre.

Les travaux traînèrent jusqu'à la fin de 1892. Ils furent contrariés par le manque d'argent, les entreprises des pirates, qui attaquèrent continuellement les campements de travailleurs et enlevèrent MM. Vézin, entrepreneur; Roty, Bouyer et Fritz, surveillants de travaux. A ce moment, il était impossible de trouver des travailleurs. Pour en finir, il fallut jalonner tout le tracé de la ligne par des blockhaus très rapprochés (trente pour une ligne de 150 kilomètres) et affecter 1.200 hommes de milice à la garde des travaux. Dès lors, ceux-ci reprirent avec activité sous la direction de

M. Boreil, et, le 24 décembre 1894, le premier train faisait en cinq heures le voyage de Phu-Lang-Thuong à Lang-Son.

« Les chiffres suivant donneront une idée des difficultés qu'on a eu à surmonter. Partie de Phu-Lang-Thuong, la ligne va toujours en s'élevant pour franchir, au col de Na-Tha, le massif qui sépare le bassin tonkinois du bassin chinois. Or, ce col, situé, à vol d'oiseau, à 90 kilom. 200 de Phu-Lang-Thuong, est à 370 mètres d'altitude au-dessus. Le nombre de mètres cubes de terre remuée a été de 735.000 et les ouvrages d'art sont au nombre de 562, ayant absorbé 27.000 mètres cubes de maçonnerie. » (De Lanessan, *L'Indo-Chine française*.)

Les dépenses se sont élevées à 16 millions, y compris celles de construction des blockhaus et d'entretien de la compagnie de milice spécialement organisée à cet effet.

Ce chemin de fer est, à la fois, stratégique et commercial. Son exploitation sera certainement très fructueuse, surtout quand il aboutira à la frontière chinoise et accaparera ainsi tout le transit de l'importante place de Long-Tchéou. Les résultats sont déjà concluants puisque, en 1895, la ligne entière étant ouverte, l'exploitation a produit un bénéfice net de 500.000 francs. Cette voie permet de faire en cinq heures un trajet que les convois mettaient autrefois de huit à vingt jours à parcourir, et les voyageurs isolés à cheval, au moins quatre; enfin, elle a rendu la vie et la prospérité à toute une région ruinée et dépeuplée par la guerre et la piraterie. On ne peut donc que se louer des résultats obtenus.

« Sur ces 16 millions, dit M. de Lanessan (*L'Indo-Chine française*), 7 étaient déjà payés au 31 décembre 1894. Le reste devait se payer à raison de 2 millions par an, inscrits au budget, plus les bénéfices réalisés sur les recettes, qui ne peuvent que s'accroître, soit 2.500.000 pour l'année 1905. Même, si le protectorat n'avait pas été autorisé à faire l'emprunt qui, l'an dernier, lui permit de liquider sa situation financière, il aurait donc achevé de payer ces travaux en moins de cinq ans avec ses propres ressources. Aucune autre colonie n'a donné un pareil témoignage de vitalité et de richesse, car il ne faut pas oublier que c'est la métropole qui a payé les chemins de fer du Sénégal et de la Réunion, et qui paie encore les 25 millions de garantie d'intérêts annuels des chemins de fer algériens. »

Il s'agit maintenant de compléter ce réseau de voies terrestres. On a entamé sans délai la construction des deux prolongements de ce premier chemin de fer, d'une part vers la frontière, de l'autre sur Hanoï; on devra ensuite procéder à la transformation en voie de 1 mètre de la première de ces lignes.

La première ligne à construire immédiatement après sera celle d'Hanoï-Lao-Kaï tout le long du fleuve Rouge; car, quoi qu'on fasse, sa navigation sera toujours difficile, et le seul moyen de détourner à notre profit le mouvement commercial du Yun-Nan sera la construction d'une voie ferrée. Puis celle d'Hanoï à Vinh, qui ne serait que le premier tronçon de celle d'Hanoï à Hué et à Saïgon, substituée à la route mandarine. C'est le but qui s'impose à tous les gouverneurs qui se succéderont dans la colonie.

CONCLUSIONS

Nous voici arrivés au terme de cette étude.

De tout ce qui précède, on peut conclure que le Tonkin est appelé à un bel avenir. Ce sera surtout une colonie d'exploitation et de peuplement, car l'Européen peut facilement s'y acclimater, et même, ce qui est rare dans nos colonies, y travailler la terre.

Son climat est meilleur que celui de la plupart de nos autres possessions; le Français y conserve plus de santé, plus de vigueur, plus d'activité cérébrale et physique. Il trouve une existence à peu près semblable à celle qu'il mène en France. Les ressources y abondent, les produits naturels du sol sont nombreux et variés, et leur exploitation offre au colon européen un travail très rémunérateur.

C'est un pays qui séduit, auquel on s'attache, où l'on revient volontiers, où tout individu travailleur et intelligent peut se faire une place, et où beaucoup de nos compatriotes se sont déjà établis sans esprit de retour.

Leur nombre s'est accru très rapidement depuis quatre ans et s'accroîtra encore si l'administration continue à leur faciliter les débuts, aujourd'hui surtout que la pacification à peu près complète a augmenté le domaine dans lequel leur activité peut trouver à se déployer.

J'ai entendu souvent poser cette question : « Le Tonkin nous rapportera-t-il quelque chose un jour ? » D'abord, qu'est-ce qu'une colonie qui rapporte ? L'ancienne conception de la colonie qui rapporte, c'est-à-dire que l'on écrase d'impôts dont le surplus est versé dans les caisses de la métropole, a fait son temps.

Il ne s'agit donc plus de savoir aujourd'hui si une colonie rapporte — ce mot est devenu un non-sens — mais bien si elle ne coûte rien, et si, d'autre part, elle offre des débouchés sérieux au commerce national, c'est-à-dire si ses habitants consomment des produits de l'industrie européenne, et, inversement, si les produits du sol et de l'industrie indigènes sont d'un usage courant en Europe.

Tout est là. Et une colonie réunissant ces conditions est forcément bonne si, bien entendu, on sait la mettre en valeur. Or, qui pourrait nier que le Tonkin ne les remplit surabondamment? Depuis 1895, il ne coûte à la métropole que le prix de l'entretien des troupes et cadres européens, déduction faite du supplément colonial et des indemnités diverses, qui sont à la charge de la colonie. Ce n'est donc, en réalité, qu'une très légère charge causée par l'entretien des cadres des régiments de tirailleurs. Ces frais rentrent dans la catégorie des dépenses de souveraineté, qui, pour une colonie aussi jeune que le Tonkin, doivent rester encore pendant longtemps à la charge de la métropole.

Quant à l'échange des produits entre les deux pays, peu de colonies certes nous offrent autant de ressources.

L'Annamite, nous l'avons déjà dit, consomme tous les produits de notre sol, fait usage de tous les articles de notre industrie, et, quant au charbon, à la soie, au sucre, à l'eau-de-vie, au thé, au café, au coton, au poivre, etc., que produit déjà et peut produire au centuple le sol tonkinois, l'écoulement en est aussi largement assuré d'avance en France.

« Seulement, il faut que la métropole aide à ces débuts, facilite ces transactions. Or, comme on a pu le voir dans les chapitres précédents, nous faisons exactement le contraire, et, au lieu du « laissez faire, laissez passer », qui devrait être la seule règle économique appliquée aux jeunes colonies, au lieu de laisser encore pendant longtemps Haï-Phong et Saïgon, ports francs, nous avons imposé au Tonkin dès 1892 l'application du tarif général frappant de droits exorbitants, tant à l'entrée qu'à la sortie, les produits de consommation les plus indispensables aux indigènes, et ne faisant bénéficier d'aucune détaxe à leur entrée en France ceux qu'on y consomme, qui n'ont ainsi aucun avantage sur les produits similaires venant des colonies étrangères. C'est à croire que la métropole cherche à discréditer elle-même ses colonies. Il en est de même pour les grands travaux d'utilité publique, toujours enrayés par l'obligation imposée à nos colonies de les soumettre à l'approbation des pouvoirs publics métropolitains. » (De Lanessan, *L'Indo-Chine française*.)

Encore une fois, le Tonkin a tout ce qu'il faut pour devenir une belle et riche colonie; il a même des colons. Et si, dans quinze ans, vingt ans, il n'a pas donné ce qu'on est en droit d'en attendre, ce n'est pas au pays qu'il faudra s'en prendre, mais à nous seuls. Car, en réalité, le Français n'est guère moins colonisateur par nature que l'Anglais ou le Hollandais, et déjà l'initiative individuelle a fait des prodiges soit dans la création de centres industriels, agricoles et commerçants, soit dans l'embellissement des villes d'Haï-Phong et d'Hanoï, qui sont devenues de très jolies villes françaises.

Mais, on ne saurait trop le répéter, ce qui a le plus manqué au Tonkin, ce qui lui manquera peut-être toujours, malgré quelques progrès réalisés sous ce rapport, c'est d'être doté d'un régime gouvernemental, administratif et économique qui soit approprié aux besoins particuliers des populations indigènes et des colons, aux nécessités imposées par le climat, la situation géographique, etc., au lieu d'être soumis à des législations faites pour la métropole. Ce qui lui manque encore, ce sont les voies de communication indispensables à son développement commercial, et qui permettront aux colons de recueillir les bénéfices de la pacification en pénétrant plus avant dans l'intérieur et en mettant en valeur des richesses minières et forestières qu'il renferme.

Enfin, ce qu'il lui faut aussi, c'est un peu plus d'esprit de suite dans la ligne politique suivie, et surtout plus de stabilité dans le haut personnel. Depuis 1886, le Tonkin en est à son huitième résident ou gouverneur général (1) ; c'est beaucoup trop en dix ans.

Chez un peuple comme le peuple annamite, qui est la stabilité personnifiée; qui s'habille, pense, parle, se gouverne aujourd'hui absolument comme il y a mille ans; qui a le respect inné de l'autorité et du décorum dont elle doit s'environner et chez qui les fonctionnaires, à moins d'un démérite très réel, restent indéfiniment en place, ce perpétuel chassé-croisé l'étonne, le trouble et enlève toute confiance dans notre sagesse et notre capacité à le gouverner.

Depuis 1892, sous le gouvernement de MM. de Lanessan et Rousseau, le Tonkin a fait de très grands et rapides progrès et a pris un certain développement; tous ceux qui ont vu le pays avant et après cette date en conviennent. Les résidents à l'intérieur, dans les provinces complètement pacifiées, où ils maintiennent l'ordre et la police avec leurs miliciens réduits au strict

____

(1) MM. Paul Bert, Bihourd, Constans, Richaud, Picquet, de Lanessan, Rousseau, Doumer.

nécessaire; la garde des frontières et l'administration des provinces limitrophes organisées en territoires militaires confiées à l'armée; beaucoup de facilités données aux colons; diminutions des droits de douanes et taxes diverses sur les marchandises; création de voies de communication; enfin, rapprochement qu'on peut croire sincère avec la Cour de Hué et les mandarins que nous avions voulu prématurément tenir à l'écart, et qui s'en étaient vengés en poussant les populations à la révolte (1), tel est dans ses grandes lignes le programme auquel ces deux hommes ont dû les progrès considérables réalisés. Il n'y a donc qu'à continuer dans cette voie, sans rien toucher pendant longtemps à l'organisation actuelle.

Malheureusement, dans notre administration coloniale, nous sommes toujours à la merci d'un changement de personne ; et comme le sens des affaires est la dernière chose que l'on demande aux hommes politiques ou anciens ministres devenus gênants, que l'on envoie pour s'en débarrasser dans les proconsulats lointains, on peut toujours craindre que le dernier parti ne détruise tout ce qu'ont fait ses prédécesseurs (2).

---

(1) Ce rapprochement vient d'être, il y a un mois, marqué d'une façon éclatante par le voyage à Saïgon du roi Than-Taï, qui, ayant atteint sa majorité, a pris lui-même la direction des affaires. C'est la première fois qu'un roi d'Annam quitte sa capitale, la première fois qu'il se montre à son peuple, et dans une ville dont ses ancêtres ont été dépossédés par nous. Il y a certainement là un symptôme et une garantie sérieuse pour l'avenir et la tranquillité du Tonkin dont on ne peut que se réjouir ; à nous de savoir en profiter.

(2) Il ne faut pas oublier que toutes les appréciations de cette dernière partie de l'ouvrage datent de 1896. Le Tonkin, encore à peu près inconnu à cette époque, est entré depuis dans le domaine public et, grâce au gouvernement fécond en résultats de M. Doumer, a atteint un degré de prospérité que personne ne nie plus aujourd'hui. — C'est en 1898 qu'a eu lieu le voyage du jeune roi Than-Taï à Saïgon ; depuis, il est allé aussi au Tonkin.

TABLE DES MATIÈRES

TROISIÈME PARTIE.

Paris et Limoges. — Imp. milit. Henri CHARLES-LAVAUZELLE.

www.ingramcontent.com/pod-product-compliance
Lightning Source LLC
Chambersburg PA
CBHW061308030726
47595CB00001B/268